国家出版基金项目
NATIONAL PUBLICATION FOUNDATION

中国网络安全战略法治保障丛书

马民虎 ◎ 总主编

IDENTIFICATION, PREVENTION AND CONTROL OF CYBERCRIME

网络犯罪识别与防控

邵彦铭 等 ◎ 著

中国民主法制出版社
全国百佳图书出版单位

图书在版编目（CIP）数据

网络犯罪识别与防控/邵彦铭等著. —北京：中国民主法制出版社，2018.12

（中国网络安全战略法治保障丛书）

ISBN 978-7-5162-1937-9

Ⅰ.①网…　Ⅱ.①邵…　Ⅲ.①互联网络—计算机犯罪—研究—中国　Ⅳ.①D924.364

中国版本图书馆 CIP 数据核字（2018）第 287275 号

图书出品人：刘海涛
出 版 统 筹：乔先彪
责 任 编 辑：逯卫光　姜园园

书名/网络犯罪识别与防控
WANGLUOFANZUISHIBIEYUFANGKONG
作者/邵彦铭　等著

出版・发行/中国民主法制出版社
地址/北京市丰台区右安门外玉林里 7 号（100069）
电话/（010）63055259（总编室）　63057714（发行部）
传真/（010）63056975　63056983
http：// www.npcpub.com
E-mail：mzfz@npcpub.com
经销/新华书店
开本/16 开　787 毫米 ×960 毫米
印张/16.5　**字数**/259 千字
版本/2019 年 5 月第 1 版　2019 年 5 月第 1 次印刷
印刷/北京中兴印刷有限公司

书号/ISBN 978-7-5162-1937-9
定价/58.00 元

总　序

网络社会治理创新属于国家治理能力的战略议题。网络虚假信息和网络勒索已经发展为当前人类社会的公害，“泄密”攻击已经从一般事件逐步演变成为影响国家安全的重大事件，溯源和态势感知的需求已经远远超出舆情分析的传统议题。我国新时代网络社会治理应当在国际观察的基础上进一步思考“中国方案”，要重视以大数据、自媒体为代表的数据处理方式或信息传播模式对个人信息保护和网络信息监管所带来的新挑战，进一步剖析由个人信息保护引发的“被遗忘权”争论，关注未成年人网络保护这一事关国家未来和文化传承的问题等。

党和国家高度重视网络安全和网络社会治理。2014 年，习近平总书记在中央国家安全委员会第一次会议上提出总体国家安全观，强调要构建集政治安全、国土安全、军事安全、经济安全、文化安全、社会安全、科技安全、信息安全、生态安全、资源安全、核安全等于一体的国家安全体系。2015 年，习近平总书记在第二届世界互联网大会开幕式上的讲话提出推进全球互联网治理体系变革的“四项原则”和“五点主张”。2016 年，习近平总书记在网络安全和信息化工作座谈会上的讲话中提出，要加快网络立法进程，完善依法监管措施，化解网络风险。

中国要实现从网络大国向网络强国的转变，网络空间法治化建设至关重要，近年来中国网络治理政策法律体系不断完善。2016 年和 2017 年相继发布《国家网络空间安全战略》和《网络空间国际合作战略》。在《全国人民代表大会常务委员会关于维护互联网安全的决定》《全国人民代表大会常务委员会关于加强网络信息保护的决定》的基础上，不断完善网络治理法律体系：一是修改完善刑法、消费者权益保护法等关于个人信息保护的相关规定；二是制定网络安全法、电子商务法等法律，加强对网络安全和个人信息的保护力度。目前，个人信息保护法、数据安全法已经列入十三届全国人大常委会立法规划，这些法律的制定将进一步完善我国网络安全法律体系。

技术进步和社会发展不断对网络社会治理带来新问题和新挑战，网络社会治理已经成为各领域理论界和实务界关注的热点，这对网络社会治理法治体系的完善具有积极意义。中国民主法制出版社推出的国家出版基金项目《中国网络安全战略法治保障丛书》，体现了对加强和创新网络社会治理的使命感和责任感。应中国民主法制出版社的邀请，我担任本系列作品的总主编，本系列作品包括《网络安全法适用指南》《网络法典型案例评析》《网络安全法律一本通》《网络众筹法律风险防控》《网络犯罪识别与防控》，希望能够对促进网络社会治理的学习和研究有所裨益。

马民虎

（中国法学会网络与信息法学研究会副会长、
中国网络空间安全协会副会长、
西安交通大学苏州信息安全法律研究中心主任）

序　言

自从互联网诞生以来，经过50余年的发展，互联网已经深刻影响了人类的生产生活和社会交往。尤其是进入21世纪以来，万物互联、信息互通的网络技术不断融入政治、经济、社会、军事、文化领域，使得人们生活更加便利、交往更加便捷，有力地推动了人类社会的飞速发展和人类文明的巨大进步。截至2018年12月，全世界网民超过30亿，我国网民数量也达到了8.29亿。网络购物、网上支付、网上即时通信、网络交友、网络直播、网络外卖、网络教育、智慧出行、智慧医疗等蓬勃发展，借助“互联网+”，人类在物理空间中的交往模式和行为习惯在网络世界被实践和模仿。互联网犹如水和电一样，成为人们生活和社会交往不可或缺的一部分。

网络技术的发展犹如双刃剑，在便利人民生活交往和推动人类进步的同时，一些不法分子也利用网络的开放性、便利性和隐蔽性从事犯罪活动。近几年爆发的一系列网络贩毒、网络赌博、网络暴力、网络涉黄、网络诈骗、网络诽谤、网络侵财、网络恐怖等犯罪严重滋扰人们的生活秩序，危害社会稳定，其犯罪后果相对于传统犯罪威胁性更大、危害性更甚，也极大地增加了司法部门的打击难度。特别是随着大数据、云计算、物联网、人工智能的急速发展和应用，网络犯罪不仅仅局限于在网络空间里模仿传统犯罪，而是乘着高科技的翅膀，犯罪模式频繁变换、犯罪花样不断翻新，出现一些匪夷所思、闻所未闻的新型犯罪。比如，僵尸网络（Botnet）与分布式拒绝服务（DDoS）攻击犯罪、网络信息外挂犯罪、拒不履行网络安全管理义务犯罪、帮助信息网络犯罪、网络作弊、刷单炒信犯罪、黑广播犯罪、伪基站犯罪。这些新型犯罪模式相较于传统犯罪在犯罪行为、犯罪客体上都有了很大的变化，不仅增加了案件的侦办难度，也对现有的刑事立法提出挑战。

以全国首例“恶意好评入刑案”为例：2014 年 4 月，被告人董某某雇佣并指使被告人谢某某多次以同一账号恶意大量购买受害人店铺的商品，致使受害人店铺被淘宝网认定为从事虚假交易，并受到商品搜索降权的处罚。消费者无法通过淘宝网搜索栏搜索到受害人店铺里的商品，因此导致的订单交易额损失共计人民币 15 万余元。对这种新型的严重的网络侵权行为如何定性、是否应该入刑以及如何定罪在当时引起了很大的争论。毫无疑问，价值 15 万余元的经济损失已经说明了恶意好评行为的严重危害性，也已经达到侵犯财产罪的入罪标准，但对这类行为处以何种罪却产生了诸多争论。这个案例也折射出了目前很多新型网络犯罪在定罪处刑的诸多困境。刑法中罪名的确定、犯罪行为的描述、罪状的阐明是为了给行为人一个明确的预期和规范的警示。新型网络犯罪行为在行为—罪名链接关系上的模糊和不确定不仅为司法机关打击这类犯罪带来了一定难度，更重要的是从犯罪学层面，也给人们对这类犯罪的行为预期判断和规范警示带来了认知障碍，人们无法准确判定何种网络行为会受到刑法规制以及如何避免触及此类行为。因此，从客观层面准确地识别和确定新型网络犯罪的行为方式、范围，不仅仅是现行刑法面临的立法问题，更是从法的可预测性层面需要迫切解决的现实问题。

本书正是基于这个目的，以《网络犯罪识别与防控》为题，讨论规范意义上刑事司法层面对于新型犯罪行为的立法规制和司法规制之外，更多的是侧重犯罪学意义上对行为的识别和预期，以及受害人对此类行为的防范。所以本书在第二编每章内容的第一部分首先明确的是对新型网络犯罪态势的描述和对新型网络犯罪行为类型的界定。此种体例和编排的目的在于，希冀本书不仅能为我国在网络犯罪刑法规制上提供基础理论借鉴，更希望普通民众能够准确识别这类行为，从而不误入歧途，也不为之所害，这正是本书写作意旨所在。

在对新型网络犯罪准确识别和判定的基础上，本书写作的另一意旨是探讨对网络犯罪的防控策略，也是基于犯罪学意义上的犯罪预防与控制。对网络犯罪的防控首先要明确该类犯罪的基本态势、特征和成因，只有在对网络犯罪的现象、成因准确研判的基础上，才能提出切实有效的应对策略。网络犯罪相较于传统犯罪，不管是从犯罪主体、行为模式、犯罪空间，还是犯罪影响、犯罪后果等层面都有自己独有的犯罪表征。很多网络犯罪的涉案人数和组织严密性远远高于传统犯罪的规模。比如，在网络删帖类案件中，涉案人员的人数之多就有“网络水军”的形象比喻。在“呼死你”网络敲诈案中，涉及犯罪嫌疑人210余人，团伙均分为“线上+线下”两个部分，“线上”人员负责开发维护“呼死你”网页平台、手机APP及PC端软件，通过中介代理贩卖“呼死你”服务非法牟取暴利，“线下”人员通过使用“呼死你”平台实施打击报复、敲诈勒索、强买强卖、非法追债等违法犯罪活动。网络犯罪的另外一个特征是危害的广泛性和犯罪行为的无边界性。网络犯罪由于其互联万物的特性而不拘束于物理空间的限制，开放的网络世界里的犯罪行为可以肆意蔓延而不受地域条件、行业条件的影响。网络犯罪危害的广泛性体现在其危害对象、地域范围、涉及领域、危害结果的跨地域性。依托互联网空间传播速率快、覆盖面广等优势，网络犯罪迅速借力这些特点极大地拓展了其活动范围。危害对象的广泛性主要体现在对象的不特定性，地域范围的扩张性主要体现在网络犯罪的无边界性。

以著名的e租宝网络非法集资案为例，受害人遍布31个省，涉及115万人，未兑付款项380亿元。全国范围内有北京、上海、天津、浙江、重庆、安徽、广东、湖北、湖南、江西、陕西、吉林、辽宁，累计13个省市、38起诉讼，已经相继作出宣判，111人入狱，罚款超20亿元。e租宝案所造成的危害地域范围之广是任何一个传统犯罪无法比拟的。因此，借助网络的无限开放和隐秘性的特征，网络犯罪大肆肆虐，波及面广、危害性大。对网络犯罪的防控仅仅依靠事后刑法的严刑峻法并不能取到很好的预防效果。以借助网络工具从事传统的贩枪和贩毒为例，在网络贩枪中，行为人通过化整为零的方式将枪支的不同零部件分别送往不同的工厂加工生产。然后，将加工好的零部件供货给一级代理商，每个一级代理商下面分别有二级代理商、三级代理商等。代理商们在QQ群、微信群里用暗语发布信息，吸引买家购买，网上交易达成后，将从上级代理商处所得枪支零部件进行伪装，通过化整为零的物流快递邮寄方式分别寄给买家，再以发送组装枪支的视频教程或者说明书的方式教会买家组装枪支。网络贩枪犯罪的完成必须要经过三道关口，第一道是工厂的违法加工，第二道是网络平台信息交流、交易和支付，最后一道是快递物流的运输交付。对于这类犯罪的惩治，如果仅仅依靠刑法事后严惩，根本无法实现对网络贩枪的有效防控。更需要综合治理，严把三道关，严查五金工厂的生产许可证、网络用户的实名登记以及快递物流业的邮寄实名登记和安全检查登记。只有安全生产监督部门、网络平台、物流快递部门的合力参与，才能有效遏制这类犯罪。

犯罪学层面的防控经历了从管控到治理的发展过程。从犯罪古典学派致力于刑法的规范建设和规范惩治到实证学派注重对犯罪原因的剖析，再到犯罪社会学派强调犯罪行为与社会组织、社会规则、社会环境之间的互动关系，犯罪防控的模式也相应地由传统的“国家—犯罪人”的二元格局，转向以社会治理的多元化方向发展。以国家主导式的犯罪防控策略重视刑法规范对于犯罪的打击进而实现对犯罪的防控，这种策略在应对很多犯罪时其功用日益削减。逐渐向注重社会公众多元化参与的犯罪防控策略，在社会运行过程中消除了生成犯罪的诸多复杂因素，犯罪的应对由国家主导向社会公众参与转变。犯罪的防控更需要向国家惩罚为主，社会、公民诸多主体共同参与的多元防控体系目标发展。对于网络犯罪的有效防控，特别需要网络平台、物流平台等社会主体的积极参与，需要综合治理理念的植入。只有网络平台的自律监管、物流平台的责任明确，各社会主体共同致力于净化网络空间、打击灰黑产交易、严格物流安检制度，才是应对网络犯罪的有效防控模式。

因此，本书对网络犯罪防控部分的写作正是基于综合治理的理念，强调网络安全相关主体的积极参与，构建一个多元主体参与的网络犯罪防控体系。网络犯罪的治理需要一个严密的系统，在这个系统中，刑法规制居于最高的位置，行政监管次之，其他监管部门、网络平台组织、物流快递平台、公众和新闻媒体居底。这样一个三级的防控系统可以很好地应对和抵制网络不法行为，而且三级之间互通互联，网络平台加强审核监管，物流平台严格检查制度，公众自觉自律、抵制违法信息、净化网络空间，这样可以过滤掉一些犯罪的企图。行政监管加强对行政违规和侵权行为的惩处可以为预防犯罪设置一些前置性障碍，而居于最高位的刑法则对那些严重的侵害行为予以最严厉的惩罚。基于此，构建以刑事规制为主、行政监管为辅，网络平台、物流平台、公众及相关机构共同参与、全过程多层次的网络安全犯罪治理体系，能够有效实现对网络犯罪的预防，实现由“网络大国”向“网络安全强国”的转变。

邵彦铭

2019 年 3 月

目　录

Contents

第一编　网络犯罪概览

第二编　网络犯罪的常见样态

第一编　网络犯罪概览

第一章

网络犯罪概述

第一节　网络犯罪的肇始与蔓延

一、互联网的缘起与发展

人类自诞生以来，先后经历了农业时代、工业时代、信息时代，每一次时代的更替都会带来深刻的社会变革，为人类的生活和社会交往带来巨大的影响，极大地提升了人们认知世界和改造世界的能力。肇始于1968年的阿帕网的互联网革命在近50年的时间里完成了过去农业时代和工业时代上千年的技术进步。互联网技术的突飞猛进，加速全球化进程，万物互联，信息互通，极大地缩小了物理空间层面上的距离，深刻影响到人类生活的方方面面，并推动了人类社会的飞速发展。世界主要国家普遍把加快信息化发展、充分释放数字红利作为应对后金融危机时代增长乏力、实现包容可持续增长、增强国际竞争优势的重要引擎。著名未来学家托夫勒在《权力的转移》一书中说："世界已经告别了依靠暴力和金钱控制的时代，未来世界政治的魔方将控制在'信息强权'手里。"2013年至2017年，国际互联网带宽增长了196Tbps，目前已达到295 Tbps，年均增长率保持在30%左右。世界银行研究认为，宽带普及率每提升10%，带动GDP增长1.38%。互联网日益成为像水和电一样的基础设施，成为经济社会发展的"大动脉"，"互联网+"赋能效应不断显现，智慧医疗、智慧交通、智慧教育等蓬勃发展。G20（20国集团）在2016年杭州峰会发布《二十国集团数字经济发展与合作倡议》，凝聚了各国对认识和发展数字经济的基本共识。研究表明，目前全球22%的GDP（国内生产总值）与涵盖技能和资本的数字经济紧密相关。数字技能和技术的应用到2020年将使全球经济实现增加值2万亿美元，到2025年全球经济总值增量的一半来自数字经济。[①] 网民数量和互联网基础设施建设大幅增长，截至2018年12月，我国网民规模达8.29亿人，普及率达59.6%，全年新增网民5653万人。我国手机网民规模达8.17亿人，全年新增手机网民6433万人，网民中使用手机上网的比例达98.6%。截至2018年12月，互联网关键资源拥有量大幅增长，我国IPv6地址数量为41079块/32，年增长率为75.3%。我国域名总数为3792.8万个，其中“.CN”域名总数为2124.3万个，占域名总数的56%。[②] 同时我国还是4G网络覆盖量最大的国家，下一代移动通信标准5G技术更是全球领先。从以上数据可以看出，我国在互联网普及率、互联网人口数量、互联网移动通信技术、互联网关键资源拥有量已是世界领先，已成为互联网大国和强国。

表1-1 各用户类型及手机用户总量和占比

	用户类型	总量（单位：亿）	占比（百分比）	手机用户总量（单位：亿）	手机用户占比（百分比）
截至2018年12月	即时通信用户	7.92	95.6%	7.80	95.5%
	网络新闻用户	6.75	81.4%	6.53	79.9%
	网络购物用户	6.10	73.6%	5.92	72.5%
	网上外卖用户	4.06	49.0%	3.97	48.6%
	网络支付用户	6.00	72.5%	5.83	71.4%
	网络视频用户	6.12	73.9%	5.90	72.2%
	短视频用户	6.48	78.2%	—	
	在线政务服务	3.94	47.5%	—	
截至2018年6月	共享单车用户	2.45	30.6%	—	
	网约出租车用户	3.46	43.2%	—	
	网约专车或快车	2.99	37.3%	—	

① 《世界互联网发展报告2017·总论》。

② 数据来源：中国互联网络信息中心（CNNIC）第43次《中国互联网络发展状况统计报告》。

二、网络犯罪的肇始与蔓延

网络作为人类活动的新空间，日渐成为人们交往和实践中不可或缺的一部分，网络的发达使得交往更便捷、生活更便利，为人类带来巨大福音的同时，利用网络进行诈骗、贩毒、赌博、招嫖、威胁、恐吓、侮辱、诽谤等滋扰人们生活秩序的违法犯罪行为也相伴而生。1958 年，在美国硅谷工作的一名计算机工程师在存款余额上作了篡改而获取非法钱款，不过这个案件直到 1966 年才被发现而被刑事追诉，这是世界上第一例计算机犯罪的案例。我国的第一起计算机犯罪的案例则出现在 20 年之后的 1986 年，港商李某前往深圳市人民银行和平路支行取款，计算机显示其存款少了 2 万元人民币。2 个月后，深圳市人民银行迎春路支行也发生了类似情况，某驻深圳办事处赵某存入银行的 3 万元港币不翼而飞。通过侦查发现，上述两笔存款均被同一犯罪分子利用计算机知识伪造存折和隐形印鉴诈骗而去，作案者是中国银行深圳分行蛇口支行会计兼电脑控制机主管员陈某和中国银行深圳分行东门支行会计苏某。先由陈某盗抄银行账号，非法查阅账户情况，伪造中国银行电脑活期储蓄存折，后由苏某凭假存拆按银行手续顺利骗取出现金 3 万元港币和 2 万元人民币。陈某于 1987 年 1 月 29 日投案自首。同年 6 月，陈、苏二人被判有期徒刑 6 年。① 从上述两起案例可以看出，最早的犯罪都是通过更改计算机信息来实现的。进入 20 世纪以来，随着网络和信息技术的突飞猛进，人类在物理空间中的交往模式和行为习惯在网络世界被模仿和实践，网上购物、网上支付、网上即时通信、网络交友、网络直播、网络外卖等一些新型的商业模式不断出现，极大地便利了人们的生活和社会交往。与此同时，一些不法分子也利用网络的便利性和隐蔽性，利用互联网从事网络贩毒、网络赌博、网络暴力、网络卖淫嫖娼、网络诈骗、网络侵财、网络诽谤、网络恐怖等一系列的网络犯罪。“互联网 + 犯罪”模式使犯罪数量激增、犯罪行为变得复杂多样。“网络作为人的新的认识空间与实践领域，几乎所有的传统犯罪都可以在网络中找到踪迹。”② 从最早的深圳计算机侵财案到最近几年的徐玉玉助学金诈骗案、e 租宝网络非法集资案等造成极大社会影响的案件，这些新兴的犯罪，不仅严重破坏了网络安全与网络秩序，

---

① 常远：《计算机犯罪的回顾和预测》，载《法律科学（西北政法学院学报）》1991 年第 3 期。

② 于志刚：《网络黑社会游走在虚拟与现实之间》，载《法制日报》2012 年 10 月 13 日。

更是助长了传统犯罪的现实危害，严重侵害了公民的人身和财产安全，严重影响了经济秩序、公共安全和国家安全。根据国际网络安全智库的研判，基于网络用户、智能设备和可穿戴设备的快速增多、在线内容的爆炸式增长以及暗网通信的蔓延渗透等新因素，网络犯罪的产业化运作不断增强，已经成为世界经济的最大威胁之一，由此造成的损失也将由 2015 年的 3 万亿美元扩大到 2021 年的 6 万亿美元。而在中国，目前网络犯罪占犯罪总数近 1/3，而且每年以近 30% 左右的幅度上升，已经成为第一大犯罪类型。[①]

三、网络犯罪的概念梳理

网络犯罪的出现和学界对于网络犯罪的研究才历经近半个世纪，网络犯罪的概念经历了从最初的“计算机犯罪”“电脑犯罪”到后来的“互联网犯罪”“信息网络犯罪”，以及现在的“网络犯罪”5 种界定。从 1986 年在我国发生的第一起计算机案件开始，我国学者在 2000 年之前普遍使用的是“计算机犯罪”的概念，当然，在此期间也有极少数学者使用了“电脑犯罪”概念。“信息网络犯罪”的概念更多的是以官方确定的罪名形式来体现。《中华人民共和国刑法修正案（九）》增设的“帮助信息网络犯罪活动罪”就是以这个概念确定的。“互联网犯罪”的概念最早出现在 1998 年，其后一直有学者在使用这个概念，“互联网犯罪”概念在一定意义上基本等同于“网络犯罪”的概念，只不过是表述方式不一，“网络犯罪”则与现在所使用的概念近乎统一。在这 5 种概念的内涵梳理中，发现可以将其归为两类，“计算机犯罪”和“电脑犯罪”可以归纳为一类，其基本内涵可以界定为：将计算机作为犯罪对象（不包括物理性破坏）与犯罪工具的行为。在一定意义上，“计算机”和“电脑”只是同义词语反复，在一定阶段和情形下更多的是指代同一个对象即计算机。“互联网犯罪”、“信息网络犯罪”以及“网络犯罪”可以归为另一类，其基本内涵界定为：是以网络为工具和将网络本身作为犯罪对象的犯罪行为。“互联网犯罪”、“信息网络犯罪”以及“网络犯罪”三者基本上也是同义词在不同的场合和载体中的出现，其指向的内容是统一的对象——网络。笔者在中国知网以“计算机犯罪”为主题搜索到论文 3010 篇；以“电脑犯罪”为主题搜索到论文 139 篇；以“互联网犯罪”为主题搜索到论文 84 篇；以“信息网络犯罪”为主题搜索到论文 772 篇；以“网络犯罪”为

① 吴沈括：《网络犯罪治理视野下的国际合作》，载《检察日报》2017 年 12 月 14 日。

主题搜索到论文 9244 篇。从中国知网上的论文期刊梳理可以看出，“计算机犯罪”概念更多的是在早期研究出现比较多，“网络犯罪”概念后来居上，成为主流。

第二节　网络犯罪的基本样态与独有表征

一、网络犯罪的基本样态

网络犯罪样态是“互联网 +”下具体网络犯罪的行为模式，也即传统犯罪向网络空间的渗透和演变过程中的具体表现形式。从上述对网络犯罪概念的梳理，以及司法实践中出现大量的网络犯罪案例可以看出，网络犯罪样态可以归为以下 3 类：第一类是以网络为犯罪工具的犯罪行为；第二类是以网络为犯罪对象的犯罪行为；第三类是以网络为犯罪空间的犯罪行为。这也是目前学界对网络犯罪样态的基本分类。除了学理研究上的分类外，现行的法律也对网络犯罪进行了详细的分类。2000 年 12 月 28 日全国人大常委会通过的《全国人民代表大会常务委员会关于维护互联网安全的决定》（以下简称《互联网安全决定》）明确了网络犯罪的具体样态，《互联网安全决定》第 1 条至第 5 条分别规定了保障互联网的运行安全，维护国家安全和社会稳定，维护社会主义市场经济秩序和社会管理秩序，保护个人、法人和其他组织的人身、财产等合法权利等方面利用或者通过互联网犯罪的情形。《互联网安全决定》第 1 条为利用或通过网络危害互联网安全的犯罪，具体犯罪行为包括：（1）侵入国家事务、国防建设、尖端科学技术领域的计算机信息系统；（2）故意制作、传播计算机病毒等破坏性程序，攻击计算机系统及通信网络，致使计算机系统及通信网络遭受损害；（3）违反国家规定，擅自中断计算机网络或者通信服务，造成计算机网络或者通信系统不能正常运行。《互联网安全决定》第 2 条为利用或通过网络危害国家安全和社会稳定的犯罪，具体犯罪行为包括：（1）利用互联网造谣、诽谤或者发表、传播其他有害信息，煽动颠覆国家政权、推翻社会主义制度，或者煽动分裂国家、破坏国家统一；（2）通过互联网窃取、泄露国家秘密、情报或者军事秘密；（3）利用互联网煽动民族仇恨、民族歧视，破坏民族团结；（4）利用互联网组织邪教组织、联络邪教组织成员，破坏国家法律、行政法规实施。《互联网安全决定》第 3

条为利用或通过网络危害社会主义市场经济秩序和社会管理秩序的犯罪，具体犯罪行为包括：（1）利用互联网销售伪劣产品或者对商品、服务作虚假宣传；（2）利用互联网损害他人商业信誉和商品声誉；（3）利用互联网侵犯他人知识产权；（4）利用互联网编造并传播影响证券、期货交易或者其他扰乱金融秩序的虚假信息；（5）在互联网上建立淫秽网站、网页，提供淫秽站点链接服务，或者传播淫秽书刊、影片、音像、图片。《互联网安全决定》第4条为利用或通过网络侵害个人、法人和其他组织的人身、财产等合法权利的犯罪，具体犯罪行为包括：（1）利用互联网侮辱他人或者捏造事实诽谤他人；（2）非法截获、篡改、删除他人电子邮件或者其他数据资料，侵犯公民通信自由和通信秘密；（3）利用互联网进行盗窃、诈骗、敲诈勒索。《互联网安全决定》第5条是兜底条款，对利用互联网实施前述第1条、第2条、第3条、第4条所列行为以外的其他行为，构成犯罪的，依照刑法有关规定追究刑事责任。从《互联网安全决定》中可以看出，其所规定的行为方式基本涵盖了利用互联网实施犯罪的基本样态。因此，本书对网络犯罪样态和模式的研究更多的是以《互联网安全决定》为基础且不局限于《互联网安全决定》所列样态，尽量选择一些危害性较大的典型网络犯罪样态作为本书的研究对象。

（一）网络恐怖主义犯罪

网络恐怖主义犯罪，即以网络作为表现形式的恐怖主义，其本质上依旧为恐怖主义，却在组织形态、活动策略等方面截然区别于传统恐怖主义犯罪。依托于网络空间，传统的犯罪形态发生异化滋生出的网络恐怖主义拥有不同于传统恐怖主义的特点，表现在主体的多元性、年轻化与专业性，手段的现代化与多样性，犯罪成本的低廉性，极高的隐蔽性，犯罪危害的广泛性以及组织机构的扁平性等方面。网络恐怖主义犯罪依其形式可划分为工具型网络恐怖主义犯罪和目标型网络恐怖主义犯罪。目标型网络恐怖主义即网络恐怖袭击；工具型网络恐怖主义包含以网络为媒介传播、收集、接受、获取恐怖信息和利用网络招募、联络恐怖成员两种活动形式。

（二）网络毒品犯罪

2001年，联合国麻醉品管理局就明确提出："毒品正通过互联网销售。私人聊天室正被毒品商利用。人们在互联网上正面临着毒品的威胁。"[①] 通过互

① 宋鹏：《网络背景下的毒品犯罪新动向及其规制》，载《河南工程学院学报（社会科学版）》2014年第1期。

联网提供制毒配方和制毒化学品、通过手机短信进行毒品交易等网络毒品犯罪已经出现，网络毒品犯罪已然成为全球毒品犯罪的最新发展方向。网络毒品犯罪是指毒品犯罪分子在网络中利用虚拟空间传授制毒方法，进行新型毒品交易，教唆、引诱他人吸食新型毒品，将传统毒品犯罪由“线下”转移到“线上”的新型犯罪。网络毒品犯罪的犯罪活动隐蔽性不断增强，低龄化趋势日趋明显，其采用高科技手段辅助实施网络毒品犯罪，从而使得网络毒品犯罪的犯罪成本低、科技性强，给公安机关的调查取证以及案件侦破造成较大困难。网络毒品犯罪从本质上讲是由传统毒品犯罪衍生而来，必然与传统毒品犯罪有莫大的关联。通过对现有网络毒品犯罪案例的分析，可以将网络毒品犯罪大致分为网络制毒类犯罪、网络贩毒类犯罪、网络吸毒类犯罪。

（三）网络涉枪犯罪

随着互联网、大数据、电子商务以及快递行业的迅速发展，传统的涉枪犯罪在披上网络的外衣之后，把自己隐藏在大数据之下，使人难辨其真面目的同时也增加了发现与侦查的难度。广义的网络涉枪犯罪是指利用网络所进行的有关涉枪犯罪这一类罪的总称。狭义的网络涉枪犯罪则主要集中在买卖枪支上，即犯罪分子利用互联网论坛、QQ、微信、淘宝、亚马逊等平台发布信息、联系买家，将境外走私入境或境内非法制造的枪支及零部件等，经过特殊伪装，采取伪报物品名、填报虚假寄件人信息等手段，将枪支以零部件形式通过物流快递渠道运输贩卖。本文采用广义的网络涉枪犯罪进行分类，根据枪支来源的不同，将我国网络涉枪犯罪的模式主要归结为两种模式：一种是在国内非法制造枪支并通过网络进行贩卖；另一种是利用网络境外走私枪支入境并在国内进行贩卖。

（四）网络赌博犯罪

网络赌博犯罪是赌博犯罪的新形式，网络赌博活动更加隐蔽，资金流动也更加快捷，社会危害性巨大。网络赌博包括两种，一种是传统赌博网络化；另一种是新型网络化赌博。传统赌博网络化主要是指利用 APP 直播平台或网站，将线下赌场复制到线上或者将线下赌场的实况信息传输到线上，从而实现对传统赌博活动的在线参与，即将传统的赌博活动，如打麻将、掷骰子、百家乐、斗地主、猜大小等移植到网络平台上，为其披上互联网的外衣。新型网络化赌博包括网络外围赌博和以网络游戏为基础的赌博，以及新型衍生的赌博。

（五）网络涉黄犯罪

网络涉黄犯罪是指以互联网、因特网、万维网等全球性的共通网络为媒介，建立淫秽网站、网页，并以提供淫秽站点链接服务等方式传播、共享色情、淫秽信息，且以色情直播、色情小说等形式存在的，破坏社会公序良俗，破坏社会主义管理秩序的行为。网络涉黄隐匿性高，发现极其困难，对于涉黄问题的彻底查除需要较大成本，因此，网络涉黄的危害也比较严重。本文论述的涉黄形式有色情网站、色情直播、网络招嫖、有偿售卖、色情游戏5种。

（六）网络暴力犯罪

网络暴力并非法律概念，它产生于互联网不断发展的过程中。网络暴力是互联网从一种单纯的信息传递工具向传播媒介和平台的身份转换过程中，互联网用户参与制造信息而带来的一种暴力文化；也是网民对当事人或者组织所实施的以制造心理压力为手段，来迫使当事人或组织屈服的网络攻击性行为。广义的暴力泛指公民在网络上能够接触的暴力行为，诸如网络语言暴力、网络暴力文化、网络技术性暴力、网络盗窃和敲诈等。[①] 网络暴力的特征主要表现在参与主体的复合性，暴力行为的隐蔽性，暴力内容的多样性，身体伤害的转化性，影响范围的广泛性等方面。网络暴力大体上可以分为网络语言攻击、人肉搜索、网络暴力图片、网络暴力文学、网络暴力游戏，以及网络暴力直播。

（七）网络作弊犯罪

网络作弊是传统考试作弊与互联网信息技术的结合，具体是指行为人以牟利为目的，为取得优势成绩，在考试中利用网络信息技术及相关无线设施设备进行作弊或为他人进行作弊的行为。网络作弊具有三大独有表征：第一，网络作弊犯罪主体的组织链条严密；第二，网络作弊犯罪技术先进、隐蔽性高；第三，网络作弊犯罪危害覆盖面广。网络作弊的基本样态包括网络兜售考试作弊器材设备、网络组织考试作弊和“网络替考”三种常见样态。网络作弊过程一般是由主犯组织相关领域考试作弊的专业团队，通过QQ、微信等网络方式招募欲作弊的考生，购买各种网络作弊器材和设备，最后再把网络作弊器材和设备进行无线网的安装和调试。在考试过程中，作弊考生利用针

① 施鑫：《犯罪场视域下网络暴力行为的控制路径》，载《哈尔滨工业大学学报（社会科学版）》2018年第1期。

孔摄像头拍摄考试试题，通过网络的途径传给考试外的接收人员，接收人员再将拍摄的图片传给专业人员，专业人员迅速解答试题再通过无线网上传到相关的QQ群、微信群或者微信公众号等，考生以此获取考试答案，最终实现网络组织作弊的活动。

（八）网络诈骗犯罪

网络诈骗是指行为人利用通信工具、借助公共通信网络向不特定多数人拨打虚构事实的电话，发送虚假信息，或者通过微信等通信软件借助互联网向不特定多数人散布虚假信息，对被害人实施诈骗的犯罪行为。在我国，电信网络诈骗的主要类型有：假冒公检法诈骗、冒充熟人诈骗、利用伪基站诈骗、兼职诈骗、考试诈骗、校园贷诈骗、民族资产解冻骗局、投资返利诈骗、保健品购物诈骗，以及引诱裸聊敲诈勒索。因其具有犯罪成本低、风险小、传播范围广、受害者多、收益大等特点，电信网络诈骗的犯罪屡禁不止，对社会的危害程度也日渐严重。

（九）网络集资诈骗犯罪

网络集资诈骗犯罪是以互联网行业的迅速发展为基础，依靠P2P（点对点网络借款）网贷平台等手段实施的集资诈骗犯罪。其特点表现为：受害者众多、地域分布极广、犯罪破坏性极大。其具体的模式有两种：一种是设立资金池的模式。设立资金池模式是指P2P网贷平台开设收款账户，将收到的钱款不直接与项目匹配，而是汇集在网贷平台自己开设的账户内，由网贷平台根据平台的意愿，由平台进行资金与项目的匹配。另一种是庞氏骗局模式，即借款人不断发布各种虚假的借款信息以吸收资金，通过以新还旧的方式防止资金链断裂的模式。

（十）网络诽谤犯罪

网络诽谤实际上是利用网络实施传统诽谤的一种行为方式，即行为人借助互联网这一媒介工具进行捏造事实，故意散布虚假事实损害他人名誉的行为，情节严重的构成诽谤罪。网络诽谤犯罪基于网络的隐匿性、虚拟性和跨地域性等特点，因而较传统诽谤犯罪的危害性更大，影响后果更持久，对被诽谤者造成的伤害也更严重。

二、网络犯罪的独有表征

网络作为人类新的认识空间与实践领域，虚拟空间与现实空间中的犯罪遵循着同样的发展轨迹。不管是以网络为工具从事传统犯罪，还是在以网络为对象或者是在网络空间里的犯罪，相较于传统犯罪，其在犯罪主体、犯罪模式、犯罪的隐蔽性、犯罪危害性等方面都有着自己独有的表征。

（一）网络犯罪主体趋于年轻化

以网络作为犯罪工具和犯罪空间的网络犯罪，必然要求犯罪主体通晓先进的计算机技术和网络知识。掌握最新的互联网技术和对网络天然亲近的年轻一代是网络犯罪的主要主体，司法实践中一些案例显示，网络黑客、网络水军多以80、90后年轻人为主。在公安机关侦破的8.31特大网络吸贩毒案中，涉案人员以18岁至35岁为主，约占涉案人员总数的70%，年龄最小的仅有15岁。2015年，湖北省破获一起特大网络贩卖精麻药品案件，涉案人员均为20岁至30岁的年轻人，主犯是武汉大学的一名学生。①

（二）网络犯罪主体趋于专业化

网络犯罪是一种高技术的智能犯罪，它要求行为人具备全面的知识体系，对网络、信息、计算机等方方面面都有所了解甚至是精通。因此，从事网络犯罪的主体多为一些掌握计算机技术的专业研究人员或对计算机有特殊兴趣并掌握网络技术的人员，他们大多具有较高的智力水平，既熟悉计算机及网络的功能与特性，又洞悉计算机及网络的缺陷与漏洞，他们借助自己的专业技术优势而从事网络犯罪活动。在网络犯罪活动中，黑客犯罪是最典型的，以2018年西安发生的特大网络黑客盗窃虚拟货币案为例，2018年3月30日，西安市公安局经开分局接到受害人张某报警，称其个人电脑疑似被非法入侵，大量比特币、以太坊等虚拟货币被洗劫一空，市值达上亿元。西安市公安局迅速成立专案组开展侦破工作。案件侦破后发现，3名犯罪嫌疑人堪称“专家”。侵入被害人计算机系统需要很强的计算机操作能力，在虚拟货币的转移和支付规则层面，3名犯罪嫌疑人也相当精通。警方破案不仅需要向国外公司征询、调取相关数据，还必须搞清楚相应规则，只有说内行话才能顺利得到对方配合。

（三）网络犯罪隐蔽性程度较高

网络的虚拟性决定了网络犯罪不再像传统的犯罪那样需要面对面、一手交钱一手交货。非接触性的网络犯罪中，我们无法知晓交易对方的真实身份，

---

① 李想：《我国吸毒人员呈低龄化趋势　六成吸毒者不足35岁》，载《法制日报》2016年6月27日。

网络犯罪的虚拟性、非接触性仿佛犯罪的助推剂，极大地便利了不法分子犯罪行为的实施，网络犯罪的隐蔽性程度相较于传统犯罪有了很大程度的提高，这也是网络犯罪近年来日益蔓延的主要原因。在网络毒品犯罪活动中，不法者通过使用“暗语、黑话”等方式在网络上发帖或留言，然后使用 MSN、QQ、微信等能够即时通信的软件进行实时联络，并在双方不见面的情况下实现毒品的相关交易或交流，网络毒品犯罪活动网上网下融合，线上线下同步，网络毒品犯罪主犯在幕后遥控指挥，几乎是不沾毒、不沾钱、不见人，通过网络就完成了一系列涉毒行为，对其追踪、打击的难度很大。在网络贩枪的案件中，犯罪分子以“挂羊头卖狗肉”的方式，用打气筒、阀门、气动配件等常用五金配件描述所寄快件名称，以躲避公安机关的防控。例如，安徽灵璧公安局在侦查一起网络贩枪案件时发现，涉案网店以出售“除尘”工具为名，通过拆散邮寄的方式向外贩卖气枪枪支或者零部件。网络犯罪较强的隐蔽性使得犯罪分子能够毫无顾忌地利用网络虚拟空间进行各种各样的犯罪活动。

（四）网络犯罪互动性程度较高

传统犯罪以物理空间和一定的人数作为其实施犯罪的基础，犯罪分子之间的交流互动需要以面对面或者电子通信等方式进行。而在网络世界里，不法分子仅仅需要一根网线和一个 Wi-Fi（行动热点）就可以互相串联，社交软件的发达也为这些人员提供了更加便利的交流空间，天南海北、五湖四海的人通过微信群、QQ 群等社交软件联系在一起。无须实行实名制的网络交往使得犯罪的隐蔽程度很高，虽然有的时候可以通过 IP 地址（互联网协议地址）锁定来进行追踪，但是查证起来具有一定难度。网络打手、网络黑客、网络水军更有成百上千的个人账户来隐匿自己的真实身份，便于从事网络犯罪活动。以公安部督办的 2014—290 特大网络吸毒案为例，2013 年 11 月，上海民警在网络巡查中发现了一个叫“今生缘”的 QQ 群。“瘾君子”们通过网络直播室在线吸毒、相互交流吸毒感受。他们的共同点是都在拿一根管子和一个矿泉水瓶之类的瓶子吸食冰毒。此后，警方又发现了类似的“白色会”“新龙门客栈”“傲视群雄”3 个视频聊天平台。这里的吸毒人员都是在线直播吸毒，并无所顾忌地交流吸毒感受。警方介绍，这几个平台有一个共同特点，就是白天人非常少，晚上人很多。其中，有很多人几乎时刻在摄像头前，包括睡觉和吃饭时间。警方开展调查后，发现这些聊天室涉及吸毒人员 2400 名，涉案“房间”高达 3000 多个，设有可容纳 10 人至 500 人不等的“十人房”“百人房”，吸毒活动主要集中在涉毒人员申请开设的“十人房”中，部分“百人房”也存在吸毒问题，范围遍布全国各个省份。上海警方此案共抓获了网络涉毒违法犯罪嫌疑人3440名，在涉案的相关视频、网站上注册的用户高达千万。

（五）网络犯罪危害的广泛性

传统的犯罪往往局限于一定的区域和一定的行业，而网络犯罪由于其互联万物的特性而不被物理空间所限制。开放的网络世界里的犯罪行为可以肆意蔓延而不受地域条件、行业条件的影响。网络犯罪危害的广泛性体现在其危害对象、地域范围、涉及领域，以及结果的广泛性。依托于互联网空间传播速率快、覆盖面广等优势，网络犯罪迅速借力这些优势极大地拓展了其活动范围。危害对象的广泛性主要体现在对象不特定性的趋势，地域范围的广泛性主要体现在网络犯罪的无边界性。以著名的e租宝网络非法集资案为例，受害人遍布31个省，涉及115万人，未兑付款项380亿元。全国范围内有北京、上海、天津、浙江、重庆、安徽、广东、湖北、湖南、江西、陕西、吉林、辽宁，累计13个省市，38起诉讼，已经相继作出宣判，111人入狱，罚款超20亿元。e租宝网络非法集资案所造成的危害地域范围之广是任何一个传统犯罪无法比拟的。

（六）网络犯罪的组织规模性程度较高

通常认为，传统犯罪的组织性比较高，比如现实的黑社会组织犯罪，就要求人数较多，有明确的组织者、领导者，骨干成员基本固定。现实中也有很多的共同犯罪往往分工明确、各自负责。在网络犯罪中，其对组织、规模的要求更高。很多网络犯罪中，涉案人数和组织严密性远远高于传统犯罪的规模。在网络删帖类案件中，有“网络水军”这样的形象比喻。在“呼死你”网络敲诈案中，涉及犯罪嫌疑人210余人，团伙均分为“线上+线下”两部分，“线上”人员负责开发维护“呼死你”网页平台、手机APP及PC端软件，通过中介代理贩卖“呼死你”服务非法牟取暴利，“线下”人员通过使用“呼死你”平台实施打击报复、敲诈勒索、强买强卖、非法追债等违法犯罪行为。

第二章

网络犯罪的刑事立法

第一节　我国网络犯罪立法规制的纵向梳理

在信息技术高速发展和“互联网+”时代的背景下，网络已经颠覆了人们传统的生产生活方式，几乎渗透到现代人生活的方方面面。同时，涉及网络的违法犯罪活动与日俱增，在法律制度滞后于社会发展的客观条件下，如何规制有别于传统犯罪模式的网络犯罪，是立法者必须回应的现实问题。纵观我国关于网络犯罪立法规制历程，不同网络发展时期我国陆续出台了相对应的法律法规予以应对，每一个制度背后都蕴含着深刻的历史原因。正如“你能看到多远的过去，就能看到多远的未来”一样，回顾过去有助于我们更好地展望未来。本文拟以时间为脉络，结合对应时期网络发展特点，对我国网络犯罪立法规制进行纵向梳理。

一、网络犯罪立法规制的空白期

在1997年之前，我国刑法未对网络犯罪作出相应规制，涉及网络犯罪的规范仅散见于一些行政法规。1994年2月18日国务院发布的《中华人民共和国计算机信息系统安全保护条例》（以下简称《计算机信息系统安全保护条例》）是我国首次针对计算机安全的立法，开启了我国打击网络犯罪的序章，具有重大的历史意义。但是，限于当时我国网络并不发达的客观条件，《计算机信息系统安全保护条例》主要是围绕计算机本身的安全管理和保护而建立的制度，对于信息网络安全相关领域并未涉及，对于危害计算机系统安全的行为也言之甚少，仅在《计算机信息系统安全保护条例》第7条有所体现，即“任何组织或者个人，不得利用计算机信息系统从事危害国家利益、集体利益和公民合法利益的活动，不得危害计算机信息系统的安全”。由此可见，《计算机信息系统安全保护条例》的重心旨在规范计算机本身的安全维护，而未触及危害更大的计算机网络安全。紧接着，1996 年 2 月 1 日国务院发布了《中华人民共和国计算机信息网络国际联网管理暂行规定》（以下简称《联网暂行规定》）。该规定主要对互联网络的相关概念和连接网络的审批程序进行了相对详细的规范。值得注意的是，在《联网暂行规定》的第 13 条首次提出了禁止利用网络从事违法犯罪活动的说法，即“从事国际联网业务的单位和个人，应当遵守国家有关法律、行政法规，严格执行安全保密制度，不得利用国际联网从事危害国家安全、泄露国家秘密等违法犯罪活动，不得制作、查阅、复制和传播妨碍社会治安的信息和淫秽色情等信息”。由此可见，立法机关已经注意到了网络犯罪对国家安全以及社会秩序的巨大危害，但不足之处在于，并未提及违反该条规定的对应责任，也意味着该规定徒有惩戒网络犯罪的形式，而无惩戒网络犯罪的实质。

二、网络犯罪立法规制的萌芽期

1997 年被视为我国网络犯罪刑事立法的重要时间节点，这一年的 3 月 14 日，全国人民代表大会修订了 1979 年通过的《中华人民共和国刑法》。在此次修订中，立法机关已经意识到了打击网络犯罪的必要性，并首次在刑法层面对网络犯罪加以规定，这与 20 世纪末我国互联网迅猛发展、计算机犯罪日趋严重的时代特征相适应。此次修订新增了 3 个条文对网络犯罪进行规制，首先是在第 285 条设立了非法侵入计算机信息系统罪，然后是在第 286 条规定了破坏计算机信息系统罪，这两个罪名均是围绕计算机系统安全而建立的，值得注意的是，此次修订在第 287 条作出了重大突破，采取列举加兜底的形式对利用计算机实施有关犯罪予以规定，即“利用计算机实施金融诈骗、盗窃、贪污、挪用公款、窃取国家秘密或者其他犯罪的，依照本法有关规定定罪处罚”。随后，经国务院批准，1997 年 12 月 16 日公安部发布了《计算机信息网络国际联网安全保护管理办法》，该办法第 4 条明令禁止了利用网络实施违法犯罪活动，与 1997 年刑法保持一致，并在第 5 条和第 6 条详细列举了利用网络制作、复制、查阅和传播不良信息以及危害计算机信息网络安全的具体行为，还在第 7 条提出对利用网络侵犯用户的通信自由和通信秘密的禁止。综上，该办法在与 1997 年刑法保持一致的基础上，弥补了《计算机信息系统安全保护条例》和《联网暂行规定》在规定网络犯罪方面的缺陷，具有一定的进步意义。

此后，2000 年是我国关于网络犯罪立法的另一个重要时间节点。首先，

2000 年 9 月 25 日国务院发布了《互联网信息服务管理办法》，该规定重点对互联网信息服务提供者的相关行为进行了规范，明确了互联网信息服务提供者在维护网络安全秩序方面的报告和协助义务；其次，2000 年 10 月 8 日信息产业部发布了《互联网电子公告服务管理规定》（已失效），对电子公告信息发布行为进行了规范，并确立了电子公告服务提供者在保障网络安全秩序方面的义务；最后，2000 年 12 月 28 日全国人大常委会通过的《互联网安全决定》作为一部单行刑法规定了利用网络实施犯罪的法律认定问题。从法律文本形式看，刑法学界将《互联网安全决定》定性为一部单行刑法；从实质上看，它是一部"解释型"单行刑法，或者说，是一个立法解释的法律文件。[①]《互联网安全决定》旨在解决 20 世纪初我国互联网野蛮生长引发的诸多弊端，并就维护互联网运行安全和信息安全提出了对应举措。该文件在 1997 年刑法的基础上对利用互联网从事相关犯罪活动的具体行为进行了一一列举，不仅有利于全面打击网络犯罪，对促进互联网相关产业健康发展也具有积极作用。

随后，2002 年 9 月 29 日国务院颁布了《互联网上网服务营业场所管理条例》，进一步明确了禁止互联网上网服务营业场所经营单位和上网消费者利用网络实施非法犯罪活动。至此，我国关于网络犯罪出台的法律、行政法规和规章已经初步形成一个相对完善的体系。此后，从 2003 年至 2008 年期间，我国没有专门针对网络犯罪出台相应的法律、行政法规和规章，只从陆续出台的一些司法解释中能够看到对利用网络实施犯罪活动的规制，包括 2004 年 9 月 3 日发布的《最高人民法院、最高人民检察院关于办理利用互联网、移动通讯终端、声讯台制作、复制、出版、贩卖、传播淫秽电子信息刑事案件具体应用法律若干问题的解释（一）》（以下简称《淫秽信息解释（一）》）、2006 年 7 月 26 日发布的《最高人民检察院关于渎职侵权犯罪案件立案标准的规定》以及 2007 年 6 月 26 日发布的《最高人民法院关于审理危害军事通信刑事案件具体应用法律若干问题的解释》等。

三、网络犯罪立法规制的发展期

2009 年 2 月 28 日，《中华人民共和国刑法修正案（七）》出台，是我国刑法对网络犯罪进行的第一次修订。此次修订在 1997 年刑法第 285 条的基

---

① 于志刚、吴尚聪：《我国网络犯罪发展及其立法、司法、理论应对的历史梳理》，载《政治与法律》2018 年第 1 期。

础上新增了两个条款，分别规定了非法获取计算机信息系统数据、非法控制计算机信息系统罪和提供侵入、非法控制计算机信息系统的程序、工具罪两个罪名。扩大了对我国计算机系统的保护范围，加强了对我国国家事务、国防建设、尖端科学技术领域以外的计算机系统的保护，并对提供侵入、非法控制计算机信息系统的程序、工具等帮助行为进行了规制，有利于全面打击破坏计算机信息系统的犯罪行为。但也有学者指出，此次对非法控制计算机信息系统罪的进一步扩充，由于立法语言的不严谨，导致出现罪状设计上的悖论。① 具体而言是指非法侵入三类特定计算机系统以外的一般计算机系统，如果情节特别严重则法定最高刑可以达到 7 年有期徒刑并处罚金，而对于三类特定的更为重要的计算机系统，如果情节特别严重则法定最高刑仍只能达到 3 年有期徒刑，并且无并处罚金。笔者对此予以赞同。

随后，2012 年 12 月 28 日全国人民代表大会常务委员通过了《全国人民代表大会常务委员会关于加强网络信息保护的决定》（以下简称《网络信息保护决定》）。该决定是我国再次针对维护网络安全出台的一部“立法解释”性质的法律文件。《网络信息保护决定》回应了当时我国社会大众对加强公民个人信息保护的迫切需求，同时，为我国网络信息保护的必要管理措施提供了上位法依据。它重点强调了保护公民个人电子信息、治理垃圾电子信息、网络身份管理以及有关部门的监管等 4 个方面的内容，对网络服务提供者和其他企业事业单位收集、使用公民个人电子信息进行了全方位规范，有利于加强网络信息安全的多重保障。除此之外，2009 年至 2014 年，最高人民法院、最高人民检察院以及公安部出台的一些司法解释中也散见对利用网络实施违法犯罪活动的规定，包括 2010 年 2 月 2 日《最高人民法院、最高人民检察院关于办理利用互联网、移动通讯终端、声讯台制作、复制、出版、贩卖、传播淫秽电子信息刑事案件具体应用法律若干问题的解释（二）》（以下简称《淫秽信息解释（二）》），2010 年 8 月 31 日发布的《最高人民法院、最高人民检察院、公安部关于办理网络赌博犯罪案件适用法律若干问题的意见》，2011 年 1 月 10 日最高人民法院、最高人民检察院、公安部印发《关于办理侵犯知识产权刑事案件适用法律若干问题的意见》，2011 年 3 月 1 日发布的《最高人民法院、最高人民检察院关于办理诈骗刑事案件具体应用法律若干问题

① 参见皮勇：《关于中国网络犯罪刑事立法的研究报告》，载《刑法论丛》2011 年第 3 期。

的解释》，2011 年 6 月 7 日发布的《最高人民法院关于审理破坏广播电视设施等刑事案件具体应用法律若干问题的解释》，2011 年 8 月 1 日发布的《最高人民法院、最高人民检察院关于办理危害计算机信息系统安全刑事案件应用法律若干问题的解释》以及 2013 年 9 月 6 日发布的《最高人民法院、最高人民检察院关于办理利用信息网络实施诽谤等刑事案件适用法律若干问题的解释》（以下简称《利用信息网络实施诽谤等刑事案件的解释》）等。

四、网络犯罪立法规制的完善期

2015 年 8 月 29 日，刑法修正案（九）出台，是我国刑法对网络犯罪的第二次修订。此次修订篇幅较大，原因在于当时我国网络犯罪出现了许多新情况，包括利用网络出售公民个人信息的行为越发猖獗，由于网络服务提供者的过错导致违法信息扩散或者用户信息泄露或者刑事犯罪证据灭失的行为屡禁不止，通过网络搭建违法犯罪平台的现象越来越普遍，设立“伪基站”干扰无线电秩序的犯罪活动频繁发生以及利用网络编造、传播虚假信息的态势越发严重等。鉴于此，刑法修正案（九）一是在刑法修正案（七）第 285 条、第 286 条中分别增加单位犯罪作为第 4 款，加大对单位从事网络犯罪的处罚力度；二是增设第 286 条之一拒不履行网络安全管理义务罪、第 287 条之一非法利用信息网络罪以及第 287 条之二帮助信息网络犯罪活动罪 3 个罪名，进一步扩充了网络犯罪的相关罪名；三是在第 246 条侮辱罪、诽谤罪之后增加第 3 款，规定通过信息网络实施的侮辱、诽谤可以由公安机关协助人民法院调查相关证据；四是将第 288 条扰乱无线电通讯管理秩序罪规定的“经责令停止使用后拒不停止使用”的构成犯罪的条件予以删除，在提高法定最高刑的同时增加了重罪（附加罚金刑）；五是在第 291 条之一投放虚假危险物质罪，编造、故意传播虚假恐怖信息罪中增加第 2 款，确立编造、故意传播虚假信息罪，扩大了编造、故意传播的虚假信息的范围，并明确是通过信息网络或媒体的方式传播，有利于促进互联网健康发展、维护社会公共秩序。自此，我国对网络犯罪的打击在刑法层面相对比较完备。

此后，2016 年 11 月 7 日全国人民代表大会常务委员会发布了《中华人民共和国网络安全法》（以下简称《网络安全法》），这是我国再次以法律的形式专门对网络安全予以规制。《网络安全法》从网络安全支持与促进、网络运行安全、网络信息安全以及监测预警与应急处置等方面进行制度设计，旨在多维度全方位保障网络安全，促进互联网经济健康发展，是我国依法治网强有力的保障。除此之外，从2015年至今，我国也在相关司法解释中提及对利用网络实施其他犯罪的处罚，包括2016年4月6日发布的《最高人民法院关于审理毒品犯罪案件适用法律若干问题的解释》、2017年1月25日发布的《最高人民法院、最高人民检察院关于办理组织、利用邪教组织破坏法律实施等刑事案件适用法律若干问题的解释》、2017年5月8日发布的《最高人民法院、最高人民检察院关于办理侵犯公民个人信息刑事案件适用法律若干问题的解释》、2017年7月21日发布的《最高人民法院、最高人民检察院关于办理组织、强迫、引诱、容留、介绍卖淫刑事案件适用法律若干问题的解释》以及2017年11月22日发布的《最高人民法院、最高人民检察院关于利用网络云盘制作、复制、贩卖、传播淫秽电子信息牟利行为定罪量刑问题的批复》等。

第二节　我国网络犯罪立法规制的横向评析

我国目前针对网络犯罪的立法已经形成相对完备的体系，形成了涵盖法律层面、行政法规层面以及司法解释层面的形式多样的网络安全的法律体系。

一、法律层面

我国目前与网络安全相关的法律主要包括《中华人民共和国刑法》和《网络安全法》。其中《中华人民共和国刑法》居于核心地位，属于最基础的法律，对利用网络实施的犯罪行为进行了详细的规定。而《网络安全法》虽然只是一部附属刑法，但其对预防、打击网络违法犯罪活动功不可没。值得注意的是，《网络安全法》实施仅两个多月时，全国人大常委会执法检查组便对《网络安全法》和《网络信息保护决定》的实施情况进行了检查。此次检查重点治理了在网络上散布违法违规信息以及侵犯公民个人信息的行为，高效整治了网络生态环境，一定程度上打消了网络违法犯罪活动的嚣张气焰。

二、立法解释层面

我国目前与网络安全相关的立法解释类型的法律文件主要包括《互联网安全决定》与《网络信息保护决定》。这两个立法解释类型的法律文件立法时间相隔12年，反映了相应时期我国网络犯罪的特点。其中《互联网安全决定》于2000年年末制定，当时，我国互联网正处于蓬勃发展的阶段，为人民群众的生活带来便利的同时也引发了诸多安全问题，但当时我国1997年刑法关于网络犯罪的规定过于粗略，可操作性不强。鉴于此，《互联网安全决定》进一步完善了网络犯罪的具体规定，详细列举了通过网络从事违法犯罪活动的具体情形，包括侵害计算机信息系统，破坏国家安全与社会稳定，破坏社会主义市场经济秩序和社会管理秩序以及侵害个人、法人和其他组织的人身、财产等合法权利的相关违法犯罪行为，为我国当时打击网络安全犯罪作出了卓越贡献。而《网络信息保护决定》于2012年制定，在这个时期，我国信息化建设已经取得显著的进步，信息技术在生活生产中逐渐被广泛运用，信息网络在各个地区基本普及，加之诸如移动互联网等新兴信息技术的发展应用，使得信息安全面临着前所未有的严峻挑战。除此之外，当时公民个人电子信息遭受了巨大的威胁，常常被不法分子窃取、不当使用甚至倒卖，以及利用网络从事诈骗、诽谤的行为屡禁不止，既侵害了公民、法人和其他组织的合法权益，又扰乱了网络安全秩序。与此同时，我国在网络信息保护这方面的法律与猖獗的犯罪现象相较显得格外薄弱，严重缺乏上位法的依据以支撑必要的管理措施。鉴于以上种种原因，《网络信息保护决定》应时而生。该决定重点在于全面规范公民个人电子信息的收集、使用过程，避免网络成为不法分子窃取公民个人信息的天堂，同时为国务院及相关部门制定配套措施提供上位法依据。

三、行政法规

截至2018年，我国现行有效的涉及网络犯罪的行政法规共5个，包括《计算机信息系统安全保护条例》《联网暂行规定》《计算机信息网络国际联网安全保护管理办法》《互联网信息服务管理办法》《互联网上网服务营业场所管理条例》。这些行政法规均在刑法修正案（七）之前出台，旨在对危害计算机系统的行为以及网络服务提供者的行为进行规范，弥补了我国早期刑法在规制网络犯罪方面存在的缺陷。首先，1994年国务院发布了《计算机信息系统安全保护条例》，该条例名为对计算机信息安全予以保护，实则是以计算机本身的管理和维护为中心而建立的一系列制度，对于具体侵害计算机信息系统的行为并未列举，只是在《计算机信息系统安全保护条例》第7条中概括规定禁止实施危害计算机安全的行为，对于网络信息犯罪也未涉及。其次，1996年国务院发布并于1997年修正的《联网暂行规定》主要涉及我国计算机网络进行国际联网的相关行为规范，对于打击网络犯罪的具体规定仅有一个条文，即对利用国际联网实施危害国家安全，制作、查阅、复制和传播妨碍社会治安的信息和淫秽色情等信息的行为予以明确禁止。但不可否认，《联网暂行规定》是首次明确提出禁止以网络作为工具从事违法犯罪活动的法律规范。其次，1997 年发布并于 2011 年修订的《计算机信息网络国际联网安全保护管理办法》是在 1997 年刑法的背景下出台的，因此，其列举了一系列利用国际联网实施的违法犯罪行为，对配套刑法规定有效打击网络犯罪具有重要意义。再次，2000 年发布并于 2011 年修订的《互联网信息服务管理办法》对从事互联网信息服务的相关行为予以了规范，规定了网络信息服务提供者应尽的维护网络安全秩序的相关义务。最后，2002 年国务院颁布并于 2011 年第一次修订、2016 年第二次修订的《互联网上网服务营业场所管理条例》从设立、经营以及罚则 3 个方面对互联网上网服务营业场所经营者的行为进行了规范。目前这些行政法规中的大部分内容已经被《网络安全法》所吸收。

四、司法解释

截至 2018 年，我国涉及网络犯罪的司法解释共 15 个。其中专门针对网络犯罪的司法解释有 6 个，具体如下：第一，2004 年 9 月 3 日最高人民法院、最高人民检察院发布的《淫秽信息解释（一）》，该解释旨在依法惩治利用互联网、移动通讯终端制作、复制、出版、贩卖、传播淫秽电子信息，通过声讯台传播淫秽语音信息等犯罪活动，维护公共网络、通讯的正常秩序，保障公众的合法权益。第二，2010 年 2 月 2 日最高人民法院、最高人民检察院发布的《淫秽信息解释（二）》，此次解释在原有的《淫秽信息解释（一）》的基础上进一步完善，并作出重大突破，尤其是将电信业务经营者、互联网信息服务提供者为淫秽网站提供服务的帮助行为进行了正犯化，对有效打击淫秽网站具有积极影响。第三，2010 年 8 月 31 日发布的《最高人民法院、最高人民检察院、公安部关于办理网络赌博犯罪案件适用法律若干问题的意见》，该意见的出台是为了应对当时我国利用网络从事赌博的现象越发严重，另外，由于网络赌博犯罪不同于线下传统的一般赌博犯罪，导致司法实践中出现了许多法律适用难题，法院之间亦存在同案不同判的现象，因此，三部门在总结既有实践经验的基础上出台了意见以供参考。第四，2011 年 8 月 1 日发布的《最高人民法院、最高人民检察院关于办理危害计算机信息系统安全刑事案件应用法律若干问题的解释》，该解释结合当时我国互联网以及市场经济发展状况，对危害计算机信息系统相关罪状的加重构成案件进行了详细的释明，对法院关于此类案件的裁判具有重要的指导意义。第五，2013 年 9 月 6 日发布的《利用信息网络实施诽谤等刑事案件的解释》，该解释旨在打击我国当时日益猖獗的网络犯罪活动，它明确规定了利用信息网络实施诽谤、寻衅滋事、敲诈勒索、非法经营犯罪的认定及处罚问题，对依法准确惩治此类犯罪提供了较为明确的司法解释依据。第六，2017 年 11 月 22 日发布的《最高人民法院、最高人民检察院关于利用网络云盘制作、复制、贩卖、传播淫秽电子信息牟利行为定罪量刑问题的批复》，该解释专门对网络云盘这类特殊的电子信息网络储存平台予以释明，明确对利用其进行制作、复制、贩卖、传播淫秽电子信息牟利的行为的定罪量刑参照《淫秽信息解释（一）》和《淫秽信息解释（二）》，但应充分考虑传播范围、违法所得等相关因素，使得罪责刑相适应。其中只在部分条款对网络犯罪有所涉及的司法解释有 9 个，具体包括：第一，2006 年 7 月 26 日发布的《最高人民检察院关于渎职侵权犯罪案件立案标准的规定》，该解释在第一类渎职犯罪案件中涉及的故意泄露国家秘密案中第 5 项规定的“通过口头、书面或者网络等方式向公众散布、传播国家秘密的”，将以网络作为工具泄露国家秘密的行为予以规制。第二，2007 年 6 月 26 日发布的《最高人民法院关于审理危害军事通信刑事案件具体应用法律若干问题的解释》第 6 条第 3 款规定：“违反国家规定，侵入国防建设、尖端科学技术领域的军事通信计算机信息系统，尚未对军事通信造成破坏的，依照刑法第二百八十五条的规定定罪处罚；对军事通信造成破坏，同时构成刑法第二百八十五条、第二百八十六条、第三百六十九条第一款规定的犯罪的，依照处罚较重的规定定罪处罚。”第三，2011 年 1 月 10 日最高人民法院、最高人民检察院、公安部发布的《关于办理侵犯知识产权刑事案件适用法律若干问题的意见》第 10 条关于侵犯著作权犯罪案件“以营利为目的”的认定问题中提到“通过信息网络传播他人作品，或者利用他人上传的侵权作品，在网站或者网页上提供刊登收费广告服务，直接或者间接收取费用的”。第四，2011 年 3 月 1 日发布的《最高人民法院、最高人民检察院关于办理诈骗刑事案件具体应用法律若干问题的解释》第 2 条第 1 项规定：“通过发送短信、拨打电话或者利用互联网、广播电视、报刊杂志等发布虚假信息，对不特定多数人实施诈骗的。”第五，2011 年 6 月 7 日发布的《最高人民法院关于审理破坏广播电视设施等刑事案件具体应用法律若干问题的解释》中多次提及将造成广播电视传输网无法使用的行为纳入破坏广播电视设施罪的犯罪之中。第六，2016 年 4 月 6 日发布的《最高人民法院关于审理毒品犯罪案件适用法律若干问题的解释》第 14 条规定：“利用信息网络，设立用于实施传授制造毒品、非法生产制毒物品的方法，贩卖毒品，非法买卖制毒物品或者组织他人吸食、注射毒品等违法犯罪活动的网站、通讯群组，或者发布实施前述违法犯罪活动的信息，情节严重的，应当依照刑法第二百八十七条之一的规定，以非法利用信息网络罪定罪处罚。”第七，2017 年 1 月 25 日发布的《最高人民法院、最高人民检察院关于办理组织、利用邪教组织破坏法律实施等刑事案件适用法律若干问题的解释》第 2 条、第 6 条均提及利用网络宣传邪教的相应定罪量刑标准。第八，2017 年 5 月 8 日发布的《最高人民法院、最高人民检察院关于办理侵犯公民个人信息刑事案件适用法律若干问题的解释》第 8 条对设立公民个人信息违法犯罪活动的网站、通讯群组的行为予以规制，第 9 条对网络服务提供者因不履行相关义务造成公民个人信息泄露的严重危害行为予以规制。第九，2017 年 7 月 21 日发布的《最高人民法院、最高人民检察院关于办理组织、强迫、引诱、容留、介绍卖淫刑事案件适用法律若干问题的解释》第 8 条第 2 款对利用信息网络发布招嫖违法信息的行为予以规制。

第二编　网络犯罪的常见样态

第一章

网络恐怖主义犯罪

狄更斯曾说过：这是最好的时代、智慧的时代，但也是最坏的时代、愚蠢的时代。这句话用来描述互联网时代是最恰当不过了，当代社会依托于全球联动的信息科技，实现了又一次生产生活方式的飞跃，但同时也给传统犯罪带来了新的犯罪模式，互联网成了犯罪的天堂。恐怖主义犯罪也不例外，尽管自美国9.11恐怖袭击事件发生以后，世界各国在打击恐怖主义犯罪方面颇有成就，给传统群体性恐怖犯罪组织实施活动带来巨大阻碍，但事实上，恐怖活动依然频发且形势越发严峻，随着网络兴起的“独狼式”个体恐怖主义日渐猖狂，传统的恐怖犯罪阵地发生了转移。网络安全牵动国家安全，是国家安全的关键。针对网络恐怖主义犯罪，需要法律对其积极地作出回应。

第一节　网络恐怖主义犯罪的识别

一、网络恐怖主义概念的界定

对网络恐怖主义这一概念的界定首先要明晰何为恐怖主义，对此，《中华人民共和国反恐怖主义法》（以下简称《反恐怖主义法》）已将其明确为“通过暴力、破坏、恐吓等手段，制造社会恐慌、危害公共安全、侵犯人身财产，或者胁迫国家机关、国际组织，以实现其政治、意识形态等目的的主张和行为”。[①] 然则何为网络恐怖主义？诚然，当今国际社会在全球范围内对打击恐怖主义犯罪已形成广泛共识，但学术上对如何准确界定网络恐怖主义的概念并未达成一致，国际社会很早就注意到网络恐怖主义并对其予以高度关注和警觉，如联合国安理会第2129号决议等，通过对形式的表述实际上表达了网络恐怖主义的内涵。[②] 最早提出网络恐怖主义这一概念的是美国的柏林·科林，其在《网络恐怖主义的未来：物理世界和虚拟世界的融合》一文中将网络恐怖主义简单理解为“网络和恐怖主义相结合的产物”。我国著名学者高铭暄教授对网络恐怖主义概念进行了明晰，他认为，网络恐怖主义在性质上并没有改变，只是形式上发生了变化，不同的机构和部门对网络恐怖主义所下的定义基于机构的性质而不同，从而对网络恐怖主义作出了不同的定位，“网络”表明，基于计算机或电子手段来实施恐怖行为，不论是通过破坏计算机系统本身，还是利用计算机作为渠道，它都是用来攻击“真实”世界的物理基础设施，是恐怖主义的表现形式之一。[③]

网络恐怖主义区别于传统恐怖主义，两者虽本质相同却有着不同的表现形式，传统恐怖主义组织、聚集、实施的地域范围相对集中，有着较高的犯罪成本且更易被事先防范、事后侦查；相比之下，网络恐怖主义作为一种高智商犯罪，其主体复杂、犯罪成本低廉、隐匿性高、范围更广且组织形态在互联网环境中实现了异化，有时其影响范围是世界性的，损失是难以估量的。

网络恐怖主义区别于一般的计算机网络犯罪，它具有鲜明的政治形态，体现在实施者通过计算机网络实施网络恐怖袭击，动摇国家、政府的统治，实现其政治、宗教、种族或其他意识形态的追求，挑战国家、政府权威，宣泄不满情绪；一般的计算机网络犯罪通常出于物欲、情绪宣泄、好奇心、表现欲等实施犯罪行为，目的相对单纯，不带有政治目的。除意识形态以外，网络恐怖主义实行网络恐怖袭击的强度远远大于一般计算机犯罪的网络黑客攻击，网络恐怖主义通常在组织意识形态的影响下对关乎公共安全的基础性

① 《反恐怖主义法》第3条第1款规定：“本法所称恐怖主义，是指通过暴力、破坏、恐吓等手段，制造社会恐慌、危害公共安全、侵犯人身财产，或者胁迫国家机关、国际组织，以实现其政治、意识形态等目的的主张和行为。”

② 第2129号决议强调恐怖分子及其支持者越来越多地利用互联网进行恐怖活动，联合国反恐机构要会同各国和有关国际组织加强打击恐怖组织和恐怖分子利用互联网实施煽动、招募、资助恐怖活动等恐怖行为。

③ 高铭暄、李梅容：《论网络恐怖主义行为》，载《法学杂志》2015年第12期。

设施长期实行攻击，无论是范围、破坏性还是影响力都非一般黑客攻击所能比拟。

二、我国网络恐怖主义发展态势分析

（一）境内网络恐怖主义发展现状概述

我国现代意义的恐怖主义产生时间相对较晚，自中华人民共和国成立至20世纪80年代，基于特殊时期中国社会主义事业的建设发展，社会整体稳定和谐，并不存在现代立法中的恐怖主义，而是更多赋予其“反革命”的名义；直至20世纪90年代，我国的恐怖主义组织在“泛伊斯兰主义”“泛突厥主义”思潮影响下，受境外恐怖势力的支持和唆使日渐壮大，并猖獗地在国内制造恐怖活动，这个时期也伴随着互联网进入中国并发展完善，为恐怖主义提供了可乘之机。

随着相关反恐机制的成熟，大规模的恐怖组织在国内几无立足之地，国内恐怖组织纷纷将核心向境外转移，但这样一个转变并没有使得国内恐怖事件的发生有所减缓，反而是以网络恐怖主义的形式越发嚣张，国际上试图分裂中国的政府组织和正在扩张中的恐怖组织纷纷向国内恐怖组织抛出橄榄枝，境内外恐怖组织合流，这个过程也伴随着组织结构由金字塔形向扁平化组织结构的转移，恐怖组织残余势力散布国内，通过网络实现上传下达，以此在国内进一步进行组织宣传和思想渗透，这一趋势同时也为国际恐怖组织向中国渗透提供了契机。

就当前国内已发生的网络涉恐案件而言，其相比于传统恐怖主义犯罪表现出了明显的年龄区分，犯罪主体主要为年轻群体且总体文化水平不高，普遍为初中至大专文化，但对网络的应用相对娴熟，满足工具型网络恐怖犯罪所需水平；另外，年轻群体的重点地域分布相对集中，因种族、宗教、文化更容易引起共鸣，教育水平等因素相对落后，恐怖组织主要在少数民族地区发展年轻成员。

在所有网络涉恐案件中，网络涉恐信息类犯罪尤为猖獗，主要表现在以下罪名：利用互联网分享恐怖视频等行为触犯的“宣扬恐怖主义、极端主义、煽动实施恐怖活动罪”；编造散布引起公众恐慌的谣言触犯的“编造、故意传播虚假恐怖信息罪”，甚至与“破坏计算机信息系统罪”搭配；通过“翻墙”从域外或是在境内获取涉恐音视频等信息后再将大量相关视频存储至终端等行为，触犯“非法持有宣扬恐怖主义、极端主义物品罪”。恐怖信息如暴恐音视频等是恐怖组织发展成员“洗脑”的重要方式，互联网条件下的信息传播对象的不特定性就是在全国范围内布下无数不确定的隐患，使得恐怖主义在民间发展壮大的同时也随时威胁公众安全和社会秩序。最高人民法院、最高人民检察院、公安部、司法部于2018年3月16日联合发布的《最高人民法院、最高人民检察院、公安部、司法部关于办理恐怖活动和极端主义犯罪案件适用法律若干问题的意见》对宣扬恐怖主义、极端主义，煽动实施恐怖活动的有关行为进行了详细且明确的界定，其目的便是更好地预防和惩治网络涉恐信息类犯罪。

（二）网络恐怖主义的形式

基于上文对网络恐怖主义概念的界定，可知网络恐怖主义是恐怖主义形式上的变态，经过对现阶段网络涉恐案件的分析，从整体上可将其划分为工具型网络恐怖主义和目标型网络恐怖主义。工具型网络恐怖主义包含两种形式：以网络为媒介，传播、收集、接受获取恐怖信息和利用网络联络招募恐怖成员；目标型网络恐怖主义的主要表现形式为网络恐怖袭击，即恐怖分子为实现其政治或社会目的，针对计算机系统、网络和信息设施发起网络袭击，对社会造成恐慌或实际损害。

1. 工具型网络恐怖主义

工具型网络恐怖主义，即恐怖分子将网络作为实施恐怖活动的重要工具，根据现有的案例统计来看，目前在我国该种形式的网络恐怖主义占据主流地位。

（1）以网络为媒介，传播、收集、接受获取恐怖信息

除了实施暴力恐怖活动，为了实现其目的，恐怖活动组织还会运用各种方式宣扬恐怖主义，在社会中营造出恐慌氛围，或是煽动社会群众参加恐怖活动。近年来，互联网已完全渗透我们的生活，它带来的传播方式和舆论生成方式的革命性变化，基于其高效、广泛、成本低、隐蔽性强等特性，恐怖分子已将其作为恐怖活动宣传的新阵地，并且由于互联网的双向互动性，传统的单项恐怖信息宣传的格局已被颠覆，使反恐工作变得更加艰巨。

以ISIS（一个长期活跃在伊拉克和叙利亚地区并自称建国的极端恐怖组织）为例，ISIS充分利用社交网络开拓融资渠道、渲染心理威慑、扩大对外宣传并招募仰慕者“参战”和号召追随者自行开展袭击行动，基于雄厚的财力，其尤其善于利用现代化工具实施恐怖活动，如利用无人机实施爆炸性袭击、利用网络发布暴恐视频等，其中ISIS发布的大量暴恐视频已渗透我国境

内，并在大量的司法实践中浮现出来。2017 年北京市第三中级人民法院作出（2017）京 03 刑初 13 号一审判决，被告人张金文从网络上下载涉及宣扬恐怖主义和宗教极端思想，含有“伊斯兰国”组织招募、武装、培训组织成员，以极度血腥残忍的手段危害他人生命、实施暴恐袭击内容的视频 10 部以及其他 30 余部恐怖视频，其通过电脑版的微信将部分视频转发到微信群，上传部分至百度网盘并向他人分享链接，最终张金文因犯宣扬恐怖主义、极端主义罪被判处有期徒刑 1 年，并处罚金人民币 2000 元；犯非法持有宣扬恐怖主义、极端主义物品罪，判处有期徒刑 6 个月，并处罚金人民币 1000 元，决定执行有期徒刑 1 年 2 个月，并处罚金人民币 3000 元。①

（2）利用网络联络招募恐怖成员

随着网络空间逐渐演变为恐怖分子新的基地，其利用网络招募成员已然形成了联络、策划、训练、募集资金、指挥恐怖活动这样一条完整的活动链条，互联网的交互性可以满足恐怖分子在最短的时间内实现沟通和交流，这种交互性甚至可以打破地域局限，使得恐怖组织的影响力短时间内在全球范围内无限扩散，最终的结果是以一种难以察觉的态势遍布世界，随时威胁着公共安全，随时不可控地扰乱着社会秩序。也正是基于这样的散布形态，传统的以组织形态共同实行的恐怖活动正逐渐向个体型的恐怖活动转变，“独狼式”个体恐怖主义在世界范围内盛行。就近年来我国暴恐案件的发生来分析，恐怖组织从未停止过招募新的成员，其招募对象主要以 80、90 后群体中的低学历人群为重点。与暴恐组织相比，ISIS 显得更为“高端”，其拥有一整套完整的依靠网络招募成员的体系，首先通过发布屠杀、刑罚和斩首的照片吸引关注，然后制作煽动性的视频在世界范围内进行精确投放，他们还会开发网络游戏主动与年轻人进行交流制造认同感，甚至通过网络征兵。

2. 目标型网络恐怖主义——网络恐怖袭击

网络恐怖袭击是指利用多种计算机、网络技术通过互联网对计算机系统、数据进行破坏性攻击而实施的恐怖袭击。② 相较于传统的恐怖犯罪，网络恐怖袭击的范围更为广泛，更难以防范，危害更大。2017 年 5 月，因美国国家安全局研发的网络武器外泄，经篡改产生的网络蠕虫病毒爆发，100 个国家和地区的数万台电脑遭到入侵，一场全球范围内的勒索病毒蔓延开来。在英国，

---

① 北京市第三中级人民法院（2017）京 03 刑初 13 号刑事判决书。

② 皮勇：《网络恐怖活动犯罪及其整体法律对策》，载《环球法律评论》2013 年第 1 期。

英国国家医疗服务系统受到了严重波及，系统医疗数据消失，医生难以判断患者有何种病史和过敏史，不敢贸然下药，大量的手术也只能暂停；在中国，大批正在从事毕业论文、毕业设计的中国大学生突然发现电脑被锁定，站在人生十字路口的年轻人更加无助和茫然，引起了严重的社会恐慌。据信息安全公司卡巴斯基统计，该病毒十几个小时内在74个国家发生了至少4.5万次攻击，其中大部分攻击发生在俄罗斯，且总数可能会“远远高于”这一数字。ISIS更是囤积了大量的恶意软件、木马程序在内的网络攻击工具，欲建立具有强大网络攻击力的“网络伊斯兰帝国”，打造一支高水平的网络圣战队伍。

（三）网络恐怖主义的特点

1. 主体多元性

信息技术的发展使得在无边际的互联网空间中实现了全球化，导致网络恐怖主义的犯罪主体的复杂化，不同地域、肤色、文化、宗教、制度背景的主体交织在一起，这样一来，网络恐怖主义犯罪主体的多元性往往会带来新的挑战：一方面，侦查人员以往使用的依靠地域、体貌特征等因素的侦查方式在网络犯罪中很难再发挥很大的效用，网络作为一个虚拟的空间，通过寻常的侦查手段难以对其追索；另一方面，在网络空间没有现实中强烈的国别区分，即使最终得以追索到幕后始作俑者，往往可能因为现实中国家间刑事管辖的行使问题导致无法对其惩戒。

2. 主体年轻化与专业性

根据现有司法案例统计，目前网络恐怖主义的犯罪主体以80、90后群体为主，作为互联网的“原住民”群体，该群体的成长过程恰好伴随了互联网的发展成熟，且随着义务教育的普及，该群体在整体上的年龄架构远远比传统的恐怖主义犯罪年轻得多。互联网双向互动的特性改变了以往恐怖组织单向宣传的方式，年轻群体基于猎奇的心态主动在互联网与恐怖组织接触，或被“洗脑”或被利益诱惑，甚至很多情况下并没有意识到成为恐怖组织的帮助犯或成员，很多恐怖组织更是直接将“魔爪”伸向了高校大学生，从高校发展大量管理、电影制作、生物、物理、化学等各个知识结构层面的人才。无论是基于以上何种原因使得年轻主体在网络空间涉恐，我们不得不否认，高学历、高智商的年轻群体的加入使得恐怖主义更加猖獗，采用高科技手段把袭击对象扩大到了信息和经济领域。

3. 手段现代化与多样性

传统的恐怖主义犯罪主要采取空袭、爆炸、放火、枪击、持刀行凶等现实的手段对重要的目标或人物实行暴力破坏或伤害行为，其与网络恐怖主义的犯罪手段大相径庭，网络恐怖主义的犯罪手段更加现代化且多样性。在网络恐怖袭击活动中，任何具有相当技术能力的恐怖分子皆可利用现代化的网络终端实现与整个网络的互联，从而实施恐怖行为的全过程，包括利用互联网发布恐怖信息、招募成员、调拨资金、入侵网络导致终端瘫痪等，通过寻常手段难以获取的作案工具或相关的信息可以从难以察觉追踪的暗网中交易，甚至我们熟悉的互联网平台都可能被恐怖主义劫持利用，凭空增加了我们赖以生产生活的环境的极端不稳定性。

4. 犯罪成本的低廉性

传统恐怖主义为保证期待结果的稳定实现，从策划到实施整个过程通常都会有周密的安排，人员的安排、工具的准备、地点的考察等都会带来巨大的资金需求和时间成本，其成本甚至通常远远大于其他种类的普通犯罪，而巨大成本也正解释了为何人人“谈恐色变”。与传统恐怖主义相反，网络恐怖主义的犯罪成本极端低廉，恐怖分子仅依靠自身技能，利用网络终端自主操作或是以每小时200美元至300美元的价格雇佣网络黑客，在短时间内发动一场波及全世界的网络恐怖袭击活动都是经过实践证明可以实现的事。

5. 极高的隐蔽性

网络中的涉恐信息不同于一般的网络信息，发布者为了逃避打击，会主动对可能涉及的关键词和图像进行回避，经过刻意伪装往往具有较强的隐蔽性，寻常的网络违法信息挖掘方式很难发挥效用，这也是网络恐怖主义至今如此偏爱此种手段的原因；另外，恐怖信息的源头通常在国外，很难根除，暴恐组织也有自主开设网站，还在推特、脸书等网络社交平台上注册大量账号，全方位、立体式地进行推送。以涉恐音视频为例，作为恐怖势力宣传意识形态的重要载体，其具有极大的危害性，有的恐怖组织甚至在实施恐怖活动时随身携带摄影设备，并事后将其发布在网络上，其极为重视网络宣传工作，通过招募大量学历高且熟悉数码技术的年轻人对音视频进行伪装后发布，通过各种渠道流通至世界各地。

6. 犯罪危害的广泛性

网络恐怖主义犯罪危害的广泛性体现在其危害对象、地域范围、涉及领域以及结果的广泛性。依托于互联网空间传播速率快、覆盖面广等优势，恐怖分子发布恐怖信息面向的受众范围更广，并且基于互联网双向互动，恐怖主义宣传相关信息的方式正在经历一个由单方面被动接受到双向互动选择的转变趋势，互联网信息的隐蔽性特质更加大了互联网平台监管的挑战性。

危害对象的广泛性。其主要体现在对象的不特定性，恐怖主义除继续传统成员招募活动外，众多的网络平台为其提供“钓鱼式”的成员招募宣传工作，如众多近期在社交网站上疯狂流传的中东战争招募司机图片，公然附以详细的工作介绍、巨额薪金以及具体的联系方式，大多网友认为此图仅仅为戏谑行为并无他意，平台也视而不见，殊不知有多少人因此误入歧途。

地域范围的扩张性。恐怖组织进行跨地域扩张的脚步从未停止，受技术、交通、传媒等条件限制，传统的恐怖活动组织、恐怖袭击事件通常是地区性的，地域范围局限于一个国家内部或多个相邻的国家间，如动荡的中东地区，现如今互联网的发展强有力地促进了国家之间、地区之间的交往与联系，传统的技术局限有了新的突破，甚至完全不需要考虑交通这一因素便可将活动辐射全世界。互联网的出现使得全球一体化的“蝴蝶效应”大幅增强，即发生在世界任何一处的恐怖袭击都可能会产生全球范围的消极影响。

涉及领域不断深入。现如今的物质世界已经越来越与网络难以分开，互联网已经深深融入了食品、药品、医疗、卫生、资源开发、公共事业等几乎任何行业，生活周遭的一切已经极度依赖互联网。根据往年的互联网网络安全报告显示，恐怖主义进行网络恐怖袭击的触角早已深入传统工业领域，早在2015年乌克兰电网的工业控制系统便被黑客团队攻击瘫痪，而这种类似工业控制系统已被广泛应用于轨道交通、石油石化等重要基础设施行业。[①] 由此看来，当前社会恐怖主义任何一次恐怖袭击带来的危害都是难以预估的，根据现有科技发展方向，网络恐怖主义涉及的领域只会越来越深入。

7. 组织结构的扁平性

传统恐怖主义的组织形态在互联网时代经网络异化呈现出扁平化的趋势。传统恐怖活动组织主要采取金字塔形的组织形态，金字塔的顶端为极少数的首领，负责指挥工作；往下第二层是负责执行的骨干人员；第三层是为恐怖活动组织提供情报、藏身等方面服务的积极支持者；金字塔最底层是消极支

---

① 《2017年中国互联网网络安全报告》，https：//www. sohu. com/a/245752784_ 100017648，访问时间：2018年11月13日。

持者，通常是非组织成员但却与组织有千丝万缕的联系。互联网时代的来临为扁平化的组织形态提供了可能，传统金字塔形结构过于集中导致组织易被集中歼灭，以互联网为媒介，高层更多的是理念上探讨，执行什么及怎样执行由基层自主决定，传统恐怖主义的组织形态向扁平化组织形态转变有多种因素，如西方国家的打击、恐怖组织松散化，不可否认的是如今的恐怖组织更加依靠分支和同盟，但在网络恐怖主义中扁平化是普遍形态，依靠分散在世界各地相对独立的分支机构进行活动显得更加灵活高效。

三、网络恐怖主义的发生原因

（一）传统恐怖主义是根本原因

1. 民族矛盾及种族冲突

当今世界大多恐怖组织是由极端民族主义分子组成的，其产生主要来源于历史遗留问题。20 世纪发生第一次和第二次世界大战后，世界民族格局发生了巨大变化，尤其是其间掀起了一场世界亚非拉民族解放运动，世界上很多国家因此摆脱了帝国主义殖民统治，之后进入了长达半世纪两极格局；但到了 20 世纪末苏联解体、“冷战”结束，原有格局被打破，一些国家内部民族矛盾和宗教矛盾开始激化，民族极端主义和原教旨主义开始苏醒。中东地区是典型代表，如阿富汗塔利班政权，为谋求政治经济上的利益，发展出一批民族狂热分子，谋求民族分离和宗教合法化，再加上美国、俄罗斯等大国在这些地区的利益角逐，激化了矛盾，加剧了社会秩序混乱。

2. 宗教冲突

原教旨主义，是用原来传统的观念对现实社会进行审视，竭力要求保留原民族宗教教义的原形和纯洁。当它被控制在狭小的天地不满现状时，即按照各自的教旨、习俗行事，导致矛盾和冲突。① 伊斯兰原教旨主义在诸多极端宗教恐怖组织中是发展最快、规模最大的，伊斯兰原教旨主义曾经提出过一些著名的行动口号，如“不要宪法，不要法律，《古兰经》就是一切”“不要东方，不要西方，只要伊斯兰”等，可以看到其带有强烈的政治激进主义倾向，表面上极力宣扬宗教，但宗教的狂热无法掩盖其对权利和欲望的追求。目前宗教极端主义在全球范围内仍持急剧上升趋势，世界穆斯林居住的一些

---

① 康树华、胡戎恩：《论恐怖主义犯罪》，载《铁道警官高等专科学校学报》2003 年第 1 期。

地区如巴尔干半岛、车臣、阿富汗、南亚克什米尔、乌兹别克斯坦等地，近30年来因宗教、民族、领土等纠纷冲突不断加剧，成为战争、冲突和暴力恐怖活动的多发地区。[①]

（二）网络信息技术的发展是重要的助推因素

现代意义的恐怖活动不仅转向“既让更多的人死，也让更多的人看”的扩大化、极端化的行事方式，而且，全球化、信息化的发展也为其扩张创造了条件，传统意义上的恐怖主义如今借助现代化环境的孕育，已经由一种边缘性或是低层次的社会反抗，一下子成为具有能主导社会安全与稳定的一种不可小视的能量。[②] 一方面，社会上目前存在的大量形形色色网络软件已经足够成熟，腾讯QQ、微信、微博、陌陌、脸书、门户网站等社交性质的软件以及论坛、贴吧、社区、网络直播、网络游戏、互动点播等双向互动的平台每时每刻都保持着数以亿计的活跃量，恐怖信息的散布比任何时候都显得容易得多，且这些软件的使用对于每一个用户都是相对封闭的空间，这无论是对平台还是对职能部门来说，在监管上都是一个较大的挑战；另一方面，如上文所述，目标型恐怖主义即网络恐怖袭击更是不仅仅依赖网络信息技术，而且严重威胁互联网安全。

（三）恐怖主义策略的转移是内在因素

现代反恐事业的发展史是一个在实践中与恐怖主义无畏斗争的血泪史，反恐事业的每一步都是由一个个冷酷残暴的事件堆砌而成，是一个应激式转向理性成熟的过程。2001年发生的美国9.11恐怖袭击事件是世界反恐事业中的里程碑事件，遇难者总数高达2996人，联合国报告显示本次恐怖袭击造成美国经济损失达2000亿美元，相当于当年全美生产总值的2%，对全球经济所造成的损害达到1万亿美元左右。该事件之后，美国采取了应激式回应，直接导致世界各国恐怖组织报复式恐怖袭击，而今，经10多年对恐怖主义认识的深化，整体正在逐渐由“消灭肉体”武力打击转向意识形态和理念方面的治理，恐怖主义预防和应急处理机制都已趋于完善，使得传统恐怖主义犯罪活动实施大打折扣。而伴随着网络信息技术的发展，为恐怖主义提供了一个契机，恐怖分子清楚地知道在互联网实施活动带来的影响相比于传统线下

---

① 吴云贵：《伊斯兰原教旨主义、宗教极端主义与国际恐怖主义辨析》，载《国外社会科学》2002年第1期。

② 皮勇：《网络恐怖活动犯罪及其整体法律对策》，载《环球法律评论》2013年第1期。

活动有过之而无不及，国际极端恐怖组织“伊斯兰国”的首领阿布·巴克尔·巴格达迪曾公开表示其更重视信息的宣传，该组织通过网络实施了大量发布恐怖视频、发动恐怖袭击活动。当前，互联网空间已经滋生了各种新兴的犯罪，而恐怖组织对网络空间正在投入极大的热情。

第二节　网络恐怖主义犯罪的防控

一、网络恐怖主义立法现状

（一）国际立法

联合国自1994年至今共通过10个反恐方面的公约和宣言，包含《制止恐怖主义爆炸事件的国际公约》《制止向恐怖主义提供资助的国际公约》《制止核恐怖主义行为国际公约》等。除了联合国大会先后通过的3份《联合国全球反恐战略》决议外，成员国也正在就关于制定反对国际恐怖主义的全面公约草案进行协商。[①] 国际社会对恐怖主义概念的分歧、各个国家和地区对恐怖主义的范围持有的不同立场，甚至在联合国成员国范围内都暂时未形成一致的意见，以此为基础的网络恐怖主义在国际立法上更是少之又少。

欧洲委员会《防止恐怖主义公约》规定了缔约国应采取的预防恐怖主义政策，第5条公然煽动实施恐怖主义罪、第6条为恐怖主义征募人员罪、第7条为恐怖主义培训罪以及第9条的共同犯罪，由于并没有对工具手段进行特别的限制，利用网络实施上述行为当然受该公约的约束。2001年欧洲委员会的26个欧盟成员国以及美国、加拿大、日本和南非等30个国家的政府官员在布达佩斯所共同签署的《网络犯罪公约》是全世界第一部针对网络犯罪行为所制定的国际公约，该公约的第2条至第6条定义了非法进入、非法截取、资料干扰、系统干扰、设备滥用这5种行为，这几条对规制网络恐怖袭击行为具有重大意义。此外，欧洲委员会于2005年在《网络犯罪公约》的基础上达成《打击网络恐怖主义框架协议》，要求缔约国将非法侵入信息系统、非法干扰信息系统以及非法干扰数据行为入刑，是对网络恐怖袭击行为的进一步规制。

---

① 皮勇：《网络恐怖活动犯罪及其整体法律对策》，载《环球法律评论》2013年第1期。

（二）国内立法

网络恐怖主义本质上依旧是恐怖主义，目前国内立法中对网络恐怖主义的规制主要体现在刑事立法、普通法立法和司法解释3个层面上。

1. 刑事立法层面

我国现有恐怖犯罪的立法体系建立在1997年颁布的刑法基础之上，其首次规定了组织、领导、参加恐怖活动组织罪，该刑法至今已通过修正案的形式经过了10次修改，从整体上看，恐怖活动犯罪的罪名在逐步增多，处罚范围在扩大，力度在加强，其中2001年颁布的刑法修正案（三）、2011年颁布的刑法修正案（八）以及2015年颁布的刑法修正案（九）都涉及了大量恐怖活动犯罪的立法。在现有的刑事立法体系中对工具型网络恐怖主义和目标型网络恐怖主义都有了相对完善的立法体系。

相比较于目标型网络恐怖主义，工具型网络恐怖主义与传统恐怖主义更无本质上的区别，只是在于工具手段，所以规制传统恐怖主义的大多数刑事立法依旧能规制目标型网络恐怖主义。当前刑事立法已经涵盖了网络恐怖主义活动人员招募、思想宣传、人员培训、物资技术支持，贯穿于教唆行为、预备行为、帮助行为及实行行为全过程，这在刑法修正案（九）出台后已经有了比较系统完备、逻辑严密的体现。刑法第120条组织、领导、参加恐怖组织罪、第120条之一帮助恐怖活动罪、第120条之二准备实施恐怖活动罪（包含准备工具、培训、联络、策划等情形）、第120条之三宣扬恐怖主义、极端主义、煽动实施恐怖活动罪、第120条之四利用极端主义破坏法律实施罪、第120条之六非法持有宣扬恐怖主义、极端主义物品罪等罪名都可能涉及网络途径实施犯罪，且在现实司法实践中这几种罪名在近几年涉恐犯罪中占多数比例。针对目标型网络恐怖主义即网络恐怖袭击，在我国刑事立法中已有相当完善的规定，刑法第285条非法侵入计算机信息系统罪，非法获取计算机信息系统数据、非法控制计算机信息系统罪，提供侵入、非法控制计算机信息系统程序、工具罪、第286条破坏计算机信息系统罪这几个罪名在立法中相对于世界各国已经走在了前列，显示出了较高的立法水平，但是，在实践中多数网络恐怖袭击为境外组织实行，在司法管辖等方面存在较大阻碍。

2. 普通法立法层面

2015年12月27日第十二届全国人大常委会第十八次会议通过了《反恐怖主义法》，于2016年1月1日起已开始施行，该法根据总体国家安全观的要求，坚持问题导向，从实际出发，认真总结近年来防范和打击恐怖活动的斗争经验，研究借鉴外国的有效做法，明确恐怖主义等定义和反恐怖主义工作的基本原则，为进一步加强反恐工作提供了有力的法律保障。①《反恐怖主义法》中第18条网络服务提供者提供技术支持和协助、第19条反恐怖主义网络管控、第77条科技反恐以及对情报信息和调查的专章规定更是亮点，一个比较全面的制度体系对网络恐怖主义进行了规制。全国人民代表大会常务委员会于2016年11月7日发布，自2017年6月1日起施行的《网络安全法》是与《反恐怖主义法》充分衔接的一部法律，其在第12条第2款、第26条、第27条、第31条、第62条、第63条第1款、第66条、第67条、第70条、第75条，规定了利用网络宣扬恐怖主义、极端主义行为，应急处置预案机制和网络运营者、服务提供者的无条件协助义务及网络管制制度等，这些内容皆在《反恐怖主义法》中有明确的规定。

《反恐怖主义法》和《网络安全法》两部法律在网络恐怖主义规制方面体现出了很明显的一一对应的关系，但是两部法律在实践中极为不和谐，原因在于《网络安全法》第8条第1款规定："国家网信部门负责统筹协调网络安全工作和相关监督管理工作。国务院电信主管部门、公安部门和其他有关机关依照本法和有关法律、行政法规的规定，在各自职责范围内负责网络安全保护和监督管理工作。"而《反恐怖主义法》第7条第1款规定："国家设立反恐怖主义工作领导机构，统一领导和指挥全国反恐怖主义工作。"两部法律分别规定不同的主体一个负责统筹协调一个负责领导监督，看似在职权上分工明确，发生网络恐怖主义事件以后各司其职，但其实各司其职的背后是反恐力量的分散和整体效率低下。

3. 司法解释层面

2014年9月9日最高人民法院、最高人民检察院、公安部联合下发了《最高人民法院、最高人民检察院、公安部关于办理暴力恐怖和宗教极端刑事案件适用法律若干问题的意见》，2018年3月16日最高人民法院、最高人民检察院、公安部、司法部联合发布了《最高人民法院、最高人民检察院、公安部、司法部关于办理恐怖活动和极端主义犯罪案件适用法律若干问题的意见》，两个文件先后一步步完善对网络恐怖主义行为的精准认定，将"利用网站、网页、论坛、博客、微博客、网盘、即时通信、通讯群组、聊天室等网

① 王爱立主编：《中华人民共和国反恐怖主义法解读》，中国法制出版社2016年版。

络平台、网络应用服务”等网络工具手段实施或准备实施恐怖活动的行为进行了明确，并提出了相应的实用程序和完善工作机制。

二、网络恐怖主义的防控对策

（一）完善网络恐怖主义防控法律体系

虽然我国已建立了相对完善的反恐法律体系，甚至在某些领域如目标型网络恐怖主义立法已经走在了前沿，但却依旧在实践层面存在问题。首先，网络犯罪作为一种发展变化较快的新兴犯罪形态，科技的变化发展也会导致相应立法上的不足，完善网络恐怖主义防控法律体系是一个发展的动态过程，要求密切关注相关行为发展态势，事前预见，事后及时作出处理。其次，面对当前社会日渐严重的青少年犯罪问题，网络恐怖主义的犯罪主体体现得更加充分，青少年实施恐怖主义犯罪造成的危害程度丝毫不比刑法第 17 条第 2 款的故意杀人、故意伤害致人重伤或者死亡、强奸、抢劫、贩卖毒品、放火、爆炸、投毒罪这 8 项罪名轻，对于青少年网络涉恐犯罪是完善防控法律体系不得不回应的一个问题。[①]

（二）综合手段切断网络恐怖主义滋生根源

网络恐怖主义本质上依旧是恐怖主义，其发生原因归根结底是社会各种矛盾综合的结果，要加强对网络恐怖主义的防控就要重视对导致其发生的各种社会矛盾的化解，切断恐怖主义的滋生根源。近年来，国内网络恐怖主义犯罪的发生原因呈现多元化，种族、宗教、就业、社会保障等因素都可能激化矛盾，犯罪主体普遍学历较低，以少数民族青年居多，且大多数处于无业的状态，思想偏激，他们每天接触互联网较为频繁，从而有更多的机会收到恐怖主义的思想宣传信息，也更容易受到恐怖主义的蛊惑。为此，这一切都迫切需要国家在制度层面进行调整，并真正有效地落实，从根源化解矛盾，防止社会矛盾走向极端，另外更要注重关注宗教民族矛盾的发展态势，发现新矛盾要及时沟通，及时化解。

（三）加强网络反恐国际合作

全球化背景下的反恐事业不是孤立的某一个国家的事业，尤其是对经网

---

① 刑法第 17 条第 2 款规定：“已满十四周岁不满十六周岁的人，犯故意杀人、故意伤害致人重伤或者死亡、强奸、抢劫、贩卖毒品、放火、爆炸、投放危险物质罪的，应当负刑事责任。”

络异化的恐怖主义的防控，更强调国家间、政府间的密切合作。目前国际间网络反恐面临着一系列的困境：首先，国际社会至今并未有一个系统的措施用来打击网络恐怖主义，各个国家自成体系且相对孤立，且每个国家的技术水平和制度完善程度不一，更是在证据的提取、保全、鉴定、移交等重要环节难以达成共识；其次，对于网络恐怖主义的认定各国不一，原因在于其关系到主权、国家安全等问题，基于对国家利益的不同考虑，国家对网络恐怖主义持有不同的标准。

网络技术形成了一个虚拟的空间，这个空间超越了现实中国别疆域的限制，实现全世界的互联互通，已发生的网络恐怖袭击活动在技术侦查后发现大量境外服务器，一些传统恐怖活动实施的幕后主使为境外恐怖组织，这充分反映了境外恐怖组织向境内渗透的趋势，但最终都因司法管辖问题不了了之。目前我国政府高度重视反恐领域的国际合作，依托上海合作组织等不断加强反恐交流，并密切与国际刑警组织、联合国反恐委员会等国际组织以及以色列等国家合作，以进一步完善我国网络反恐制度体制，在司法国际协助等方面相互提供便利。

（四）加大对网络恐怖袭击的技术防控

网络恐怖犯罪相较于传统恐怖犯罪表现出其技术含量高、隐匿性强的特点，大大增加了刑事侦查的难度，加强技术防控的重点在于以技术对抗技术，尤其是面对美国国家安全局网络武器库泄露后经篡改衍生出的一系列新兴网络恐怖袭击事件，其防控难度不言而喻，更何况互联网技术、计算机系统等基础技术皆非我国自主创新，在技术上显得被动。这就需要更加专业化、能力更强的反恐技术团队，需要国家加大技术的投入，加强国际技术交流，注重网络人才的培养，实现从被动防御向主动出击的转变，同时鼓励、帮助、引导民间网络安全组织的良性发展，充分应对各种蠕虫、木马、病毒攻击，建立综合网络反恐协作机制。

（五）建立健全涉恐信息网络防控体系

与网络恐怖袭击的“技术对技术”的防控不同，涉恐信息防控体系更加强调“技术对内容”。当前不可回避的现实是，对网络涉恐信息的积极防控更加具有紧迫性，如上文所述，网络涉恐信息已经极为泛滥，危害极大，更加需要建立一个系统的防控体系，而这个体系的构建第一步便是网络涉恐信息预警机制。涉恐信息的发布者通常会利用专业手段去刻意隐藏信息，隐蔽性极高，加大了技术上根据内容特征去提取信息的难度，甚至有的通过广撒网的形式全方位立体投送信息，企图“浑水摸鱼”，这就更需要通过大数据分析其变化形态，实时更新数据信息，加大数据筛选密度。另外，以往的对加密通信软件的高度重视即将成为历史，以 ISIS 为例，其内部遵循只要能实现目的，任何网络通信手段都可以使用的网络工具使用原则。[①] 这样的转变更是使得形势复杂化，就更加需要一个动态的、健全的、成熟的防控体系去克制，当然，这个机制更完美的形态是国际各国更加紧密的合作，增进技术、数据等领域的沟通交流。

（六）强化网络平台的责任

网络平台对涉恐信息进行审查、对涉恐攻击主动防御更是其职责所在和存续所需，网络平台在维护网络安全上具有独特的技术优势和平台数据优势，互联网基于商业化运作衍生出各种网络平台，这些网络平台为恐怖主义滋生繁衍提供了新的天地，其中网络平台的监管责任是必不可少的。工具型网络恐怖主义以其为媒介宣传、煽动恐怖主义或是蛊惑新成员，恐怖信息流入网络平台并在平台中传播，该平台有义务在其能力范围内进行监管并对监管不力承担相应的责任；目标型恐怖主义则直接以网络平台或者平台用户为攻击对象，面对网络恐怖袭击技术手段的逐步升级，网络平台更有义务提升自主防御能力以维护网络安全。

① 佘硕、刘旭：《网络恐怖主义新动向及其治理分析》，载《情报杂志》2018 年第 2 期。

第二章

网络毒品犯罪

第一节　网络毒品犯罪的识别

一、网络毒品犯罪的概述

（一）网络毒品犯罪的基本范畴

毒品犯罪的社会危害范围广，影响极其恶劣，一直以来是我国坚决予以打击的犯罪类型。我国侦查机关在与毒品犯罪的长期博弈过程中，已经基本掌握传统毒品犯罪的手段和方式，熟悉了传统毒品犯罪的犯罪流程。但是，互联网时代的到来，传统毒品犯罪的手段和方式发生了巨大的转变，网络空间俨然成为毒品犯罪的全新犯罪阵地。他们在网络中利用虚拟空间传授制毒方法，进行新型毒品交易，教唆、引诱他人吸食新型毒品，将传统毒品犯罪由“线下”转移到“线上”，使毒品犯罪变得越来越隐蔽。2001 年，联合国麻醉品管理局就明确提出：“毒品正通过互联网销售。私人聊天室正被毒品商利用。人们在互联网上正面临着毒品的威胁。”① 通过互联网提供制毒配方和制毒化学品，通过手机短信进行毒品交易等网络毒品犯罪已经出现，网络毒品犯罪已然成为全球毒品犯罪的最新发展方向。② 网络毒品犯罪涉及的毒品已不再是大麻、可卡因、海洛因、冰毒等传统毒品，诸如“蓝精灵”“神仙水”“跳跳糖”“可乐”“小树枝”“娜塔莎”等新型毒品逐渐成为网络毒品犯罪的主流。新型毒品伪装性更强、成瘾性更快、危害性更大。它们通常以食品的外观呈现，辨识度很低，通过“互联网 + 物流”的模式进行“网络在线销售，

---

① 宋鹏：《网络背景下的毒品犯罪新动向及其规制》，载《河南工程学院学报（社会科学版）》2014 年第 1 期。

② 李云鹏：《虚拟空间涉毒阵地控制研究》，载《犯罪研究》2012 年第 1 期。

物流线下运输”，整个交易过程较为隐蔽，使得案发风险降低，成功率高，危害范围极大。现阶段，利用网络发布药品类、非药品类易制毒化学品销售信息，利用网络销售、购买毒品及易制毒化学药剂，利用网络提供各种毒品的配方及生产工艺，利用网络聊天室容留、引诱他人吸贩毒等行为已经成为网络毒品犯罪的主要犯罪行为。

（二）网络毒品犯罪的衍生与发展

相对于传统的毒品犯罪形式，利用网络信息技术进行的毒品犯罪属于一种“技术化”的毒品犯罪形式。在网络信息技术、电子商务平台等不断发展的背景下，毒品犯罪分子也紧随发展步伐，逐渐将现实生活中的毒品犯罪转移到网络虚拟空间中。2001 年 10 月，台北市“调查处”就成功侦破了一起利用网络订购大麻的案件；2002 年 3 月 13 日，杭州警方、湖北警方和中国化工网密切配合，成功破获了我国首例利用网络出售“冰毒”配方的毒品犯罪案件；2003 年 2 月，深圳市公安局与香港警方又联合侦破了一起利用网络出售毒品艾司唑仑片和舒乐安定片的案件；2010 年 8 月，山东省禁毒部门破获一起利用互联网出售新型毒品“神仙水”的网络贩毒案件；2011 年 7 月，兰州警方成功侦破 9. 17 互联网贩卖毒品案；2011 年 10 月，公安部成功侦破我国首例利用网络视频交友平台进行毒品违法犯罪活动的 8. 31 特大网络吸贩毒案。①

2015 年 4 月至 6 月，公安部部署全国公安机关开展为期三个月的网络扫毒专项行动，破获互联网涉毒案件 14878 起，抓获违法犯罪嫌疑人 32871 名，缴获各类毒品 3. 37 吨、易制毒化学品 9. 51 吨，清理整治网上贩卖毒品、易制毒化学品、制毒工具及传授制毒方法工艺等违法有害信息 8. 3 万余条，关停取缔涉嫌联络销售毒品、易制毒化学品及组织聚众吸毒等违法互联网网站 832 家、关停涉毒通信账号 576. 8 万个，通报有关部门停止解析涉毒违法网站域名 529 个。②

2017 年，全国禁毒部门共破获毒品刑事案件 14 万起，打掉制贩毒团伙 5534 个，抓获毒品犯罪嫌疑人 16. 9 万人，缴获各类毒品 89. 2 吨。在开展网络扫毒专项行动中，共侦破网络涉毒案件 2. 8 万起，抓获违法犯罪嫌疑人 7. 1 万人，缴获毒品 11 吨，清理删除非法涉毒信息 7 万余条，关停取缔涉毒网站 960 个，网上涉毒问题呈快速蔓延趋势。与 2016 年相比，2017 年网络毒品犯

① 李云鹏：《互联网涉毒犯罪研究》，载《政法学刊》2015 年第 5 期。

② 张洋、张璁：《九部门和互联网协会发布〈中国互联网禁毒公约〉》，载《人民日报》2015 年 6 月 30 日。

罪中，网络涉毒案件增长33%，关停取缔涉毒网站增长136%。[①]

2018年6月26日，最高人民法院发布的《司法大数据专题报告之毒品犯罪》显示，2016年网络毒品犯罪案件占全部毒品犯罪案件的3.21%，2017年这一比重则上升到了8.82%。从该报告中不难发现，网络毒品犯罪行为的数量随着信息网络技术的发展快速攀升，危害范围越来越广，危害性越来越大。

事实上，网络毒品犯罪中新型合成毒品的使用正在日益增多，网络毒品犯罪涉及的毒品种类不再限于大麻、摇头丸、海洛因、冰毒等传统毒品，其涉毒范围多为新型的合成毒品。例如，“小树枝”，又称“维纳斯香蕉”，一种含有我国管制的MDMB-CHMICA[②]成分的新型毒品。经专家论证，1克MDMB-CHIMICAD的依赖性潜力相当于10.5克海洛因，滥用可致迷幻。公安部门在网络销售平台发现有不法分子正在销售该新型毒品，且价格十分昂贵，一根4.5厘米长的树枝售价高达三四百元，且1至2次就可被用完。又如，“蓝精灵”，一种含有氟硝西泮的新型毒品[③]，具有催眠、镇定、抗焦虑和抗惊厥作用，其中催眠的作用尤为显著，若与酒精合用可出现过度镇静、错乱等反应。该新型毒品在QQ、微信等通信信息上通过微商模式进行销售，绝大多数人对“蓝精灵”是否属于毒品模糊不清，导致被不法者滥用。新型毒品不如传统毒品那样容易辨识，其具有极高的伪装性，辨识程度不高，在网络毒品犯罪中，新型合成毒品逐渐成为制造、吸食、贩卖的主流。

2015年，新发现吸毒人员的80.5%是滥用合成毒品人员，并且继续呈上升趋势。[④] 网络吸毒人员结构多样化态势明显，在网络不断普及之下，借助互联网，信息的传播与交流越来越便捷、紧密，网络信息监管的落后，毒品信息在网络虚拟空间中广泛传播，这就导致不同层次的人群都不同程度地有机会接触到毒品信息。国内吸毒人群的持续扩大，吸毒人员已经由过去的社会闲散人员逐渐向诸如商人、白领、演员，甚至公务人员蔓延，网络的便捷性，网络毒品犯罪的隐蔽性，使得各行各业的人能够轻易通过网络接触到毒品，现行吸毒人员多元化趋势明显。

网络毒品犯罪日趋技术化、智能化，传统毒品犯罪多与涉黑涉恶势力有

---

① 明乐齐：《网络贩毒的趋势及打击对策》，载《云南警官学院学报》，2018年第5期。

② MDMB-CHMICA：是吲唑的合成大麻素，包含【1-甲氧基羰基-2，2-（二甲基炳基）-1-（环己基甲基）吲哚-3-甲酰胺】。

③ 氟硝西泮已列入《精神药品品种目录（2013年版）》二类药品目录。

④ 详见《2015年中国毒品形势报告》。

关，其毒品犯罪的多数人员文化水平低、素质不高。多数涉毒犯罪技术化程度不高，且犯罪形态较为固定。以毒品交易为例，点对点、人对人的现场交易是毒品交易的主要模式，毒品交易的买售方熟悉度高，且固定性强。互联网的出现，毒品犯罪从点对点的吸贩毒向点对面的网络虚拟空间发展，利用新技术、新应用进行网络涉毒行为更加明显。网络毒品犯罪利用网络虚拟空间、网络信息技术、网络应用程序等在隐匿之中完成毒品犯罪，现行多数犯罪分子对网络与电子计算机技术较为熟悉，使得毒品犯罪逐渐技术化、智能化。

（三）网络毒品犯罪的经典案例

1. 张广彬等传播制毒方法、非法买卖制毒原料案

山东省高级人民法院通报了利用网络传播制毒方法、非法买卖制毒原料的案件，被告人张广彬想制造甲基苯丙胺（冰毒）牟利，于是购买了制毒设备和原料。2013 年 7 月中旬，他在互联网上寻找易制毒原料麻黄浸膏的卖家时，与杨小强相识。张广彬向杨小强的银行账户汇款后，杨小强通过快递寄给张广彬麻黄浸膏 150 千克。随后，张广彬伙同杨静，通过互联网纠集了徐进旺、汤序鸣，由汤序鸣提供其租住的房屋供制毒所用，4 人共同生产甲基苯丙胺。张广彬还让徐进旺、杨静到临沂市贩卖造出的毒品。2013 年 8 月 14 日，张广彬指使徐进旺携带已制造出的 2 包黄色晶体及 1 烧杯黄色膏状晶体，到济南市天桥区某酒店与买家交易时，被公安机关抓获。经鉴定，2 包黄色晶体净重 8. 29 克，检出甲基苯丙胺成分；1 烧杯黄色膏状晶体净重 201. 76 克，甲基苯丙胺含量为 25% 。案发后，公安机关从张广彬、汤序鸣租住房处，分别查获麻黄草 110. 425 千克、11. 78 千克。另外，被告人孙志民在网上购买张广彬等人的自制毒品后，因对该毒品质量不满，遂将如何改进制造甲基苯丙胺的方法传授给张广彬等人。孙志民还介绍他人买卖麻黄碱，用以制造甲基苯丙胺，并从中获利。此案经济南市中级人民法院审理，各被告人均被依法作出相应处罚。

从毒品制造来源以及流入社会的过程来看，毒品犯罪呈现链条式发展的特点。随着互联网信息技术和物流快递行业的迅速发展，毒品犯罪也转移到互联网空间进行。利用网络联络毒品购销渠道，从事毒品犯罪活动已经成为主要方式，现在网上联络、电子汇款、物流运输的新型毒品交易模式已经形成，毒品犯罪分子通过网上联络，确定毒品上、下线，在买卖制毒物品、传授制毒犯罪方法、毒品交易等各个环节上形成网上“一条龙”，并借助电子转

汇、快递托运的方式完成毒品交易。

2. 孙静贩卖毒品案

2013 年 9 月至 2014 年 3 月，孙静购买甲基苯丙胺后，以其自建的百度贴吧“三妈很强大”及 QQ 群“当岔道已成往事”“一口浓烟吐出美好明天”等为载体联系毒品买家，在网上约定交易细节后，将毒品藏在玩具兔子内通过快递寄给买家。孙静多次从在网上认识的杜仲伟处购买甲基苯丙胺共计 1000 余克，从黄辉、周丽瑶处购买甲基苯丙胺 110 克，通过网络将购得的毒品贩卖给北京、辽宁、山东、江苏等 20 余个省份的吸毒人员，发送快递共计 200 余件，获毒赃 55 万余元。2014 年 2 月，孙静在明知刘某某系未成年人的情况下，仍指使刘某某为其发送装有甲基苯丙胺的快递，并指使刘某某协助其对 QQ 群“当岔道已成往事”进行管理。2014 年 3 月 6 日，孙静前往湖南省郴州市欲向黄辉、周丽瑶购买毒品时被抓获，公安人员当场查获其购毒款 3. 46 万元。

网络贩毒以网络通信工具为媒介，可以实现全国范围内足不出户的交易，互联网与物联网的结合，使得网络贩毒隐蔽性增强，网络贩毒涉及的地域广泛、人数众多，使得查获难度大，社会危害性极强。

3. 2014—290 特大网络吸毒案

公安部督办的 2014—290 特大网络吸毒案，2013 年 11 月，上海民警在网络巡查中发现了一个叫“今生缘”的 QQ 群。办案人员在群共享文件中下载了一个视频聊天客户端，进去后发现里面全是吸毒人员，女的披头散发衣冠不整，男的大多有文身。“瘾君子”们通过网络直播室在线吸毒、相互交流吸毒感受。这些人形形色色，男女都有，甚至还有公务人员。他们的共同点是都在拿一根管子和一个矿泉水瓶之类的瓶子吸食冰毒。此后，警方又发现了类似的“白色会”“新龙门客栈”“傲视群雄”3 个视频聊天平台。这里的吸毒人员都是在线直播吸毒，并无所顾忌地交流吸毒感受。警方介绍，这几个平台也有一个共同特点，就是白天人非常少，晚上人很多。其中，有很多人几乎每天时刻在摄像头前，包括睡觉和吃饭时间。警方开展调查后，发现这些聊天室吸毒人员涉及 2400 名，范围遍布全国各个省份。上海警方此案共抓获了网络涉毒违法犯罪嫌疑人 3440 名，涉案的相关视频、网站注册的用户高达千万。

网络吸毒打破了地域的界限，人地分离也能实现“聚众”吸毒。网络吸毒相比较传统吸毒行为，极易在网络虚拟空间中蔓延，它能在网络中尽可能地实时推销新型毒品，并且也十分容易引诱他人吸食新型毒品，从而使人深陷毒品之中引发一系列违法犯罪。

二、网络毒品犯罪的样态解析

网络毒品犯罪分子依托当代信息技术，通过网络虚拟空间实施毒品犯罪行为，其具体表现形式呈现出多样化态势。传统毒品犯罪包括：走私、贩卖、运输、制造毒品；非法持有毒品；包庇毒品犯罪分子；窝藏、转移、隐瞒毒品、毒赃；走私制毒物品；非法买卖制毒物品；非法种植毒品原植物；非法买卖、运输、携带、持有毒品原植物种子、幼苗；引诱、教唆、欺骗他人吸毒；强迫他人吸毒；容留他人吸毒；非法提供麻醉药品、精神药品共计 12 类犯罪行为。网络毒品犯罪是上述犯罪行为在网络虚拟空间中的延伸和发展，是利用虽无实体场所但又能作为人们传递和交流各种信息的中间介质的电磁空间以实现毒品犯罪的目的。通过分析网络毒品犯罪的相关案例，可以将网络毒品犯罪分为以下三大类别。

（一）网络制毒类犯罪

在传统毒品犯罪中，毒品的制造方法主要通过书面载体或“面授”的方式传播。掌握制毒方法的人数量有限，且不会轻易展示制毒技巧。制毒人对制毒方法的传授往往需要一定的实验环境以支撑其手把手“教学”，这种面对面的传授方式需要耗费较大的人力、物力、财力，其案发风险也较高，且被传授人并不容易轻易习得制毒的方法。但是，借助网络虚拟空间，传统制毒方法的传授发生了根本性的变化。制毒人可以将其制毒方法及制毒技巧制作成视频或图文等电子数据在网络上进行传递，电子数据所具有的可重复复制性可以让被传授人在任何时间、任何地点通过网络“在线”学习制毒方法。视频或图文等形式能更加直观的让被传授人仔细学习并掌握制毒过程中的关键步骤及细节。相对于面对面的方式，网络传授制毒流动性强、隐蔽性高、案发可能性小，传授人与被传授人之间的犯罪心理负担大幅降低，也大大降低了传统制毒方法传授的案发风险。例如，在公安机关破获的一起制贩毒品案件中，犯罪嫌疑人就供述出曾经有人给过他一段制毒视频，长达两个小时的视频详细讲解了 K 粉及冰毒的制造方法。[①] 另外，网络信息技术的应用，可以实现传统毒品“制贩”行为的分离。在传播、传授制毒方法的犯罪行为中，

---

① 张洋：《岂能让网络成为制贩毒捷径》，载《人民日报》2013 年 9 月 2 日。

部分制毒人或许并非毒贩或毒品犯罪集团的人员，他们仅仅是为了获取经济利益而传授制毒方法。他们将制毒方法分解为几个步骤，并将每个步骤制作成视频或图文，将该类视频或图文在某些网络平台进行销售，从而获取经济利益。

（二）网络贩毒类犯罪

传统的毒品交易采取的是现场钱货交易的形式，即“一手交钱，一手交货”。虽然为了逃避公安机关的追捕，贩毒分子会采取许多隐蔽性手段以求绕开公安机关的监控，但也并未脱离现场钱货交易的模式。网络贩毒打破了传统现场钱货交易的模式，他们通过网络虚拟空间进行毒品交易，交易双方可以实现钱货的分离，甚至可以在交易双方未经“碰面”就完成大宗毒品的交易。网络贩毒利用各类电子商务平台，以交易各类化学试剂为幌子掩盖毒品交易，他们不仅在网络电子商务平台出售毒品成品，还出售各种毒品制作原料、制毒设备和制毒工具，当然也包括制毒方法。例如，陕西省咸阳市和广东省河源市公安机关发现一个网上聊天群大肆兜售毒品，经侦查，该网上聊天群涉毒人员 220 余名，涉及全国 20 多个省份。又如，公安机关查处了一起源头在四川，辐射范围在全国的贩毒案件，吸毒人刘强因没钱购毒，便开始“以贩养吸”，在居民楼内开起了“制毒作坊”，将制成的冰毒成品通过淘宝网贩卖。刘强通过其下线“会飞的鱼”在淘宝网上注册了一家名为“博瑞试剂”的网店，打着出售各类正规化学试剂的标签，实际上出售的全是冰毒。网络贩毒是网络毒品犯罪的主要形式，他们在交易过程中广泛使用犯罪隐语交流，外行人难以理解交易内容的具体含义。网络贩毒犯罪分子在实施犯罪行为前，一般都经过周密的策划，利用计算机专业知识，使用网络“黑话”，利用网络购物平台进行虚假交易，资金给付通过支付宝等第三方支付平台完成交易结算，整个交易过程严谨周密，极易避开网监部门的监控。江苏苏州警方破获了一起非法利用信息网络涉毒案，抓获犯罪嫌疑人 24 人，缴获毒品 1.2 公斤。该毒品犯罪集团利用“名流汇”网络聊天平台吸引吸毒人员，新用户加入平台要先由管理人员对新人在 QQ 或者平台某一房间进行现场视频吸毒验证。“名流汇”平台会员都是吸毒人员。加入平台以后，如果长期不吸毒，也会被踢出平台。平台管理员会使用“666”或者“17666”等暗语号召大家一起吸毒，房间内人员看到后则进行视频群体吸毒活动。暗号就是吸毒的意思，“666”就是让你溜，“17666”就是让你一起溜。随着公安机关网监部门的打击，贩毒网络“黑话”也不断更新。例如，海洛因一般被称为“茶叶”“布匹”“姑娘”“材料”等。“买一斤茶叶”，就是指买500克海洛因。“一匹布”“一个姑娘”“一千方材料”就代表1000克海洛因。冰毒多称为“小马”“美女”“肉”。以“手”计算，“一手”就是50克。“要10手美女”，就是要500克冰毒。“拿一块肉过来”，“一块”的单位是350克，意思就是要350克冰毒。如果要运毒品到黑龙江，就说“要去找小江”。如果同伙顺利到达目的地，就说到了某某家。如果被查获，则说是“生病了”或“去看医生了”等。交接毒品前后，同指挥者联系时都要用暗语，一般是事前约定好。如“准备看朋友”“准备去打麻将”“安排吃饭”等。

（三）网络吸毒类犯罪

吸毒者本身并不是我国刑法规制的对象，但实践中“以贩养吸”的案例却是屡屡发生。对现行吸毒者而言，单纯的毒品吸食行为似乎并不能达到“瘾君子”的全部心理满足，通过聚众吸食新型毒品或交流吸毒感受以满足毒瘾成为越来越多吸毒者的追求。例如，氯胺酮、冰毒等合成毒品俗称“俱乐部毒品”，此类毒品的吸食者通常聚集在娱乐场所共同吸食，以获得不同于单独吸食的满足感或欣慰感。[①] 毒品犯罪分子利用网络空间，通过直播吸毒、表演吸毒等网络在线方式，向不特定对象展示所谓“吸毒快感”，帮助吸毒者开展相关的吸毒交流，使不同地区的不同人可以通过互联网实现共同吸毒，并借此引诱、欺骗更多人逐渐沦为吸毒者。犯罪嫌疑人通常先制作一个网站，申请域名和虚拟主机，然后上传网站，构成远程站点，通过一系列技术手段上传涉毒内容，并将网站分为“十人房”“百人房”等各种类型的涉毒房间。[②] 每个房间都有一名房主，主要负责进入本房间人员的审核和收费工作。凡进入涉毒房间的，必须是熟人或者是经熟人介绍的，在房间里既可以表演吸毒或者交流吸毒的感受，也可以进行毒品交易。

三、网络毒品犯罪的独有表征

（一）网络毒品犯罪活动隐秘性不断增强

在网络这个无界的虚拟空间中，毒品犯罪分子通常不用采取任何的措施进行身份掩饰，他们借助网络的虚拟性就可以直接藏匿真实身份。网络毒品

---

① 李文君、姜康康、张黎：《虚拟空间涉毒犯罪研究》，载《中国人民公安大学学报（社会科学版）》2013年第1期。

② 马进帅、马国顺：《揭秘特大网络吸贩毒案》，载《检察风云》2011年第23期。

活动中，他们的身份总是未知的、虚假的。随着网络信息技术的飞速发展，毒品犯罪分子在网络上的毒品活动的复杂化、隐秘性不断增强。由于网络毒品犯罪没有固定的活动地点和客观的外观形态，因此，网络毒品活动通常不会留下任何现实痕迹，也就难以被人察觉。网络毒品犯罪较强的隐蔽性使毒品犯罪分子能够毫无顾忌地利用网络虚拟空间进行各种毒品犯罪活动，毒品犯罪分子利用各种各样的通信传输工具在网络上发布、推送、转载相关毒品信息，从而进行毒品交易。不法者通过使用“暗语、黑话”等方式在网络上发帖或留言。然后，使用MSN、QQ、微信等能够即时通信的软件进行实时联络，并在双方不见面的情况下实现毒品的相关交易或交流，犯罪活动的隐蔽性、安全性较强。网络毒品犯罪活动网上网下融合，线上线下同步，网络毒品犯罪主犯在幕后遥控指挥，几乎是不沾毒、不沾钱、不见人，通过网络就完成了一系列涉毒行为，对其追踪、打击的难度很大。

（二）网络毒品犯罪呈现低龄化的态势

据统计，在我国的网络犯罪案件中，90%以上的涉案人员是年龄在20岁至35岁之间的年轻人。[①] 由于我国教育业的发展与普及，对计算机的相关教育从小学阶段就开始培养，故而年轻人尤其是青少年对计算机技术、互联网技术都比较熟悉，甚至精通，这也使得年轻人更易利用互联网进行有关犯罪行为。例如，在公安机关侦破的8.31特大网络吸贩毒案中，涉案人员以18岁至35岁为主，约占涉案人员总数的70%，年龄最小的仅有15岁。2015年，湖北省破获一起特大网络贩卖精麻药品案件，涉案人员均为20岁至30岁的年轻人，主犯是武汉大学的一名学生。[②] 网络毒品违法犯罪与青少年涉毒违法犯罪相互交织，不断蔓延，成为网络毒品犯罪的一个新态势。

（三）网络毒品犯罪科技性较强，公安机关取证难度大

网络毒品犯罪分子以新型技术为支撑，绝大部分网络毒品活动具有瞬时性和动态性。网络毒品犯罪分子可以利用网络信息技术在瞬间完成犯罪活动，其作案时间也往往难以掌控。网络毒品犯罪的多数证据、痕迹以“数据化”呈现，且多存于电磁介质、电子数据等无形的信息系统中，毒品犯罪分子稍有风吹草动就能迅速进行更改或删除，使得网络毒品犯罪的犯罪踪迹难以寻

① 马凯：《网络涉毒犯罪问题研究》，兰州大学2017年硕士学位论文。

② 李想：《我国吸毒人员呈低龄化趋势　六成吸毒者不足35岁》，载《法制日报》2016年6月27日。

觅。部分网络毒品犯罪分子通过网络信息技术对计算机网络进行技术化处理，对犯罪数据层层加密防范。公安机关在对网络毒品犯罪进行侦查时，也要求必须具备专业知识，进而才能开展网络毒品犯罪的侦查与取证工作，这无疑在一定程度上给公安机关的犯罪取证工作带来不少技术难度。

（四）网络毒品犯罪涉及范围广，社会危害性大

毒品犯罪是国际性的犯罪，全球毒品问题呈现严重态势的首要标志就是毒品犯罪活动的有组织化、垄断化和国际化。① 网络虚拟空间的无边界性使得网络毒品犯罪呈现出广泛的辐射性。当各种数据、信息通过网络信息技术进行广泛传输时，所谓地域和国界便出现了消亡，时空界限的收缩为毒品犯罪分子跨地域、跨国界进行网络毒品犯罪提供了可行性。网络毒品犯罪分子只需要拥有能够进行网络连接的设备及信号，就可以实现在任何地域、任何时间进行网络毒品犯罪。网络技术的迅猛发展，网络涉及范围早已遍布全球。网络虚拟空间的现实布局范围越广，扩散速度越快，网络毒品犯罪的范围也就越广，危害性也就越大。

（五）网络毒品犯罪的犯罪成本较低，侦破难度大

网络毒品犯罪所具有的隐蔽性导致犯罪过程往往难以被察觉，网络安全防范技术较为滞后，给公安机关的案件侦破带来了巨大的难度，这就导致了网络毒品犯罪的成功率较高，大量的网络毒品犯罪行为未被发现，从而使得网络毒品犯罪分子更加肆无忌惮。由于网络毒品犯罪的犯罪成本较低，网络毒品犯罪分子必然大肆利用网络安全防范的缺陷以实施毒品犯罪行为，从而使得网络毒品犯罪案件逐年攀升。

四、网络毒品犯罪的成因分析

（一）网络时代背景下网络毒品犯罪有巨大的“潜在市场”

《中国互联网发展报告2018》显示，截至2017年年底，我国网民数量达到7.72亿人，我国手机网民规模达7.53亿人，人均周上网时长为27个小时。网络视频用户规模达5.79亿人，占网民总体的75%。我国网民10岁至39岁群体占整个网民数量的73%，其中20岁至29岁的网民占比高达30%。中国网站数量达到553万个，网页数量共计2604亿个，诸如人工智能、大数据等

① 李云鹏：《互联网涉毒犯罪研究》，载《政法学刊》2015年第5期。

发展呈直线上升。2016 年和 2017 年新增人工智能企业共 156 家，人工智能产业规模达 152.1 亿元。我国网民数量巨大，且以中青年人为主力军，在人工智能、大数据等高科技背景下，网络的聚集效应和便捷性，使网络毒品犯罪行为的危害性在传统犯罪基础上呈“几何级”增长。青年人作为消费市场的主体，越来越多的人进入网络虚拟空间，给了毒品犯罪分子新契机，既可以利用网络技术躲避公安机关的查处，又能在网络人数不断增长的状态下，获得更多的毒品市场。另外，根据《2017 年中国毒品形势报告》显示，截至 2017 年年底，全国现有吸毒人员 255.3 万人，18 岁至 35 岁的有 141.9 万人，占 55.6%。吸毒人员中滥用合成毒品人员 153.8 万人，占 60.2%。从报告中不难发现，我国吸毒人员绝大多数为中青年人群。一方面，青少年人群处于成长的波动期，对各种社会诱惑抵御能力不强，对社会危害的辨识能力低下，极易受到毒品犯罪分子的诱导而误入歧途；另一方面，中青年迫于社会生活的压力，也容易受到毒品犯罪分子的引诱而走上违法犯罪的道路。综述，中青年不仅是网络使用的主力军，又是吸毒的主要群体。在网络时代背景之下，毒品在网络虚拟空间中存在巨大的潜在市场，通过网络虚拟空间贩卖毒品面向的市场要远高于在现实中贩卖毒品。

（二）“互联网 + 物流”让毒品犯罪隐匿性成为可能

“互联网 + 物流”模式促进了物流业的繁荣，当前，全国物流公司数量超 30 万家，物联网连接数已经高达 16 亿个。“互联网 + 物流”是线上互联网的物流信息与现实世界物流系统一体化的运输模式，即通过无线射频识别技术、4G 核心网络和条码自动识别技术、各类传感器技术、GPS 全球定位系统、地理信息系统的定位追踪技术，实现物流系统的信息实时采集。“互联网 + 物流”具有高效、便捷、实时等特点，成为推动电子商务经济发展的重要力量。“互联网 + 物流”的运输模式克服了传统物流人工操作繁杂、实时掌握运输信息难等困难，使得物流运输更加智能化。但是，“互联网 + 物流”存在的缺陷也为不法分子提供了犯罪的空间。一方面，“互联网 + 物流”使得物流业繁荣的同时，也导致行业竞争变得异常激烈，除现行如顺丰、邮政特快专递、中通等大型物流公司外，多数物流公司内部管理较乱，对邮递物品的审查工作较为松散；另一方面，互联网与电子设备的应用，物流公司对快递人员的专业化管理弱化，多数快递人员对货物的收取并未进行严格审查，对寄件人的身份信息核实不到位，对货物是否违禁违法的辨识度不足，从而导致违禁违法物品利用物流传递，“互联网 + 物流”的模式之下，网络虚拟空间、社交媒体、电子商务和物流寄递相互作用，信息流和物资流相互交织融合，改变了信息传播和货物运输的速度与半径，打破了毒品在生产、运输、销售等环节的时空限制，大大降低了传统毒品犯罪中的经济成本和犯罪成本。通过网上交易、线下物流模式进行毒品违法犯罪活动，又能增强毒品犯罪行为的伪装性和复杂性，“互联网+物流”使网络毒品犯罪隐蔽性增强、被发现率降低，较低的案发风险让毒品犯罪隐匿性成为可能。

（三）网络空间已被利用成为网络毒品犯罪的“避风港”

网络毒品犯罪分子利用网络虚拟空间及互联网技术进行相关犯罪行为，他们在网络中使用虚假的身份信息，使用技术手段频繁变更IP地址，使得被追踪、查处的概率下降。另外，网络毒品犯罪分子在犯罪过程中利用计算机技术为犯罪行为设置网络加密、网络防护墙等保护措施防止相关数据的泄露和被查处，这使得对网络毒品犯罪相关犯罪行为的证据收集极为不易。毒品犯罪分子利用网络进行制毒、贩毒、吸毒，现实化、实质化、具体化的犯罪行为被网络转化为数字、数据，电子数字、数据本身的隐蔽性及易损毁性使得网络毒品犯罪的大量证据难以收集和固定。网络毒品犯罪分子在网络虚拟空间中，身份虚拟、位置虚拟、语言虚拟、行为虚拟，这便使得公安机关即便在锁定网络毒品犯罪目标后，要想在现实社会中抓获相关人员也有不小难度。因此，网络毒品犯罪较传统毒品犯罪的“虚拟化”特性使得被查处风险较低，网络犯罪的相关法律法规不明确，对网络犯罪技术应对手段不足，对新型毒品及原材料的界定模糊不清，这些都使得网络毒品犯罪被识别、被侦破的概率较传统毒品犯罪低，也正如此，网络被日益利用成为网络毒品犯罪的“避风港”。

（四）“趋利避害”的人性与网络毒品犯罪高额利润的引诱

任何犯罪现象总是一定的犯罪原因的外在展现和结果状态，任何因素只有形成一定的互动关系才会具备致罪能力。从辩证唯物主义认识论出发，推动个人实施犯罪行为的内在因素即认识（犯罪动机）的形成内因（主观原因）是与外因（客观原因）相互作用的结果。[①] 从内因看，“趋利避害”是人的本性，毒品的高额利润总会诱导部分人从事该类犯罪行为以求获得巨大的经济利益，即便存在较高犯罪风险的前提下，毒品犯罪分子也会在非法追逐高额利润的主观恶意下进行毒品犯罪活动。网络空间降低了被查处的风险，也就更加助长了毒品犯罪分子利用网络从事毒品活动的心理。从外因看，马

① 许章润主编：《犯罪学（第二版）》，法律出版社2004年版。

克思的《资本论》指出，如果有10%的利润，资本就保证到处被使用；有20%的利润，资本就活跃起来；有50%的利润，资本就铤而走险；为了100%的利润，资本就敢践踏一切人间法律；有300%的利润，资本就敢犯任何罪行，甚至冒着绞首的危险。据统计，1克冰毒的零售价往往是批发价的3到5倍。巨大的利润诱使总会使不法分子无视国家法律，穷尽一切手段和方法从事毒品活动。传统毒品犯罪链条的各个环节的各种成本相对较高，毒品犯罪集团为了降低成本、提高利润空间往往以毒品生产地或中转地为中心组织毒品犯罪活动，其毒品犯罪行为较易发觉，且有规律可循。毒品犯罪的规模大小在一定程度上取决于毒品生产地或中转地的组织、辐射能力。此时的毒品犯罪组织能力有限，辐射范围较小，受区域条件限制明显。网络虚拟空间打破了传统毒品活动的区域限制，提高了毒品交易的利润空间。因此，毒品犯罪分子为了获取更多的利益以及降低犯罪成本，将毒品犯罪行为转移到网络虚拟空间似乎成为必然。

第二节　网络毒品犯罪的防控

一、网络毒品犯罪的现行刑法规制及困境

（一）网络毒品犯罪的现行刑法规制

我国刑法第6章第7节对各类毒品犯罪的构成要件及刑罚有着明确的规定。《最高人民法院关于审理毒品犯罪案件适用法律若干问题的解释》对毒品案件的定罪量刑有了进一步的明确。网络毒品犯罪是传统毒品犯罪在网络虚拟空间的延伸和发展，网络毒品犯罪虽然是利用网络信息技术的新型犯罪，但终究是以传统毒品犯罪为基础的。因此，对于网络毒品犯罪的刑法规制，绝大部分还是采用现行刑法及相关司法解释的规定。刑法修正案（九）新增了非法利用信息网络罪和帮助信息网络犯罪活动罪，这两种罪名成为惩处网络毒品违法犯罪行为的又一法定依据。例如，在网络虚拟空间中发布各类涉及毒品信息的，设立涉及毒品交易的群组的都可能成为上述罪名的规制对象。但是值得注意的是，非法利用信息网络罪和帮助信息网络犯罪活动对网络毒品犯罪的惩处具有兜底性，即在采取上述罪名对网络毒品犯罪进行处罚实质上是无可奈何的。一般而言，无论是发布涉毒信息、成立涉毒网络群组，还

是帮助实施上述行为的，几乎都与制造、贩卖毒品有关。然而，由于网络毒品行为在现行刑法界定上的模糊不清，往往导致在定罪上模棱两可，只能采用兜底性罪名强加硬套，司法裁判难以统一。

（二）网络毒品犯罪刑事惩处的困境

1. 部分网络毒品违法犯罪行为缺乏刑法规制

罪刑法定原则是刑法的基本原则，正所谓法无明文规定不为罪，法无明文规定不处罚。因此，相关刑法罪名的缺失必然导致部分网络毒品违法犯罪行为刑法难以规制。例如，由于刑法相关规定的缺失，网络毒品犯罪分子通过开设群组、直播间聚众吸毒的行为根据现行刑法似乎很难正确定罪量刑。又如，在网络虚拟空间中采用新型技术手段帮助网络毒品犯罪分子的行为的定罪量刑问题也较为模糊，利用网络虚拟空间容留他人吸毒是否属于刑法规定的“容留他人吸毒”等亟待解决。再如，网络服务供应商对网络毒品犯罪分子提供网络帮助时，主观恶性如何判决也是难度较大的问题。

2. 网络毒品犯罪的刑事侦查难度骤增

网络毒品犯罪分子为躲避公安机关网监部门对网络的监管，通常会利用高新技术手段，其操作过程非常狡猾且复杂，并且利用网络毒品交易“黑话”进行交谈能有效逃避公安机关对于网络“敏感词汇”的过滤筛选。因此，对于网络毒品犯罪分子的侦查工作与传统的侦查工作截然不同，收集涉毒信息的难度不断加大，证据获取非常困难。网络毒品犯罪所具有的智能化、隐蔽性的特点，使得整个犯罪过程都是在网络虚拟空间交易，公安部门即使捕捉到所谓“犯罪嫌疑人”，也只是一些下线零星贩毒的“马仔”。另外，网络毒品犯罪分子在网上注册的名字，往往也是使用虚假证件或者代号，并且不断在网上变换个人资料信息，无形之中给公安机关对网络毒品犯罪分子的侦查带来极大困难。公安机关在打击网络毒品犯罪活动中，面临着发现难、查人难、取证难、处理难的“四难”现象。由于网络毒品案件涉及的范围比较广，犯罪所在地很难具体确定和发现，许多狡猾的毒贩通过网络技术不断变换上网地址，注册多个网域地址，有的网域地址虚假不实。根据现有网络属地管辖原则，严重影响了公安机关职权的使用。随着网络技术应用服务的高速发展，网络毒品犯罪分子在网络虚拟空间设置重重技术关卡，不断变换网络域名地址等防范公安机关的侦查打击，导致公安机关在发现、监控、取证的工作上难度越来越大。当前，我国对网络毒品犯罪的立法相对滞后，查处网络毒品犯罪面临重重困难。我国物流快递行业监管的严重不力，也给侦破网络毒品犯罪和对毒品犯罪分子进行相应的惩罚和打击增加了难度。

3. 网络毒品犯罪的相关证据不易收集

网络毒品犯罪中涉及的相关证据以电子数据为主要形式，电子数据所具有的多样、无形、易损毁、易破坏的特点使得该证据的收集工作要求颇高。同时，电子数据存储方式以电子设备为载体，存在的方式是数字信号，而数字信号的非连续性，也使其在技术层面的调查有着极高的要求。因此，网络毒品犯罪的相关证据排查、收集等大多数需要以专业的技术和知识作为支撑。公安机关在收集网络毒品犯罪相关证据时应当注意的是，即使是细微的失误，都可能导致相关证据出现毁损或者灭失的情况。另外，网络毒品犯罪并不存在特定的被害人，也就难以出现被害人报案的情况，故而该类犯罪主要依靠禁毒部门进行主动积极的侦查。网络毒品犯罪分子在网络中实施犯罪行为后，现实空间通常难以留下有价值的线索，侦查人员也很难收集到有价值的实物证据。网络毒品犯罪主要以线上交易的模式进行毒品交易，其交易的时间非常短暂，因此使侦查机关想要获得有价值线索的机会更加困难。综上，一方面，网络毒品犯罪电子数据证据的自身特性加大了公安机关相关证据收集难度；另一方面，互联网信息技术的开放性、技术主体的垄断性，使得证据的筛选、排查工作程序繁杂，这也使相关证据的收集变得更加困难。

二、网络毒品犯罪防控对策研究

（一）刑事政策视野下对网络毒品犯罪的常态化打击

黄赌毒一直是我国常态化高压打击的对象。毒品使得无数家庭支离破碎、家破人亡。网络毒品犯罪不仅冲击着网络空间的绿色健康环境，还进一步扩大了毒品犯罪的危害范围，具有极高的社会危害性。在对网络毒品犯罪的刑事法律惩处过程中，刑法的力量似乎会存在一定的滞后和乏力。以刑事政策为依据，在合法性的前提下加大对网络毒品犯罪的常态化打击和惩处，无疑是规制网络毒品犯罪的有效途径之一。中共中央、国务院印发的《关于加强禁毒工作的意见》中，明确要求构建覆盖全国陆海空邮以及互联网的毒品立体堵截体系，严厉打击制毒、跨境跨区域贩毒和互联网涉毒等违法犯罪活动。国家禁毒办牵头会同中央宣传部、中央网信办、最高人民法院、最高人民检察院、公安部、工业和信息化部、国家工商行政管理总局、国家邮政局等9部门，联合制定出台《关于加强互联网禁毒工作的意见》指出了我国互联网涉毒违法犯罪活动的严峻形势、严重危害，集中宣示了党和国家严厉整治网络涉毒违法犯罪活动的坚强决心和坚定态度，是我国打击互联网涉毒领域首个多部门政府正式文件。中央政法委书记郭声琨也指出，我国正处于毒品问题蔓延期、毒品犯罪高发期和毒品犯罪治理攻坚期，禁毒斗争形势异常严峻复杂。要以端制毒窝点、打贩毒团伙、控吸毒群体为重点，重拳出击以打开路，深入开展打击整治行动，依法严厉打击制毒、贩毒和网络涉毒等活动，坚决遏制毒品问题扩散蔓延势头，切实保障经济平稳健康发展和社会和谐稳定。法律的滞后性在所难免，刑法也不可能规制未知的行为。我国应当在刑事法律与刑事政策的相互配合下，对网络毒品犯罪予以常态化的高压打击，坚决对网络毒品犯罪予以全面的清扫、惩治。

（二）以刑事法律立法为主导，多元法律配合惩治网络毒品犯罪

目前，我国尚未建立健全网络违法犯罪法律治理体系，难以对网络毒品违法犯罪活动形成有效的规制。刑法作为保护社会利益的最后一道防线，理应成为法律惩治网络毒品犯罪的主导。我国刑法应当对网络毒品犯罪的不同犯罪行为进行合理的惩处，在原有毒品犯罪法律条文的基础上，增设网络毒品犯罪的相关条款，例如聚众吸毒罪，组织、领导毒品活动犯罪等。明确网络毒品犯罪的相关犯罪构成要件、量刑标准、法定刑等。对于网络毒品犯罪行为在司法实践中适用现行刑法毒品犯罪规定存在模糊不清的，最高人民法院等司法机关也可以出台相应的司法解释加以明确，以便增加实务的可操作性，统一司法裁判标准。例如，在网络虚拟空间中容留他人吸毒的行为是否构成容留他人吸毒罪还需要进一步明确。通过对网络毒品犯罪的刑事立法，及时填补刑事立法上的空白，严厉惩处泛滥的网络毒品犯罪，净化现实和网络虚拟空间，使司法实践中对网络毒品犯罪行为的惩处有法可依。值得注意的是，对网络毒品犯罪的惩处也不可能仅仅依靠刑法。事实上，网络空间、物流运输等作为网络毒品犯罪的一部分并非应当采用刑法去调控。通过加强对网络、物流、人工智能等行业的监管，健全相应的法律法规、部门规章等，从而对网络毒品犯罪所涉及的相关行业实施管控，最终形成以刑事立法为主导，多元法律配合下的网络毒品惩处模式是动态治理的必然选择。

（三）运用网络技术与大数据惩治网络毒品犯罪

当前，公安机关与网络毒品犯罪的较量，主要表现在对现代科技手段和毒品信息的掌握与运用上。公安机关必须构建一个信息互动共享的毒品信息网络平台，整合和盘活毒品信息资源并形成有效的毒品打击信息互动、共享，

创建动态的信息网络，达到实战化应用。相关禁毒部门可以同国内大型互联网企业合作，开发新型技术或计算机系统，逐步向网络禁毒的数字化方向发展，不断加强网络禁毒专业化建设。各级公安机关应注重禁毒平台建设的科技含量，加大建设经费的投入，加强资源的整合，充分利用高效、精准的网络新兴技术，不断探索研究和提高网络毒品犯罪的发现、分析和应用能力，充分发挥其高端新技术新产品的作用，快速、精准、高效地发现和稽查网络毒品犯罪。公安机关应当充分运用“数据云”“云计算”等大数据系统建立一整套集人、案、财、物和通道于一体的完整网络毒品打防管控平台，整合网络情报、信息监控、侦查打击、毒品管控等业务，对公安缉毒、网安、技侦等部门的基础数据资源实时进行共享，重点强化网络缉毒信息的分析研判，精准瞄准并深挖网络毒品犯罪线索，实现对网络隐性涉毒人员及涉毒网络场所和网上重点部位的精准打击，极大地发挥大数据在网络毒品犯罪中的侦查打击作用，有效遏制网络毒品犯罪的快速上升势头。

（四）行刑交替下的网络毒品违法犯罪行为惩治

当前，网络制毒、网络贩毒、网络吸毒等行为并不完全由刑法所规制，某些网络毒品行为在法无明文规定之下尚不符合犯罪的构成要件或标准。因此，对诸如网络吸毒、网络售卖尚未纳入我国毒品序列的麻醉、精神药物等可能不构成犯罪的违法行为时仍须依照治安管理处罚法相关规定进行处罚。由此，我国应当强化行政法律对毒品违法行为的监管与惩处力度，提高行政执法人员打击网络毒品违法行为的力量及能力。相关行政部门应当加大对相关精神药物及原材料的管控，提升应对新型毒品违法行为的反应能力，更新相应的技术设备，形成一套对毒品违法行为的动态监管与处理机制，并从制毒、吸毒、贩毒等全方位及时掌握毒品违法的信息。对网络毒品违法犯罪行为的惩治，应当在行政法与刑法的交替打击下进行。我国行政法也具有处罚的性质，且外延范围比刑法要广。在网络毒品违法犯罪行为中所涉及的一些领域，刑法不宜介入时，行政法可以作为兜底处罚的依据对不法行为进行规制。采取行刑交替的方式，是要将行政执法与刑事法律有机结合，实现网络毒品违法犯罪行为的源头查处、动态监管、行刑惩治，从而对网络毒品违法犯罪活动实施坚决打击，并且“零容忍”。

第三章

网络涉枪犯罪

第一节　网络涉枪犯罪的识别

一、网络涉枪犯罪概述

（一）网络涉枪犯罪的概念

随着互联网、大数据、电子商务以及快递行业的迅速发展，许多的传统接触性犯罪纷纷改头换面，朝着非接触性犯罪发展。传统的涉枪犯罪在披上网络的外衣之后，把自己隐藏在大数据之下，使人难辨其真面目的同时也增加了发现与侦查的难度。

传统的涉枪犯罪，是指我国刑法所规制的违反枪支管理法，且以枪支、弹药为犯罪对象或犯罪工具的各种犯罪行为在理论上的总称。[①] 网络涉枪犯罪则是在传统涉枪犯罪的基础上以网络为工具进行涉枪犯罪，可以从狭义和广义上对其进行概念区分。广义的网络涉枪犯罪是指利用网络所进行的有关涉枪犯罪这一类罪的总称。狭义的网络涉枪犯罪则主要集中在买卖枪支上，即犯罪分子利用互联网论坛、QQ、微信、淘宝、亚马逊等平台发布信息、联系买家，将境外走私入境或境内非法制造的枪支及零部件等，经过特殊伪装，采取伪报物品名、填报虚假寄件人信息等手段，将枪支以零部件形式通过物流快递渠道运输贩卖。

（二）我国网络涉枪犯罪现状

枪支作为一种独特的杀伤性武器，对社会秩序的和谐稳定和社会公共

---

① https：//baike. baidu. com/item/涉枪犯罪/4177396？fr = aladdin，访问时间：2018 年 11 月 23 日。

安全有着重要的影响，涉枪犯罪也成为危害公共安全的重要问题之一。我国对枪支的管控非常严格，对涉枪犯罪的打击也非常严厉。近年来，随着互联网的急速发展，涉枪犯罪出现了新的形态。在我国，一些不法分子借助于虚拟的网络平台，大肆进行网络涉枪犯罪活动，严重影响了我国的社会秩序和公共安全。由于网络虚拟平台的天然隐蔽性，网络涉枪犯罪呈现出发现难、侦查难、控制难的特点。2018 年 2 月，经党中央、国务院批准，由公安部牵头，建立了由中宣部等 24 个部门参加的打击整治枪支爆炸物品违法犯罪部际联席会议制度，部署开展为期两年的打击整治枪爆违法犯罪专项行动。[①] 此次专项行动将突出“缉枪、治爆、净网” 3 个重点，严厉打击境内制贩、境外走私、网上贩卖等突出犯罪，摧毁源头窝点，追缴枪爆物品。[②] 随着专项行动的开展，我国网络涉枪犯罪的刑事政策活动颇见成效。

目前，我国涉枪案件案发率较为平稳，但是网络涉枪案件的数量却有逐渐增多的趋势。在中国裁判文书网，以“网络”和“枪支”为关键词进行搜索，共有 3701 个案例。从案件数量来看，逐年递增的趋势明显。从地域上来看，网络涉枪案件几乎覆盖我国绝大多数省市，甚至一起网络涉枪案件就涉及十几个省、几百号人。但是，从走私枪支这一犯罪行为上看，则主要集中在我国边境地带。从涉案人群及目的上来看，购枪买家遍布全国，网购枪支的涉案人员中有相当部分都是年轻人，主要为男性，他们的学历层次和生活水平较高，基本无犯罪前科，购枪的目的也是爱好收藏或单纯“玩玩”；还有一部分购枪买家，属于社会闲散人士，有犯罪前科，其购枪目的主要是作为以枪护黄、护赌、护毒、护黑的工具。从实践中来看，无论是前者所涉枪支还是后者所涉枪支，大多数都具有较强的杀伤力，照此情况流散于社会当中，其社会危害性不容小觑。

二、典型案例

（一）江苏无锡网络贩卖枪支案

江苏无锡网络贩卖枪支案被列为公安部打击枪爆违法犯罪十大案例

---

① 《打击整治枪爆违法犯罪专项行动不断向深入开展》，http：//www. mps. gov. cn/n2253534/n2253535/c6251620/content. html，访问时间：2018 年 11 月 25 日。

② 《我国将开展为期 2 年打击整治枪爆违法犯罪专项行动》，https：//m. sg. weibo. com/user/dshc-sh/4205442249468990，访问时间：2018 年 11 月 25 日。

之一。[①] 该案是一起利用境外电商平台走私枪支配件入境并在国内进行贩卖的网络贩枪案。

2018 年 3 月 15 日，无锡市公安局新吴分局获取无锡海关转递线索称，在境外寄往新吴区某商业市场的货物中存在枪支配件，包括大量的弹夹、枪托、击锤等。无锡市公安局立即成立专案组展开侦查，根据线索，专案组锁定了魏某某和郑某 2 名犯罪嫌疑人，2 人分工明确，1 人负责从国外电商平台进行沟通订购，1 人负责在国内贩卖枪支。郑某在做枪支贩卖生意的同时找到了魏某某，由魏某某与国外通过平台软件联系，进行购买。而郑某则通过在朋友圈发布广告的方式，与买家取得联系，将枪支贩卖给买家。这一犯罪团伙从国外网站购买枪支后，将枪支进行肢解，分拆成一个个零部件，通过包裹进行夹带，以五金配件等名义走私入境。在国内，犯罪分子同样采用枪支零部件邮寄的方式进行贩卖，采用夹带的方式，买一些其他东西然后把枪支配件夹带在货物当中。

在公安部、江苏省公安厅的大力协调下，该局成功侦破这起重大网络走私、贩卖枪支案，抓获犯罪嫌疑人 11 名，缴获火药枪 3 支、气枪 7 支，案件涉及全国多个省区市。[②]

（二）庄某某非法买卖枪支案

庄某某非法买卖枪支案是一个审判参考案例。该案是一起利用网络联系买家出售枪支、利用快递进行邮寄的非法买卖枪支的案件。[③]

2009 年 10 月至 12 月间，庄某某在“QQ 群”上面发布了关于出售枪支的信息，与买家进行沟通后约定以每支 1500 元的价格出售 2 支发令枪给 1 名上海网友、出售 1 支发令枪给深圳网友“狗狗基地”。随后，庄某某通过“淘宝网”向 1 名浙江金华的网友“向快乐飞翔”购买了 3 支发令枪和子弹若干，并将枪支和子弹邮寄给广东省佛山市的网友龙某某帮忙钻通枪管。龙某某将 3 支发令枪的枪管钻通后，欲将 3 支发令枪、30 发子弹分别邮寄给庄某某指定的上述上海、深圳的网友时，被公安机关查获。经鉴定，该 3 支发令枪系自

① 《公安机关打击整治枪爆违法犯罪十大典型案例》，http：//www. mps. gov. cn/n2253534/n2253535/c6252095/content. html，访问时间：2018 年 11 月 30 日。

② 《江苏无锡警方破获一起重大网络走私、贩卖枪支案》，http：//www. dzwww. com/xinwen/guoneixinwen/201810/t20181011_ 17933774. htm，访问时间：2018 年 11 月 30 日。

③ 《庄伟彬非法买卖枪支案》，https：//anli. court. gov. cn/static/web/index. html#/alk/detail/27A87CE5F1FE11D9D010C50A1F319568，访问时间：2018 年 11 月 30 日。

制转轮手枪（以火药为动力发射弹丸的非军用枪），该30发子弹系自制小口径弹（非军用）。2010年4月27日，庄某某在厦门某学院被公安机关抓获。同时，公安机关对庄某某及其住所依法搜查并缴获仿真手枪1支、钢珠弹460粒（外表为金黄色、直径0.4公分）、仿真手枪用的气瓶3支、笔记本电脑1台（品牌：COMPAQ，型号：Evon1000v）、手机1部（品牌：DESAY，型号：M768）、钢珠200粒。

一审法院作出如下判决：（1）庄某某犯非法买卖枪支罪，判处有期徒刑二年。（2）扣押在案的作案工具笔记本电脑1台、手机1部及违禁物品仿真手枪1支、钢珠弹460粒、仿真手枪用的气瓶3支、钢珠300粒予以没收。庄某某不服一审法院判决，提起上诉，二审维持原判。

（三）8.08特大网络贩枪案

8.08特大网络贩枪案是一个典型的涉及多人、多地的层级分明的特大网络贩枪犯罪案件。

2016年3月5日，江西省万年县民警在朋友圈中发现一些非法贩卖枪支的信息，根据该线索，万年县公安局锁定犯罪嫌疑人程某。据查，程某在朋友圈中长期从事枪支代理销售，低价买进高价卖出，赚取中间差价，利用网络支付转账，货物不转手。据其交代，仅自己就卖出各类枪支20余只、铅弹3000余发，涉及8个省市。随后，万年县公安局成立8.08专案组，对此进行专案侦查，并将案情逐级上报到公安部。经进一步核查，警方发现了一个组织严密、层级分明、成员遍布全国30个省市的特大网络贩枪犯罪网络。专案组通过对程某贩枪流程的分析，经过层层上查，发现了其中一个专门生产手枪及其他配件的源头供货商，网名叫“军工”。经调查分析，专案组锁定犯罪嫌疑人吴某，吴某是某大学艺术专业的大四学生。经查，吴某通过网络贩卖枪支及配件，作案280余起。专案组根据对网络涉枪交易信息的研判，又先后锁定了几名关键人物的身份信息，最终成功摧毁了这一特大网络贩枪犯罪网络。

在本案中，从零件制造商到多层中间代理商再到买家，犯罪分子之间形成了一个完整的、层级分明的制、贩枪链条：第一层为制造商，第二层为经销商，第三层为分经销商，第四层为分经销商，第五层为分经销商，第六层为非法购买持有枪弹人员。因该案涉及的范围大、地域广，专案组梳理线索并逐级上报，在公安部统一部署下，全国各地公安机关先后于2016年12月28日和2017年8月10日开展了两次全国性专案线索核查和抓捕行动，成功摧毁了8.08特大网络贩枪案的犯罪网络。①

三、网络涉枪犯罪模式及特征

（一）网络涉枪犯罪模式

我国网络涉枪犯罪逐渐呈现出规模化、产业化、链条化的趋势，通过对一些案例的整理并结合实际情况，根据枪支来源的不同，将我国网络涉枪犯罪的模式主要归结为以下两类（详见图3－1、图3－2）：

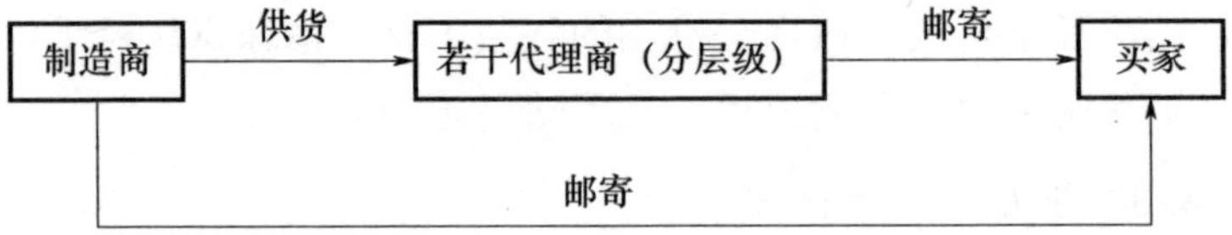

图3－1 网络涉枪犯罪模式一

第一类模式下，制造商往往采取分散生产的方式，将枪支的不同零部件分别送往不同的工厂里加工生产。然后，将加工好的零部件供货给一级代理商，每一个一级代理商下面分别有二级代理商、三级代理商等。代理商们充分利用网络平台发布涉枪信息等吸引买家购买，并将从上级代理商处所得的枪支零部件进行伪装，通过快递邮寄的方式分别寄给买家。同时，以发送组装枪支的视频教程或者说明书的方式教买家组装枪支。代理商通过赚取中间差价的方式来获得利润。此外，还有一种情况，即犯罪分子自己制造枪支零部件，自己与买家联系。在这种情况下，枪支制作往往比较粗糙，杀伤力较小。

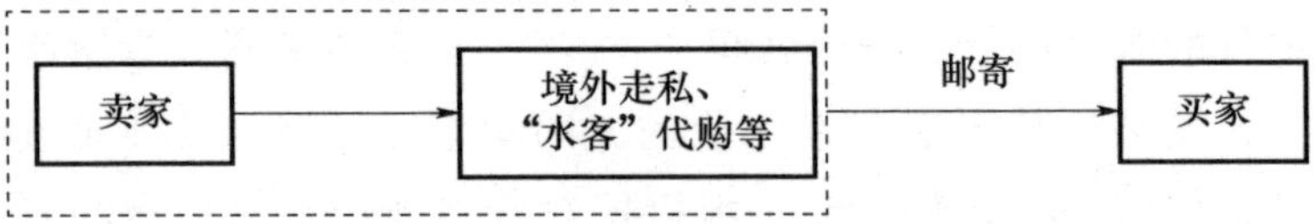

图3－2 网络涉枪犯罪模式二

第二类模式下，由卖家通过网络联系国外枪支的货源，通过伪造货品名称的方法将枪支零部件藏匿于普通货物当中，走私入境；或者通过港澳台"水客"以夹带的方式进入内陆，然后再通过快递邮寄的方式发货给买家。这类模式下的枪支大多都是高端枪支，买家大多为枪支爱好者，购枪收藏。

---

① 《公安部指挥破获特大网络贩枪案：遍及30省份、交易记录万条》，https：//baijiahao. baidu. com/s？id＝1591901026393429221&wfr＝spider&for＝pc，访问时间：2018年11月30日。

从作案方式来看，犯罪分子往往通过网络勾结完成一系列犯罪环节，并逐渐形成一套规模和体系。下面，对于上述两类网络涉枪犯罪模式中都涉及的主要环节进行简要阐述：

第一，枪支来源。网络涉枪犯罪，枪支从何而来？目前我国枪支来源主要有两个途径，一是通过境外走私枪支。犯罪分子从俄罗斯、美国、菲律宾、缅甸等地走私枪支入境，或者通过“水客”从港澳台进入内陆，其往往将枪支拆散成零部件分别夹带，走私方式灵活多变，给海关、公安等部门发现和侦查案件带来较大难度。二是在国内非法制造枪支。我国对枪支的管控非常严格，但是枪支本身配件多，很多配件单独来看都难以与枪支挂钩。我国生产加工业发达，生产加工技术较高，犯罪分子将枪支配件单独生产，分别运输，很难发现和认定其犯罪。

第二，网络涉枪信息。网络涉枪犯罪也需要有市场，市场以信息为手段。犯罪分子与买家之间是如何进行信息沟通的呢？随着互联网技术和电子商务的发展，犯罪分子往往通过“网络”这一便捷、隐蔽的方式进行信息沟通。例如，通过微信、QQ 等通信软件，通过淘宝、亚马逊等电商网站，通过论坛，甚至是通过国外的聊天工具进行信息沟通。这些违法信息的内容主要包括发布买卖枪支信息，传播枪支制作技术，传授、教唆涉枪犯罪方法等，影响极其恶劣。另外，这些网络上的违法信息往往是以“行话”和“暗语”的形式表现出来（详见表 3－1），以此来逃避网络监管。

表 3－1　主要网络涉枪暗语

名称	常用暗语	不常用暗语
枪	狗	CS 必备
长枪	大狗	—
手枪	小狗、手狗	—
子弹	狗粮、粮食	飞机头
枪管	衣架、管子	毛瓦
枪支配件	内脏	—
制作子弹所需机床设备	母鸡	—
秃鹰（系列气枪）	兔子、秃子	—
手中有枪代售	出狗	—
中间商赚取的差价	水费	—

第三，快递邮寄运输。我国快递行业的迅速发展，一定程度上为运输“枪支弹药”等违法物品提供了条件，使犯罪分子有空可钻。犯罪分子往往将枪支拆散成零部件，对其进行伪装之后通过快递邮寄至买家，他们伪装方式多样且更新迅速，在没有线索的情况下很难及时发现并拦截。一些犯罪分子通过买通快递员的方式躲避检查，甚至在一些成规模的网络涉枪犯罪集团中，为避免相关部门对寄件的检查，自己成立快递点专门进行枪支零部件的邮寄运输。

第四，支付货款。犯罪分子的交易资金大多采用网络支付的方式。在与买家达成购买意向后，犯罪分子往往采取微信、支付宝转账的方式收取货款，枪贩扣除各自的利润后也通过多层代理的销售渠道上传给不同的零部件生产源头。网上支付的方式便捷、隐蔽，利于交易。一些犯罪分子甚至开通了国外银行账号，以此来掩盖大额的资金交易。

（二）网络涉枪犯罪的特征

1. 犯罪主体年轻化、专业化

从公安侦破的案件中不难发现，相当一部分涉案人员是年轻人，而且学历也比较高，这部分人精通网络知识，有较强的反侦查意识。网上贩枪买枪的人员中，除部分为牟取非法利益或持枪实施犯罪外，不少人员系枪支爱好者，动机也大多是为了个人赏玩、收藏、打猎，甚至是朋友间的炫耀、攀比，呈现出动机多样化的特点。①

2. 犯罪环节隐蔽化

首先，犯罪的媒介互联网本身具有天然的隐蔽性。网络涉枪犯罪是走私制贩枪支弹药等传统犯罪与互联网的紧密结合，在犯罪的各个环节当中都体现出互联网的重要作用。犯罪分子以网络为交易平台，身份多为虚假冒用；以网络为信息沟通平台，沟通和交易过程中多使用隐语以掩饰犯罪痕迹；以网络为支付平台，支付方式隐蔽且多样化。其次，供货分散。犯罪分子将枪支拆散成零部件，将这些零部件进行伪装，以合法名义借助物流寄送。最后，包装寄递过程隐蔽性高。其一，包装环节的伪装。犯罪分子以“挂羊头卖狗肉”的方式，用打气筒、阀门、气动配件等常用五金配件描述所寄快件名称，以躲避公安机关的防控。例如，安徽灵璧公安局在侦查一起网络贩枪案件时发现，涉案网店以出售“除尘”工具为名，通过拆散邮寄的方式向外贩卖气

① 侯淇钟：《网络涉枪犯罪侦控探析》，载《中国公共安全（学术版）》2017 年第 3 期。

枪枪支或者零部件。其二，发货地点选择上的逃避。犯罪分子经常会选择一些查验较松、规模较小的快递点进行发货，或者通过多个小型的快递公司进行分期分批发货，以此逃避查验和监控。其三，快递单上虚假地址和信息的伪装。犯罪分子在填写快递单时经常会回避或者模糊重要信息，给后期侦查带来极大难度。①

3. 犯罪模式复杂化

一方面，网络涉枪犯罪往往涉及多人、多地。例如，浙江台州 2011 年 6.23 特大网络制贩枪案，涉案地区包括 32 个省（自治区、直辖市），265 个地市，打击处理涉案人员达到 1934 人，收缴 1834 支枪，110 万余发子弹。②涉及地域广和参与人员多，这两者都体现了网络涉枪犯罪的复杂性。另一方面，网络涉枪犯罪往往涉及多层级关系且结构复杂。结合上述犯罪模式，一般来说，网络涉枪犯罪链条上有 3 个重要部分：一是枪支源头，包括走私枪支和非法制造枪支；二是中间代理环节，这一环节是整个犯罪链条中最为活跃和复杂之所在；三是买家。除此之外，有些网络涉枪案件犯罪链条纷繁复杂，甚至在这 3 个部分的基础上衍生至 6 个部分。例如，公安部统一指挥的江西省上饶市万年县公安局成功侦破的 8.08 特大网络贩枪案，其犯罪链条分为 6 个层级，组织严密、盘根错节，给侦破案件带来极大难度。

4. 犯罪后果危害严重化

网络涉枪犯罪导致大量枪支弹药流散在社会上，严重危害国家安全、社会稳定和人民的生命财产安全。第一，网络涉枪犯罪为持枪犯罪案件提供作案枪支。例如，2016 年北京枪杀法官案，造成了两死两伤的严重后果，案发后警方查获了多条枪支以及多发子弹，犯罪分子所使用的枪支正是通过网络渠道购买的。第二，网络涉枪犯罪在一定程度上导致暴恐犯罪升级。新疆暴恐分子利用枪支实施暴恐活动的欲望非常强烈，一旦暴恐犯罪分子熟练掌握网络购买枪支方法，便利获取枪支弹药，暴恐活动将很容易升级，对社会的威胁也将进一步升级。第三，网络涉枪犯罪对社会治安稳定构成严重威胁。枪支和涉黄、涉赌、涉毒、涉黑等犯罪合流趋势更加明显。第四，网络涉枪犯罪泛滥会毒害社会风气。由于网络涉枪信息泛滥，甚至一些知名的购物网

---

① 李松梅：《“互联网＋”时代网络贩枪案件的特点与侦查实践探索》，载《广州市公安管理干部学院学报》2018 年第 2 期。

② 胡永正：《论网络贩枪的特点及防控对策》，载《公安学刊（浙江警察学院学报）》2016 年第 5 期。

站上也半公开的销售枪支零部件，给很多人一种误导，认为买枪不会违法，公安机关也不会查，即使查也查不到，因而吸引了很多人从最初的买枪发展到卖枪，进而发展到造枪，最后受到重判。①

四、网络涉枪犯罪原因分析

当前我国正处于社会矛盾的多发高发时期，枪支在社会上的流通买卖对我国的社会稳定造成了严重的威胁。近些年，公安机关对网络涉枪犯罪持续进行严打，但网络涉枪案件依然层出不穷，一些网络涉枪犯罪在数量和规模上持续升级，犯罪形势越来越严峻。对网络涉枪犯罪进行控制的前提是了解网络涉枪犯罪的原因，任何一种犯罪现象都是一定的犯罪原因的外化，只有具备一定的因果关系才会有犯罪的可能。我们将从以下 5 个方面对网络涉枪犯罪的原因进行分析，以期找到更好的防控办法。

（一）网络涉枪犯罪的高额利益驱使

1. 利益驱使

利益往往是犯罪分子进行犯罪行为的主要诱因，网络涉枪犯罪也不例外。在市场经济快速发展的大环境下，经济的发展不仅提高了我们的生活条件，也改变了很多人的价值观，利益高于一切的价值观逐渐深入人心。网络涉枪犯罪就是一个典型的以追逐利益为原动力的犯罪行为，犯罪分子为了高额利益而无视法律和社会公共安全，给社会带来了严重的危害。在网络涉枪犯罪中，犯罪主体各有所需，其动机也不尽相同。其中，利益驱使主要体现在网络涉枪犯罪链条上的枪支源头人员（走私枪支者与非法制造枪支者）和中间代理人员上，追求经济利益显然是他们的首要目的。

2. 犯罪成本低、收益高

首先，网络是虚拟的世界，一切行为都可以在极其隐蔽的个人小环境中进行。网络涉枪犯罪中的代理商甚至只需要一部手机就可以完成犯罪，成本极低。其次，与其他如盗窃、诈骗等犯罪相比，网络涉枪犯罪不仅成本低，而且可以带来高额收益。例如，从国外走私高端枪支，卖到国内转手就可以翻几番。这样明显的投入产出比，给犯罪分子提供了强烈的金钱诱惑，从而走上犯罪的道路。另外，随着经济的发展，人们的物质需要被满足的同时，

① 李跃洋：《探析中国网络贩枪犯罪形势》，载《犯罪研究》2018 年第 3 期。

就会增加对精神方面的追求，人们会将一定比重的经济投入自己的爱好。在我国，众多的枪支收藏爱好者为网络贩卖枪支提供了极大的发展空间。

（二）"互联网+物流"的发展诱发网络涉枪犯罪

1. 互联网的快速发展

首先，我国互联网发展迅猛，普及率高。2018年8月20日，中国互联网络信息中心（CNNIC）在京发布第43次《中国互联网络发展状况统计报告》。截至2018年12月，我国网民规模达8.29亿人，手机网民数达8.17亿人，互联网普及率为59.6%。[①] 互联网为我们的生活带来了极大的便利，与此同时，也为犯罪分子带来了犯罪行为方式上的便利。其次，互联网自身特征。现代互联网具有"去中心化"和"缩短路径"两个重要特征。对于网络涉枪犯罪来说，互联网的"去中心化"主要表现为形成了开放、分散的犯罪主体。网络涉枪犯罪链条中的枪支源头人员、中间代理商与买家利用网络联系，彼此互不相识，大多分散在全国各地。互联网的"缩短路径"表现在网络涉枪犯罪中，就是这些网络涉枪犯罪人员充分利用网络平台的便利条件，在各种论坛、网站、QQ群和微信群发布涉枪信息，互相交流货源，吸引买家购买，每个人都能立足本地、足不出户与全国各地联系、交易，完全超越了地域界限，打破了传统的信息壁垒。互联网的这两个重要特点为网络涉枪犯罪提供了便利，增加了隐蔽性，一定程度上为网络涉枪犯罪的爆发提供了可能。[②]

2. 物流、快递行业的发展

物流和快递行业的快速发展为网络涉枪犯罪运输枪支、弹药和枪支零部件提供了便利。枪支毕竟是客观存在的物，犯罪分子利用网络进行枪支的贩卖必须通过运输的途径才能到达买家。我国物流和快递行业的快速发展，为犯罪分子在网络涉枪犯罪中的运输这一环节提供了极大的便利，为网络涉枪犯罪数量和规模上的持续升级提供可能。

（三）网络涉枪犯罪立法体系不完善

从网络涉枪犯罪所处的大的立法环境来看，我国目前的网络立法还处于初级阶段。一些法律规定过于笼统，缺乏可操作性。在电子证据认定、网络运营商责任、物流快递行业监管和网络案件管辖等实践中经常遇到的问题上，还存在立法缺位，给具体执法带来了较大困难，从而使犯罪分子有空可钻。

---

① 数据来源：中国互联网络信息中心（CNNIC）第43次《中国互联网络发展状况统计报告》。

② 李跃洋：《探析中国网络贩枪犯罪形势》，载《犯罪研究》2018年第3期。

1. 刑法规制不完善

首先，我国刑法和治安管理处罚法对于涉枪行为都有所规定。以非法持有枪支为例，前者对非法持有、私藏枪支、弹药的定性是犯罪，后者对非法携带枪支、弹药的定性是违法，这种情况使得同一个行为存在两种不同的法律适用。另外，对于网络涉枪犯罪这种新型涉枪犯罪方式的法律规制也存在缺陷，没有一个明确的处理方式，使得犯罪分子有空可钻。其次，管辖不明确。对于网络涉枪犯罪的管辖问题，在实践中常有争议。我国现有法律对于网络涉枪犯罪的管辖权问题没有明确的规定。网络涉枪犯罪已经不仅仅局限于某一个地域，其往往涉及多省多地，包括网络平台和运输邮寄，公安机关都需要进行联合办案才能对其进行有力打击。在这个过程中，由于地区差异和管辖问题，很可能导致相互推诿、作用力减弱等情况发生，导致一部分犯罪分子逃出法网。最后，枪支鉴定标准模糊。在网络涉枪犯罪中，犯罪分子往往将枪支拆散成零部件，多地多次地将一个个零部件邮寄给买家。因此，在公安机关侦查此类案件时，缴获的大多是枪支零部件。根据网络涉枪犯罪的该特点，枪支零部件的认定和鉴定标准对之后的定罪量刑就至关重要。目前，针对枪支配件的立法主要有《最高人民法院、最高人民检察院关于办理走私刑事案件适用法律若干问题的解释》，其中针对枪支类型、数量和枪支配件的认定进行了规定。但是，对枪支零部件的鉴定就显得尤为困难，在实践中也存在一些问题，例如枪支鉴定存在分歧、配件鉴定难以操作等。

2. 行业立法欠缺

首先，物流、快递行业的立法欠缺。我国对于物流快递行业的法律规制主要有《中华人民共和国邮政法》《快递市场管理办法》《快递业务经营许可管理办法》等法律法规。在这些现有法律规制当中，对于实名制登记验证、安全检查、发现线索后的通报协查等制度均没有作出明确规定，对于涉枪犯罪更是没有一个明确的责任界定，仅仅是以“对于运输商品具有监管义务”进行行政规定。[①] 其次，对网络平台责任的相关立法还较欠缺，随着电子商务法的颁布实施，与电商平台监管相关的具体规定也在逐渐完善。但是，犯罪分子仍在利用其他网络平台进行违法交易，并通过网络支付平台进行钱款交易。对此网络乱象，网络平台的责任与监管义务没有被明确

---

① 夏国美：《大数据时代的社会学审视》，载《社会科学文摘》2016 年第 2 期。

界定，使得犯罪分子频繁利用网络平台掩盖实施的犯罪行为，从而规避法律责任。

（四）网络涉枪犯罪全流程社会监管不力

1. 对五金加工制造业的监管不到位

在网络涉枪犯罪中的零件加工制造厂多为小作坊，无证化严重。从已破案件统计发现，制造、加工枪支零配件场所多以地下黑作坊为主。如广东省某市 2015 年以来，查处制贩枪支窝点共 28 个，仅 4 个为有证照五金厂，其余 24 个为租用出租屋的无证照地下作坊，隐藏在出租屋内的地下作坊成为制造、储存枪支或零配件及弹药的重要窝点。[①]

2. 对网络信息的监管不到位

首先，平台管理存在漏洞。网络涉枪犯罪是以网络为交易平台的，犯罪分子通过微信、QQ、论坛等发布涉枪信息。对各平台上违法信息监管的缺乏，给了犯罪分子活跃在各大平台上的机会，一定程度上诱发了涉枪犯罪。其次，网络监督责任主体不明确。网络监督机关、企业等主体对于网络监督的责任不明确，容易形成相互推诿的局面，导致网络监督混乱。最后，网络行为规制机制不完善。我国网民的数量庞大，很多网民的网络行为已经触犯法律。我国对于如何规制网络行为，将网络行为规范在法律允许的范围内没有明确的规定，一定程度上拓宽了网民实施网络行为的范围。

3. 对物流快递行业的监管不到位

首先，负责检查的工作人员对“非法物品”的认知不到位。在网络涉枪犯罪的链条中，通过物流、快递运输或者邮寄枪支零部件是非常重要的一个环节。大家对于枪支的明显印象在于枪管、枪托等，对激发装置来说，拆散后非专业人士很难第一时间进行反应和辨认是属于枪支的零部件，犯罪分子便以此逃避查处。对于物流快递包裹的检查是非常重要的，不仅需要物流快递公司形成有效的监管机制，还需要检查人员对于“非法物品”有清楚的认知，这样才能从该环节发现违法行为，从而遏制违法行为的进一步影响。其次，监管力度不够。由于电子商务的发展和普及，物流快递行业快速发展，营业网点激增，质量有待考证。国家邮政局是监管物流快递的主体，但市各

---

① 李松梅：《“互联网＋”时代网络贩枪案件的特点与侦查实践探索》，载《广州市公安管理干部学院学报》2018 年第 2 期。

区县未设监管机构，只设立分片区派出机构，已经不能对急剧膨胀的物流快递行业实行有效监管，出现收寄物品不查验、安防设施不到位、部分快递代办点无证经营等乱象。① 这些现象很容易被网络涉枪犯罪分子钻空子。

（五）网络涉枪犯罪主体法律意识淡薄

在我国，枪支是被严格管控的。网络涉枪犯罪主体法律意识淡薄主要体现在公民对非法持枪、网络涉枪犯罪的认识不足。很多人根本没有意识到自己通过网络购买枪支、弹药属于违法行为，单纯地认为自己只是出于对枪支收藏的爱好而进行的交易，不是违法行为。② 他们更加意识不到，随意交易枪支和弹药，使大量的枪支和弹药流散在社会上，对公共安全和社会稳定造成了极大的潜在危害。这种淡薄的法律意识促使很多人走上犯罪道路而不自知，从而越陷越深，当意识到的时候已经难以回头。

另外，侥幸心理也是其法律意识淡薄的表现。侥幸心理，是指行为主体因某些需要有实施犯罪的动机，虽然可能意识到该行为违法，但是基于某些原因不愿放弃实施犯罪行为，反而希望自己的犯罪行为不被发现，从而逃避惩罚。③ 在网络涉枪犯罪中，犯罪分子通过网络这一虚拟空间实施犯罪行为，认为自己技术高、办事谨慎并具备一定反侦察能力，可以躲避侦察，增强了犯罪的侥幸心理。这种侥幸心理又在一定程度上模糊了其对自己行为的违法性认知，而这一“违法性认知模糊化”的思维，归根结底还是源于其法律意识的淡薄。

第二节　网络涉枪犯罪的防控

网络涉枪犯罪是传统涉枪犯罪与互联网、电子商务以及快递物流行业的发展相伴随而形成的一种新型网络犯罪。与网络相结合，涉枪犯罪便具备了网络所独有的隐蔽性、便利性、灵活性等特点，严重危害了社会公共安全，为社会发展增添了不稳定因素。因此，我们必须对其进行控制，建立以刑事

---

① 《关于加强对快递行业监督管理的建议》，http：//www. ccpc. cq. cn/home/index/more/u/jygk/id/202248. html，访问时间：2018 年 11 月 29 日。

② 潘韬：《我国网络涉枪犯罪的特点及治理对策》，载《河北公安警察职业学院学报》2017 年第 3 期。

③ 张爽：《犯罪学理论与实务》，人民日报出版社 2015 年版。

手段为中心，多元化社会防控相协作的全流程治理路径，完善刑事立法，控制网络涉枪犯罪的每一个环节，从而有效地遏制网络涉枪犯罪的发展。

一、刑事法律层面

（一）刑事政策视阈下对网络涉枪犯罪进行防控

“枪爆无小事”，枪爆物品管控直接关系到人民群众生命财产安全，直接关系到社会公共安全和秩序稳定。以习近平同志为核心的党中央高度重视枪爆物品管控和打击整治涉枪涉爆违法犯罪工作。2018 年 2 月 7 日，公安部部长赵克志在打击整治枪支爆炸物品违法犯罪部际联席会议第一次全体会议暨全国专项行动部署会上强调，依法严厉打击整治枪爆违法犯罪，切实维护国家安全和社会大局持续稳定。2018 年 2 月 8 日，公安部召开新闻发布会，通报近年来公安机关整治枪爆违法犯罪工作成效，以及部际联合会议决定在全国开展打击整治枪爆违法犯罪专项行动有关情况。[①]

对于涉枪案件，我国一直保持着“严厉打击”和“涉枪无小事”的刑事政策指导思想。随着互联网的发展，传统涉枪犯罪逐渐演变成隐蔽性高、社会危害严重、交易便利的新型网络涉枪犯罪。我国对网络涉枪犯罪更是秉承着“严厉打击”的指导思想。

近年来，全国各地区持续开展缉枪治爆、打击网络贩枪等专项打击行动，深入开展易制爆化学品和寄递物流专项整治，消除了一大批涉枪涉爆隐患。5 年来，各地公安机关共收缴各类非法枪支 101.2 万支，子弹 5661 万发、炸药 1477.2 万公斤、雷管 3138.9 万枚。[②] 此外，根据全国打击整治枪爆违法犯罪专项行动的部署，公安部会同最高人民法院、最高人民检察院联合发布《最高人民法院、最高人民检察院、公安部关于依法收缴非法枪支弹药爆炸物品严厉打击枪爆违法犯罪的通告》，明确投案自首或者主动交出非法枪支、弹药、爆炸物品的，可依法从轻、减轻或者免除处罚，同时规定严禁制造、销售仿真枪。通过完善法律规定，确保了专项打击的法律效果与社会效果的有机统一。

---

① 《公安部新闻发布会通报打击整治枪爆违法犯罪的整体工作成效等》，http：//www.gov.cn/xinwen/2018-02/08/content_5265249.htm#1，访问时间：2018 年 12 月 1 日。

② 《公安机关 5 年收缴非法枪支 101.2 万支　炸药 1477.2 万公斤》，http：//legal.people.com.cn/n1/2018/0208/c42510-29813509.html，访问时间：2018 年 12 月 1 日。

(二) 刑事立法规制对网络涉枪犯罪进行防控

涉枪犯罪是指我国刑法所规制的违反枪支管理法，且以枪支、弹药为犯罪对象或者犯罪工具的各种犯罪行为在理论上的总称。我国刑法分则当中对涉枪犯罪明确规定了12个罪名，包括走私武器、弹药罪；非法制造、买卖、运输、邮寄、储存枪支、弹药罪；盗窃、抢夺枪支、弹药罪；抢劫枪支、弹药罪；聚众持械劫狱罪等。其中，部分涉枪犯罪最高刑罚可判处死刑。例如，刑法第125条第1款规定："非法制造、买卖、运输、邮寄、储存枪支、弹药、爆炸物的，处三年以上十年以下有期徒刑；情节严重的，处十年以上有期徒刑、无期徒刑或者死刑。"由此可见我国对于涉枪犯罪规制的决心。与此同时，相关部门还颁布了部分配套的司法解释和规范性文件，对于具体罪名中涉及的行为进行了解释。例如，2018年3月30日生效的《最高人民法院、最高人民检察院关于涉以压缩气体为动力的枪支、气枪铅弹刑事案件定罪量刑问题的批复》、2009年修正的《最高人民法院关于审理非法制造、买卖、运输枪支、弹药、爆炸物等刑事案件具体应用法律若干问题的解释》、2008年11月18日发布的《公安部关于印发〈关于进一步加强防范打击涉枪违法犯罪协作工作机制建设的意见〉的通知》等。

随着互联网的快速发展，很多传统犯罪都或多或少地与互联网相结合，呈现出新的网络犯罪的模式。从网络犯罪所处的立法大环境来看，刑事立法为其增加了新的内容。刑法修正案（九）的出台让大家看到了对于网络犯罪的规制。对网络涉枪犯罪而言，其相关内容也在刑法修正案（九）中有所体现，其中增加了非法利用信息网络罪，明确规定发布、制作或销售枪支等违法犯罪信息入刑及定罪处罚标准；增加了帮助信息网络犯罪活动罪，规定明知他人利用信息网络犯罪的，为其提供接入、托管、存储、通信等网络支持或提供广告推广、支付结算等帮助的行为入刑及定罪处罚标准。①

虽然立法上已经让我们看到一些变化，但是关于网络涉枪犯罪的相关问题还是没有进行明确。因此，完善网络涉枪犯罪的相关立法迫在眉睫，例如，案件管辖、枪支零部件认定和鉴定、快递物流相关责任、网络平台相关责任等。将这些问题进行明确，有利于从立法上对网络涉枪犯罪进行规制，明确相关主体责任，从而控制网络涉枪犯罪。

---

① 丁静：《大数据时代下涉枪犯罪的法律规制研究》，安徽大学2018年硕士学位论文。

二、枪支管控层面

（一）源头整治：遏制网络涉枪犯罪枪支源头

根据前述两类网络涉枪犯罪模式，结合我国枪支管理法的规定，从以下 3 个方面对网络涉枪犯罪枪支源头进行监管和治理。

强化内部枪支管理。根据 1997 年 2 月 12 日公安部发布的《公安部关于继续深入收缴非法枪支加强内部枪支管理的通知》，强化内部枪支管理，定期对公务用枪进行监督检查。严格规范枪支使用程序，加强对持枪人员的教育，严格按照枪支管理法的规定管理枪支。

遏制非法制造枪支。非法制造枪支是网络涉枪犯罪枪支来源的重要途径之一，该行为严重危害公共安全和公民的人身财产安全，问题严重，亟待解决。严格五金制造行业准入门槛，对五金制造行业定期检查，严查无证小作坊。

海关安全检查制度规范化、严格化。结合网络涉枪犯罪以走私境外枪支为源头之一的现状，有必要对我国海关安全检查制度进行规范化和严格化建议。就目前来看，我国已经基本建立了现代化的海关制度。但是，犯罪分子走私枪支的方式一直在不断更新，这就需要建立专门联络人制度，负责与侦查部门及时沟通，掌握最新网络涉枪犯罪手段，对海关检查人员进行定期培训。另外，还需要建立协作机制。对于侦查机关需要的案件协调、证据反馈等工作提供有效的协作机制，便于侦查机关及时掌握线索和相关信息，从而遏制走私枪支进入我国境内。

（二）过程监管：加强社会协作，多元化防控机制并用

健全快递物流行业监管制度。物流快递行业对促进经济发展发挥着巨大的影响，但是由于其发展过快而导致的法律规制严重滞后的现状，给不法分子带来了犯罪的便利。网络涉枪犯罪表现得尤其突出。我们从 4 个方面对物流快递行业的监管提出建议。第一，应严格执行邮寄实名登记制度并建立配套的监管机制，揭开利用快递物流犯罪的犯罪分子的真面目。第二，应加强寄件安全检查力度。由于枪支及其零部件的专业性，需要加强对负责安全检查的工作人员进行专业知识教育，普及新型夹带和伪装方式。第三，严格快递物流行业准入条件，加大对无证经营的快递和物流网点的监督和排查力度。第四，完善快递物流行业立法，为利用快递物流方式进行犯罪行为的不法分

子竖起屏障，保障快递物流行业的安全和健康。

完善网络平台监管，挤压网络勾连空间。首先，肃清网络涉枪违法信息。通过组织开展“净网”专项行动，及时清理网上涉枪违法信息，关停违法账号、群组，依法查处违法违规服务运营商，有效整治网络空间秩序，铲除网上非法交易土壤。[①] 其次，加强重点部位的监督检查。对于拍卖网站、军事类网站、搜索引擎、互联网数据中心等重点部位的监督检查，挤压网络涉枪犯罪勾连空间。最后，明确网络平台的责任，完善网络平台的监管机制。

建立信息共享机制平台。当今社会是一个信息社会，对网络涉枪犯罪来说，信息及时的互联互通是至关重要的。很多时候，一起复杂的网络涉枪案件就是以一条简单的信息为线索进入侦查机关的视线，从而最终告破的。因此，非常有必要建立一个信息共享机制的平台，将公安、教育、海关、邮政等行政部门纳入该平台，实现即时的信息共享和互联互通。

提高公民法律意识，正确认识网络涉枪犯罪。加强涉枪犯罪的法律宣传教育。其中，必须明确网络涉枪犯罪的主要犯罪模式，让人们意识到我国对于枪支严格管控，禁止以任何方式触犯涉枪法律法规，网络并不是规避法律的途径。还须强调的是，因爱好而收藏枪支也属违法行为，人们应该正确认识涉枪犯罪。同时发挥广大网民的力量，集中收集涉枪信息，鼓励举报。

（三）严厉打击：加强技术防控，提升网络涉枪案件的侦查水平

网络涉枪犯罪是伴随互联网的发展而产生的技术型犯罪，侦查机关只有加强技术防控，提高侦查的技术水平，才能应对不断更新的犯罪手段。因此侦查机关提高自身应对网络涉枪犯罪的侦查能力至关重要。首先，提高网络侦查技术。网络侦查技术已经成为侦查机关与网络犯罪分子之间技术博弈的重要工具，尤其是在网络信息实时截取、恢复删除信息、固定电子证据等方面。侦查机关应该加大技术学习投入，加强网络侦查专业队伍建设。其次，健全网络阵地建设。加强在域名注册、网站登记备案、互联网运营单位用户信息报备、IP 地址分配等方面的网络监管。[②] 扩大网上警务室的信息收集和监

---

① 《公安机关 5 年收缴非法枪支 101.2 万支　炸药 1477.2 万公斤》，http：//legal.people.com.cn/n1/2018/0208/c42510-29813509.html，访问时间：2018 年 12 月 1 日。

② 吕江鸿：《网络涉枪犯罪的法律规制研究》，西北大学 2015 年硕士学位论文。

管的范围，建立全方位网上警务室信息采集机制，强化侦查机关对网络阵地的监控。最后，建立相关部门协作办案机制。在信息共享平台的基础上，建立相关部门协作办案机制，将网络涉枪犯罪链条上的每一个监管主体纳入其中，建立部门、区间协作办案移送，实行跨地区、跨部门联动，形成整体作战合力，严厉打击网络涉枪犯罪。

第四章

网络赌博犯罪

第一节　网络赌博犯罪的识别

一、网络赌博犯罪的概述

（一）网络赌博犯罪的概念界定

纵观赌博的演变史，赌博形式的多样性、规模的扩张性致使很难对赌博行为作一个一劳永逸的内涵界定。《辞源》中赌博意为“以钱物作注来比输赢”，即意为将钱物作为博取胜负的激励；《大辞典》中解释为“用各种方式决定胜负以博取金钱财务的游戏……”，即意为取财之道。但究其根本，无非是参赌者投入有价值之物以求获取更高价值之物，而是否能实际取得取决于随机的结果。网络赌博犯罪本身并不背离赌博行为的潜在内涵，区别之处在于，网络赌博是以计算机信息网络为工具进行，它是网络犯罪与赌博犯罪相结合的新型犯罪。学者何宏斌和李波阳指出，网络赌博犯罪是指以营利为目的，利用现代互联网技术和现代金融交易手段进行的赌博活动，是传统赌博犯罪在手段上的智能化、复杂化和高科技化的一种新型的赌博犯罪形式。[①] 同时，我国刑法将基于盈利为目的聚众赌博、以赌博为业的行为及开设赌场行为纳入赌博罪及开设赌场罪的规制范畴。学者胡卫红依据此定义指出，网络赌博是以营利为目的，在网络上开设赌场、聚众赌博或以赌博为业的刑事案件。[②] 本文认为，网络赌博犯罪是指赌博参与者以营利为目的，借助网络平台、网络信息技术手段开展的开设赌场、聚众赌博、以赌博为业的犯罪行为。

---

① 何宏斌、李波阳：《论网络赌博犯罪及其防治对策》，载《云南警官学院学报》2011 年第 3 期。

② 胡卫红：《网络赌博案件的特点与侦查对策》，载《武汉公安干部学院学报》2014 年第 4 期。

（二）网络赌博犯罪的类型整合

赌博行为自古有之，约5000年前古巴比伦文明就已有“掷骰子”的赌博游戏。我国自夏朝以来“六博”“斗鸡”“马吊”“骨牌”“棋类”“扑克”“彩票”等赌博形式日臻丰富，而网络赌博以网络技术为工具将传统的赌博场景模式虚拟化，使得赌博种类更加不可胜举。对网络赌博类型的研究有助于准确、精准地对网络赌博犯罪进行界定和规制，笔者根据现行主要存在的网络赌博形式以传统赌博与新型赌博为界限进行类型化整合研究。

1. 传统赌博网络化

传统赌博网络化主要是指利用APP直播平台或网站，将线下赌场复刻到线上或者将线下赌场的实况信息传输到线上，从而实现对传统赌博活动的在线参与，即将传统的赌博活动，“打麻将”“掷骰子”“百家乐”“斗地主”“猜大小”等移植到网络平台上，为其披上互联网的外衣。在此种网络赌博活动中，不法者提供网络赌博平台，参赌者只要进行简单注册后，获取个人账号等信息，选择真实玩家或电脑系统作为对手后，便可在线上实时参与赌博活动，再通过网上银行或者第三方支付平台等支付工具将赌资进行划转，即可轻松便捷实现赌博活动的全程参与。

2. 新型网络化赌博

第一，网络外围赌博。网络外围赌博主要是指参赌者基于国内外体育竞技比赛的情况、金融市场相关标的走势、彩票开奖活动结果等进行外围下注赌博，如“赌球”“二元期权”“地下六合彩”等。其中表现最明显、范围最广、影响最恶劣的莫过于“赌球”，2018年自俄罗斯世界杯开赛以来，我国各地警方侦破了赌球刑事案件300余起，打掉赌球团伙100多个。[①] 北京警方更是破获了一起特大网络赌球案，抓获涉案人员46名，涉赌资金高达3.2亿元。[②] 由于此种赌博犯罪大多以体育比赛和金融证券的走势作为对象，因此，赌博集团通常通过恐吓、贿赂等方式控制走势结果，以此获得较高的利润，如谢亚龙案就是因贿赂而引发的假球案件。另外，由于网络赌博庞大的资金流，也非常容易实现对金融证券市场的涨跌趋势进行控制，从而获得较高的

① 《今年世界杯开赛以来公安机关破获赌球刑事案件300余起》，http：//news. sina. com. cn/o/2018-07-12/doc-ihfefkqq7775820. shtml。

② 《警方打掉特大网络赌球团伙　抓获嫌疑人46名涉案3.2亿》，http：//finance. sina. com. cn/china/gncj/2018-07-09/doc-ihezpzwt7231171. shtml。

回报。[1] 这种外围赌博行为严重扰乱社会秩序，并对金融、体育等领域健康发展造成了极其恶劣的影响。

第二，以网络游戏为基础的赌博。这一类赌博活动主要是网游公司提供了游戏平台及虚拟货币与现行货币互换服务，从而通过虚拟货币实现竞技赌博，如腾讯的“棋牌游戏”、联众游戏的“财富游戏”等。同时，还包括网络游戏直播平台进行的以游戏币为“赌资”的押注竞猜活动，获取的虚拟游戏币可以在第三方支付机构“银商”处进行人民币兑换。这里不得不提及“银商”在网络游戏中进行的兑换行为，网络游戏“银商”通过木马盗号、外挂等非法渠道获取数量庞大的游戏币，然后在腾讯 QQ 等网络游戏平台，向游戏玩家兜售游戏币，以实现游戏币与人民币之间的双向兑换，“银商”的此种行为是否属于网络赌博中的帮助行为值得商榷。

第三，新型衍生赌博。新型衍生网络赌博主要是指因网络活动而衍生出的新型赌博形式，指一些不法分子恶意利用微信、支付宝等移动支付平台进行抢红包游戏，他们利用网络红包可设置不确定红包金额的便利，进行押红包金额尾数大小、单双及红包“扫雷”等形式的赌博。

二、网络赌博犯罪经典案例

（一）2.21 特大网络赌博案

2015 年 4 月 1 日，中华人民共和国成立以来最大网络赌博案——2.21 特大网络赌博案侦破，月赌资超 4 千亿元，广东警方抓获犯罪嫌疑人 1071 名，海外服务器及维护人员亦被查获。[2] 该犯罪集团具有严密的组织架构，参赌人员众多，犯罪团伙中由“技术总监”负责赌博网站平台的开发维护，“执行总监”负责赌博平台运营、宣传。同时，下游庄家通过租用赌博平台成为“赌博公司”，公司采取总公司—分公司—股东—总代理—代理—会员 6 个级别的金字塔结构，依托熟人关系层层发展下线，层层抽水营利，各账户根据经济实力设置相应的信用额度，以赌博网站报表为依据，在现实中以现金进行赌资结算。同时，该团伙具有很强的反侦查意识，幕后老板在境内操纵，技术团队则在泰国远程登录运营和维护网络赌博平台。此外，参赌人员上下级之

---

① 魏永华：《论我国网络赌博犯罪的现状及防治》，河北师范大学 2017 年硕士学位论文。

② 《建国以来最大网络赌博案侦破月赌资超 4 千亿元》，http：//bjlx. pkulaw. cn/case/pal_21110623254965250. html？keywords = 221% E7% 89% B9% E5% A4% A7% E7% BD% 91% E7% BB% 9C% E8% B5% 8C% E5% 8D% 9A% E6% A1% 88&match = Exact&tiao = 1，访问时间：2019 年 1 月 6 日。

间从原来的电话联系转变为采用网络单线联系；资金结算方面从原来的银行汇款到现在采用现金交易，大笔资金通过地下钱庄流转的方式进行交付，导致警方追查难度很大，多次打击都无法打到根源。2014 年 12 月 21 日，专案组在公安部、广东省公安厅的统一指挥下，在泰国、我国台湾地区方面的配合下，分别针对汕头、泰国工作点，我国台湾地区服务器所在地等重要部位统一收网，成功抓获网站运营团队犯罪嫌疑人 15 人，其中在汕头抓获张某荣、陈某标等核心人员 6 名，在广州、泰国分别抓获技术人员 2 名和 7 名，缴获服务器及电脑 40 余台，银行卡 55 张，存折 28 本，冻结银行资金 2000 多万元。此案的成功告破，从赌博平台租用商、建站人员、庄家到赌徒，从系统开发、组织实施到提供网络服务帮助，全链条实施精确打击。

（二）“116”特大网络赌博专案

2014 年 7 月 3 日，设局开赌逾 5 年，涉及 5 个境外赌博网站、投注总金额超过 4840 亿元人民币的“116”特大网络赌博专案在广州一审公开宣判。广州市荔湾区法院对该专案共 31 案 68 人进行宣判，其中 55 人犯开设赌场罪，7 人犯赌博罪，6 人犯开设赌场罪、赌博罪两罪，分别判处有期徒刑 1 年 5 个月至 9 年，并处罚金 5 万元至 2000 万元不等。广州荔湾区检察院称，“116”特大网络赌博专案涉及 5 个境外赌博网站：“皇冠”“永利高”“利记”“沙霸”等。2008 年开始，同案人谢阳真取得上述赌博网站大股东级别的代理权限，按大股东级代理—股东级代理—总代理级代理—代理—会员的层级管理形式，担任赌博网站代理并接受他人投注，进行网络赌博犯罪活动。其中，同案人谢阳真为大股东级代理，其聘请的被告人黄健沛、陈宁海为其管理赌博账号，从 2008 年至 2013 年 4 月共接受投注额人民币 4840 多亿元。本案层级分工明确，有负责线下发展的，有负责网上投注的，有负责专门对数计数的，还有负责赌资交割的。同时，涉案金额巨大，从 2008 年至 2013 年 4 月共接收投注额高达 4840 多亿元，代理获取的利润丰厚，令涉案被告人不惜铤而走险。

（三）浙江天台特大微信赌博案

浙江台州天台县公安局侦破一起特大微信红包开设赌场案，涉案金额高达 3 亿元。[①] 组建微信群本是加强沟通和联络感情所需，但有不法分子却将微

① 《浙江天台警方破获特大微信赌博案》，http：//www. mps. gov. cn/n2255079/n4242954/n4841045/n4841074/c6245301/content. html，访问时间：2019 年 1 月 6 日。

信群用来赌博谋利。浙江台州天台县公安局侦破一起特大微信红包开设赌场案，涉案金额高达 3 亿元。涉案微信赌博群叫“牛牛群”，以斗牛的方式赌博，按照红包尾数比大小，赌客和庄家尾数 1 至 5 相同的为庄家赢，6 至 0 相同的为打平，几点胜出即赌资翻几倍。谁出赌资多就是庄家，群主从庄家赌资里抽头 5%，庄家每赢一把，群主从赢取的赌资中又抽 5%，一局赌下来，庄家赢利超过 3000 元，群主再从中抽头 3%。经查，群主是哈尔滨的张某，他通过交友平台，将来自全国各地的赌客拉进一个群里，并诱惑汤某、陈某、邵某等参与赌博群的管理工作。开赌之前，再建一个赌博群。赌资和抽头由汤某、邵某、陈某等 30 多人负责，发包手、配注、介绍拉人等人员各自分工明确。如果参赌的人不多，群里的配注人员参与假赌。赌博群管理人员和赌客等来自全国各地，互不知道真实名字和地址。据民警介绍，为防止被平台封群，赌博群每天解散，第二天重新创建，赌资每天达 100 多万元，从 2017 年 4 月至案发的 1 年时间里，赌资金额累计达 3 亿余元。群主一天可获利上万元，发包手、配注人员等每天从群主的抽头里分红。这是一起典型的微信红包赌博案件，近年来，其因具有费时少、易操作、成本低、隐蔽性强、营利高等特点而备受“青睐”，发展迅猛。

三、网络赌博犯罪的发展特征

网络赌博犯罪作为一种伴随互联网的发展而产生的新型赌博型犯罪，它具有其自身特性及独特发展态势，如果能准确地认识和把握其特殊性，就能更好地预防和遏制其蔓延。网络赌博犯罪乘借互联网发展的东风得以发展，表现出顽强的生命力，其除了具有传统赌博犯罪的特质外，还呈现以下特殊的发展态势：

（一）网络赌博参赌人员的规模化

网络赌博较之传统赌博不仅突破了地域时空的界限，在参与主体方面更是突破了阶层的隔离。传统赌博的群体大多集中于社会底层游手好闲人群，其整日无所事事而进行非生产性聚集以虚度光阴、消耗生命。然而在网络赌博中，参与网络赌博活动的相关人员，从组织者到赌徒，都呈现出向更高水平和层次人员发展的趋势。首先，网络赌博中开设网络赌场或赌博网站，前期需要大量的资金流，以使得与一般赌徒对赌的筹码有所保障。同时，还需要具备一些专业的计算机和网络科技人员以实现对网络平台的运营和维护及对赌博软件的设计。根据已有案件的显示，许多赌博集团的主要成员中有不少是私营企业主、计算机网络专业人才和财会专业人士，私营企业家为赌博提供资金支持以获取高额利润，专业技术人才为赌博活动提供技术支持，财务人员负责处理赌博活动中的财务流转的专业问题。其次，由于网络的开放性和虚拟性，赌博活动的进行无须实际进入赌博现场，而是通过网络ID或现场直播直接给赌客提供方便，这尤其为嗜赌但基于身份、地位的考量不便出现在赌博场所的人，如一些党员干部、公职人员和国有企事业单位的负责人提供了便利。总之，网络赌博犯罪的参与人员向着更高知识层次和社会阶层迈进，而且通过与政府权力机关人员结合，影响了社会各个方面的安定和谐。

（二）网络赌博犯罪活动隐蔽化、组织化

与传统的赌博犯罪相比较，网络赌博犯罪的场所不需要实际的物理空间，即赌场作为运行载体，网络赌博参与者只需要借助网络平台，轻敲鼠标或者移动终端屏幕，便可以超越时空界限，随时随地登录网络赌博网站，并快速地进行投注，最终通过网上银行或者第三方支付平台等方式完成赌资的交割。这个过程均以电子数据的形式被保存于赌博网站的服务器中，且绝大部分的赌博网站的服务器是设置在境外赌博合法化的国家或地区，整个赌博活动过程具有隐蔽性，不利于办案机关进行调查取证，且这些电子数据极易被篡改、破坏和毁灭。

网络赌博犯罪的组织架构极具复杂性与严密性。网络赌博公司通常以代理的方式建立网络赌博的组织层级及相关的利益链条，通过自上而下设置多个层级，并根据不同层级的特点分别授予不同的权限、给予不同的利润抽成，并鼓励逐级招揽下级代理者或会员。其组织内部团伙成员相对稳定，其大股东或股东很少直接参与到网络赌博活动中，而是雇佣专门人员负责上下线的联系、会员的发展以及赌资的交割，且团伙成员之间采用网络单线联系，不使用手机，具有很强的反侦察能力。近年来，最常出现的网络赌博组织是境外的赌博公司在境内设立股东，由股东发展下级总代理，再由总代理招揽各地代理商、会员。这种代理式的赌博组织发展模式具有极大的隐蔽性，使得参赌人员的身份难以识别，为赌博案件的侦破审理提出更高的挑战。（详见图4－1）

（三）网络赌博犯罪国际化

互联网发展带来的便利也在网络赌博活动中得到最大应用，网络赌博犯罪突破了空间限制，犯罪分子只需要掌握互联网终端，便可以轻松掌握赌博情况，顺利实施赌博活动，随时随地开启赌博活动。我国网络赌博犯罪本身源于境外网站的渗透和操纵，而且随着近年来我国打击网络赌博犯罪的力度

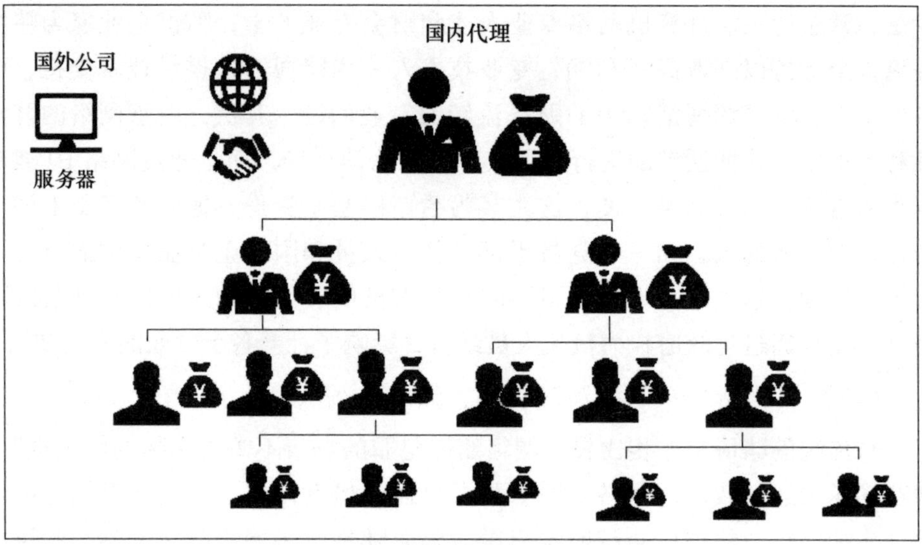

图 4－1 代理式网络赌博犯罪

加强，许多大型的网络赌博犯罪都利用境外对赌博犯罪打击的政策、法律差别以及监管上的缝隙，将网络赌博犯罪的服务器设在境外，以规避国内对网络赌博犯罪的侦查和打击，以逃避法律责任。如上述提到的广东破获 2.21 特大网络赌博案，幕后负责人通过租用境外服务器，在泰国设立赌博平台及其维护点。同时，在这一特大网络赌博活动中，还涉及菲律宾、我国台湾地区和我国香港地区等地。可见，由于网络的开放性，使得参赌人员具有国际化趋势的同时，作案地点也有国际化趋势。

（四）网络赌博犯罪链条化

通过近几年公安机关冻结和收缴的网络赌博资金方面来看，不仅其数额巨大，而且大量的赌资都是通过地下钱庄等一些非法金融机构转账、结算的。这不仅危及了我国的金融安全，而且也加剧了洗钱犯罪、地下交易的犯罪行为滋生。当前，网络赌博犯罪已形成了完整的链条，网络赌博犯罪以境外赌博网站或境内赌博网站为依托，向赌客提供服务，形成了赌博经纪人、网络支付公司、网络代理人以及各类赌客等形成的黑色产业链。[①] 赌博集团负责为赌客提供服务和技术支持，网络支付公司作为非法金融机构向赌客提供资金来源、资金结算和转账，而网络代理人负责开发市场，组建下级代理团队和

① 魏永华：《论我国网络赌博犯罪的现状及防治》，河北师范大学 2017 年硕士学位论文。

发展业务等。网络赌博犯罪从技术、组织、服务、金融结算以及业务拓展等方面形成了完整的体系，借助于网络技术，使得这些网络赌博犯罪的各个链条很难被发现和侦破。

第二节　网络赌博犯罪的防控

一、网络赌博犯罪屡禁不绝的原因

（一）赌博文化根深蒂固，拜金享乐主义助长发展

赌博作为一种社会文化现象，在我国已存续数千年之久。由于赌博将游戏与财物归属融为一体，带有很强的娱乐性、刺激性及逐利性，一直备受社会上一些人员的追捧。当前，各种类型的网络赌博犯罪在我国日益蔓延，它们严重影响人们的思想认识与价值判断。经过40多年的改革开放，我国的市场经济不断迈向成熟，取得了不少骄人的成绩，可是，在我们不断提高人民物质生活水平的同时，却忽视了对社会主义精神文明、市场经济规则的建设和完善，致使各种社会矛盾层出不穷，一些人希冀踏上一夜暴富的“风帆”，从此咸鱼翻生，过上丰衣足食的生活，“拜金”主义成为他们的信仰。正是在这种失衡的心理作用下，一些人面对网络赌博所谓“惊奇”的赚钱方式，自然是不可自拔、失去理智。

（二）网络赌博犯罪的立法缺位、失衡

目前关于规范网络赌博的立法仅有刑法中所设定的赌博罪、开设赌场罪及2005年最高人民法院、最高人民检察院联合发布的《最高人民法院、最高人民检察院关于办理赌博刑事案件具体应用法律若干问题的解释》、2010年最高人民法院、最高人民检察院、公安部联合颁布的《最高人民法院、最高人民检察院、公安部关于办理网络赌博犯罪案件适用法律若干问题的意见》的细化规定。可见国家层面对赌博犯罪的打击从未有所懈怠，但规范适用的法律效果却不尽如人意，对规范本身存在的缺陷性问题亟待考量。

首先，法律规范的可操作性不足，存在观赏性立法、缺失性立法。2006年颁布施行的《中华人民共和国刑法修正案（六）》将刑法第303条中开设赌场的行为从赌博罪中剥离出来，使之有别于聚众赌博和以赌博为

业而独立成罪。然而聚众赌博、开设赌场以及以赌博为业这三种行为在概念上存在着天然的交叉。从字面剖析可知，开设赌场的情形既可以包括聚众赌博的情形，也可以包含以赌博为业的情形，而开设赌场的行为目的主要是聚众赌博，聚众赌博的行为也可以是通过开设赌场的方式聚众，这就导致在司法实践应用中多适用开设赌场罪的条款，而聚众赌博、以赌博为业的行为几乎被束之高阁。同时，对于赌博罪中规定的“以赌博为业”本身带有严重的感情色彩，刑法上界定不清晰，难以认定其具体的客观行为，似是“喊口号”立法，其法律规定难以适用，在司法判例中均是以开设赌场罪认定。同时，随着互联网技术的日新月异，网络赌博、泛网络赌博形式也日益丰富，但现行法律规定却处于空白状态，如对于用虚拟游戏币进行抽奖活动的规制，“银商”将虚拟游戏币反向兑换人民币行为的认定。

同时，网络赌博犯罪的法定刑设定失衡，对潜在的网络赌博参与者威慑力不足。由于其参与的便捷性、参与人员的人数众多性、阶层丰富性，其涉案的投注金额往往动辄上千万元甚至是几亿元人民币，其引发的社会动荡极其巨大，造成的社会影响极其恶劣。然而按照刑法的相关规定，除开设赌场罪外，网络赌博犯罪的法定最高刑为 3 年，尽管 2006 年 6 月我国颁布施行的刑法修正案（六）将开设赌场的情形从赌博罪中独立出来，新设开设赌场罪，并将情节严重的开设赌场行为的最高刑罚幅度提高至 10 年有期徒刑。然而我们发现，较之开设赌场聚众赌博的危害性有过之而无不及，而按照我们现行刑法的规定，司法机关对于聚众赌博的犯罪行为仅处以 3 年以下有期徒刑。因此，对于赌博犯罪中的各种惩处幅度是有所失衡的，这不利于有效预防网络赌博案件的发生。

（三）网络赌博犯罪侦查、取证困难

由于网络本身的虚拟性、超时空性及网络赌博犯罪的过程环节的冗杂性，加之电子证据的脆弱性，致使网络赌博较之传统赌博更具隐蔽性与复杂性，给司法机关的侦查、取证工作造成了很大困扰。

首先，网络赌博犯罪具有强大的技术性和扩张性，使得涉案人员数不胜数、犯罪区域四分五落且涉案金额堆金积玉，尤其是整个赌博过程悄无声息地发生在形形色色的虚拟网络空间中，导致侦查机关需要付出大量的人力、物力、财力进行案件侦破及取证工作。

其次，网络本身为网络赌博犯罪套上安全的伪装外衣，电子数据不仅处

于不断变化中，且极易被篡改、销毁。目前，稍具规模的赌博网站常常注册多个域名，架设或租用多个赌博网站的服务器，并不断地更换着网站的固有域名及界面。这不仅不利于司法机关及时、有效地发现和查处网络赌博犯罪，还很容易让广大网民在毫无防备中陷入网络赌博的泥淖，甚至走上犯罪道路。同时，网络赌博犯罪的整个过程，无论是赌博网站的建立，还是注册账户，或是进行投注、赌资交割等操作基本上都是通过网络完成并且以电子数据的形式在虚拟空间中进行传递，并在电脑硬盘、服务器等设备中予以存储。由于这些电子证据与传统物证相比缺乏直观性、固定性且极易被修改、销毁，所以司法机关在对这些电子证据进行查证、提取及保存上也与传统物证有着很大的不同，在提取电子证据时，不仅要进行技术的提取操作，还要进行后期的数据保密维护，这无形加大了司法机关的工作量且提高了办案要求。

最后，网络服务器的海外运营构成网络赌博犯罪侦破的障碍，办案人员常常因为赌博网站的服务器位于海外合法的地区而无法及时取证，即便通过国际沟通协作查获了服务器，办案人员在面对服务器上海量的电子数据时也往往显得无所适从。

（四）网络赌博犯罪存在司法管辖权冲突的问题

当前，网络赌博的涉外情形越演越烈，这在无形中造成了国家司法管辖权冲突的现实状况。赌博是一种丑陋的社会现象，正如蒲松龄《聊斋志异》里所描述的，“天下之倾家者，莫速于博；天下之败德者，亦莫甚于博”，赌博不仅妨碍了社会的管理秩序，破坏了社会正常的公共秩序、生活秩序，还严重侵蚀了人们的思想，败坏了社会主义道德风尚，扭曲了人们的世界观、人生观、价值观，滋长不劳而获、投机侥幸的心理，且容易诱发盗窃、贪污、诈骗等其他犯罪，但是它对餐饮、旅游等行业产生的附带发展效应也不可小觑。目前国际上一些国家将赌博业作为刺激经济发展、带动就业的强心剂，积极立法赋予赌博及网络赌博相对程度的合法性，通过制定各种优惠措施招商引资，采取给予税费减免等方式来吸引赌博集团，如美国、俄罗斯、泰国、日本。我国大量网络赌博集团充分利用了各国对赌博业的不同态度及网络犯罪空间的无国界性等特征，将赌博网站的服务器分布在赌博合法化的国家如英国、菲律宾等国，然后在境内招募不法分子从事代理，层层发展下线进行网络投注赌博。各国为了维护本国的利益，极力争夺管辖权，纷纷采取立法或司法判例的方式确立属地管辖扩大本国的管辖权范围，造成各国间的管辖权冲突。

二、网络赌博犯罪的防控

网络赌博犯罪是赌博犯罪的新形式，网络赌博活动更加隐蔽，资金流动也更加快捷，社会危害性巨大。在公安机关的大力打击下，网络赌博犯罪尽管取得了一定成效，但网络赌博犯罪的数量仍在持续快速增长，网络赌博犯罪涉及的金额、范围和人员都在扩大。网络赌博犯罪的特性决定了其仅仅靠单独部门机构的力量难以从根本上管控网络赌博犯罪的发生，应当充分发动社会监督力量，积极构建全社会参与，全方位、立体式地打击网络赌博犯罪的长效机制。

（一）弘扬践行社会主义核心价值观

1. 以社会主义核心价值观为引领，营造良好社会风气

从提升民族和人民的精神境界看，核心价值观是精神支柱，是行动向导，对丰富人们的精神世界、建设民族精神家园，具有基础性、决定性作用。① 当前，我国的改革进入深水区和攻坚期，改革不仅要消除各类社会矛盾使人们平等享受改革发展的成果，还要积极进行健康良好的精神文明建设。其中，构建和谐的网络文化是应有之义，要深入推进社会主义核心价值观建设，从社会实际生活出发，宣传科学精神、科学理论，弘扬社会正气；要积极推动网络道德建设，深入持久地开展文明办网、文明上网活动，净化网络空间，营造良好的网络运营环境；要积极引导网络技术开发人员、网络维护从业人员和广大网络民众树立法治意识，大力宣传网络赌博犯罪危害的相关内容，提高广大网民对网络赌博犯罪的分辨能力，培养网民自觉抵制引诱赌博的有害信息，将网络赌博活动的渗透能力降到最低。另外，要用社会主义核心价值观教育人民、引导人民，使人们树立正确的价值观和世界观，让人们自觉摆脱物质至上、拜金主义等腐朽思想，使网民保持高尚的道德情操，让互联网为传播先进文化提供有力支持。通过社会主义核心价值观弘扬社会正气，营造良好的社会风气和网络环境，从根本上减少和消除网络赌博犯罪的侵蚀和渗透，从而为实现中华民族伟大复兴的中国梦奠定基础。

2. 以舆论宣传为先导、普法宣传为核心，提醒公民远离网络赌博

所有事后对违法犯罪行为进行的惩罚震慑永远无法企及公民自身醒悟放

---

① 张亮、熊道泉：《网络赌博犯罪的网络警务研究》，载《中国公共安全（学术版）》2010 年第 1 期。

弃犯罪所生社会效应的优益性，让网络赌博组织成员和赌徒不愿意去赌博是从根本上、源头上进行赌博犯罪防控的最佳途径。首先，需要加大舆论宣传，让广大网民认识到网络赌博的危害性和禁赌的意义。政府宣传部门、社会组织、社会新闻媒体应积极强化道德教育，使得人们从思想上认识到网络赌博是一种投机行为，一夜暴富是一种腐朽思想；让网络赌博人员认识到赌博行为会对自己、家庭、社会产生深刻的危害，从根本上认识到网络赌博犯罪是百害而无一利的行为。其次，在舆论宣传的基础上大力进行法律知识宣传，提高公民的法律意识，要积极培育网民知法、懂法、守法、用法的水平，不断提高网民的法律意识，让网民自觉行动，反对赌博。在充分发挥人民群众打击网络赌博犯罪作用的同时，彰显社会主义核心价值观和社会主流价值观念，使得合法的行为、正确的行为受到鼓励，违法的行为、错误的行为受到处罚。

（二）健全法治，构建完善的打击网络赌博犯罪的法治体系

1. 完善立法，实现对赌博犯罪的全面规范

实施依法治国，建设社会主义法治中国，是我国建设富强民主文明和谐的社会主义现代化国家的重要目标之一。运用法治手段规范社会行为、调节社会关系、打击犯罪行为是最佳和最直接的手段，打击网络赌博犯罪以完善的立法为前提。正如上文提到，目前我国对于网络赌博犯罪的立法规范存在混乱、空白等问题，无法实现对赌博犯罪的全面有力打击，致使网络赌博犯罪活动此起彼伏。因此，打击和防范网络赌博犯罪需要立足于司法实践，结合当前网络发展的趋势、网络赌博犯罪的态势以及社会主义法治理念，制定出能够适应社会变革以及网络赌博犯罪趋势的法律规范。同时，现行刑法对赌博罪设定的刑罚幅度失衡，而网络赌博犯罪能够迅速带来巨大的犯罪收益，这种畸低的犯罪代价促使许多犯罪分子不惜铤而走险，提高网络赌博犯罪的犯罪代价即法定刑幅度势在必行；另外，要以法律形式明确网络赌博的界定、程度及量刑标准，明确在具有严重社会危害性的网络赌博案件中要加大单位参与者及主要犯罪人的处罚力度，以对犯罪分子和犯罪集团形成强大威慑。

2. 提升执法，提高对网络赌博犯罪的打击范围和打击力度

公安机关要在强化主体意识、责任意识的基础上提升执法水平，提升案件的侦办能力，加大对网络赌博平台管控，有效切入打击网络赌博犯罪；加大对大数据的利用，高效揭露网络赌博活动，提高网络赌博犯罪的打击效率，同时减小打击错误率。强调对大案、要案、跨国案的打击力度，对社会危害

性巨大的网络赌博犯罪绝不姑息，将开设赌博网站和赌博网站的高级代理等主要成员、为赌博网站提供互联网接入及服务器技术支持的技术人员、为网络赌博提供支付结算的个人和单位作为网络赌博犯罪打击的重点。同时，应当充实网络警察队伍，提升对网络专项技术的处理能力，以更专业、精准的方式完成对网络赌博犯罪的侦查取证，更好地实现对网络赌博犯罪的全面有力打击。

同时，构建同部门、多部门协作联合打击的机制。当前网络赌博犯罪组织人员或代理人、技术人员相对分散，会员遍布全国，甚至涉及境外人员。同时，赌博活动的完整实现依靠多个环节配合，其所涉及的领域相当广泛，网络平台提供赌博场地、通信平台提供便利的联络、银行及第三方支付机构提供赌资结算服务。因此，在打击网络赌博犯罪过程中，我们要加大同部门、多部门的协作力度。首先，公安部门要加强办案力量，集合技术侦查、治安、网络监控等部门的力量；同时，在案件办理过程中要积极进行地区间的工作配合及信息共享，树立协作作战的意识，充分利用这些部门的力量和优势，广泛收集与案件相关的各类信息。其次，加大与电信、银行、网监等部门的合作。电信和银行等部门掌握着犯罪集团的资金流向、人员流动情况，只有加大与这些部门的合作，才能积极制定应对之策，打击网络赌博犯罪。网监部门对犯罪集团的网址、上网规律以及操盘规律的掌握较为准确，公安部门只有加紧与网监部门的密切合作，确切了解网络赌博犯罪活动的动态，才能对整个网络赌博活动进行侦查和监控，进而有助于查处网络赌博犯罪活动；银行部门掌握着赌资的来源和流向，公安部门只有加紧与银行部门的密切合作，才能顺利实现对犯罪人员犯罪证据的收集及对非法资金的没收、对犯罪人员的惩处。

实践中，许多网络赌博案件往往具有跨国的情形，一般而言，赌博集团、网站服务器在国外，网络代理人和参赌人员在国内①是网络赌博犯罪的运作方式，这种方式使得网络赌博犯罪打击难度大、追缴赃款难，积极加强国际合作势在必行。但“由于赌博行为本身的复杂性，世界各国和地区出于历史传统或经济政策的考虑，在法律上对赌博行为的评价态度不尽相同”②。另外，各国（地区）司法管辖权方面存在着严重的不同，使得打击网络赌博犯罪还

① 张志强、陶春和、罗俊、唐雨：《通过追踪资金链打击网络赌博犯罪》，载《信息网络安全》2009 年第 11 期。

② 潘妍：《赌博罪的若干问题研究》，黑龙江大学 2009 年硕士学位论文。

存在着诸多分歧争议问题。因此，可以通过积极完善和推进双边、多边协定，强化国际交流，积极构建刑事侦查合作机制。

（三）完善管控方式，构建全方位监管机制

1. 构建以公安机关为主的网络赌博犯罪监管体系

网络赌博犯罪的涉案人数众多，传播迅速、隐蔽性较强，加强对网络赌博活动的监管是防范和打击网络赌博犯罪的有效措施。除了公安机关应发挥监管作用外，应充分发挥各级党组织、社会团体对党员、群众的思想政治教育作用，牢牢掌握本单位人员的思想状况，对本单位人员出现的网络赌博活动要及时纠正，发现重大情况及时报警处理，杜绝网络赌博犯罪在社会普通成员之间蔓延。同时，积极发挥社区对居民精神文化生活的引领作用，利用社区人员相对稳定的优势，积极排查，对涉嫌参与网络赌博犯罪的行为人给予批评教育，对于触犯法律的行为，要及时通过法律途径解决。另外，在预防和打击网络赌博犯罪中，网络平台、支付平台、普通网民也要积极发挥监督作用，对网络赌博行为实时监控，发现非法赌博行为及时检举。致力构建一个全方位、立体式的监控打击体制，使得网络赌博犯罪曝光在大众视线中而毫无生存空间。

2. 落实网络平台的监督责任

随着信息技术的广泛普及，人们的生活、工作、娱乐呈现了数字化和信息化，各种社会活动被网络所辐射。网络游戏、微信、支付宝及各类休闲娱乐网站等，这些网络平台成为人们现实生活中的一部分。当然，随着网络的普及，许多不法分子开始企图利用这些网络平台实施犯罪活动，如通过网络游戏实施赌博，通过微信红包、支付宝红包实施赌博等现象日益严重。为了打击这些犯罪活动，许多网络平台纷纷发挥作用，采取关停账号、解散聊天群等措施，尽管如此，网络赌博在网络平台上仍然是有增无减，落实网络平台的监督责任刻不容缓。首先，以法律形式明确网络平台责任，明确网络平台在防治网络赌博犯罪中所应尽到的法律义务，同时在现有法律规定的网络平台的社会责任之外，平台企业要在力所能及的范围内积极配合有权机关查处网络赌博责任人。平台企业要通过线下线上多种方式向平台用户和社会公开宣传反对网络赌博的理念，进行风险提示，引导平台用户的行为向健康方向发展。其次，网络平台要强化监管责任，在维护公民个人隐私和言论自由的前提下，积极强化审核工作，并对可疑用户进行监控，但值得注意的是，要避免因打击网络赌博而置个人合理自由和权利于不顾。最后，建立激励机制，调动网络平台在参与打击网络赌博的积极性、主动性，将合法平台企业作为打击网络赌博犯罪的非官方力量，使网络赌博犯罪因“缺氧”窒息而亡。

3. 规范支付平台的监测管控机制

互联网犯罪必须依靠现代技术手段加以预防和打击，加大技术手段对网络赌博犯罪的预防和控制是应有之义。赌博活动的核心目的在于获得高额回报，而网络赌博的赌资流通，其主要途径必然经过银行、第三方支付机构。因此，对赌资交易行为有效监控就能实现以“回溯”的方式及犯罪不能的方式对网络赌博有效查处和控制。一方面，要督促规范支付平台及时发现网络赌博线索，排除可疑的赌资流通账户，建立赌博网站账户黑名单制度，建立监督回访机制，建立账户黑名单制度和异常交易信息监测机制等，防范不法分子利用银行支付结算平台从事赌博等非法支付业务。另一方面，要指引规范银行禁止利用信用卡等在网上进行赌博支付活动，建立不得为赌博网站提供网上支付接口、禁止境内居民使用银行卡或者通过银行账户向境外赌博网站账户支付赌资的制度规范。

第五章

网络涉黄犯罪

2018年8月，浙江省嘉兴市破获一起特大跨境网络传播淫秽物品牟利案，国内最大代理商也被抓，日均销售额高达15万元。据统计，截至案发，犯罪团伙已利用网络平台成功发展代理1.6万余人，观看会员达350多万人，涉案金额超过2.5亿元。

2018年3月，浙江省嘉兴市网警部门发现有人在论坛、微信和QQ群里推销一款名为“MAX”的手机软件，只有在获得卡密后才能进入该平台，而要获得卡密，首先得付费成为会员。进入该平台直播模块后看到的则是一场色情表演，且其黄播平台竟多达117个。后经过4个月的努力，跨越柬埔寨以及国内20多个省份，4.05专案组终于将此案破获，抓获200余人，144人被刑拘；手机、电脑、20多台远程勘验境外服务器、1.5TB的电子数据等全部被扣押，主犯陈某、周某、郭某在内的18人全部被押解回国。

尽管近些年来，我国对网络涉黄的监管力度不断加大，监察部门不断扩增，但一些隐蔽性较高的小型直播平台仍不在少数。这类服务依然形成了一条巨大的黑色产业链，自上而下分工明确，老板、主播、客服、宣传等。而这次浙江4.05特大跨境网络传播淫秽物品牟利案的破获在涉黄规制问题上具有空前重大的意义，是全国侦破的最大的一起利用互联网直播的形式进行的涉案范围广泛，涉案金额巨大的传播淫秽物品牟利案。

第一节　网络涉黄犯罪的识别

一、网络涉黄概述

（一）网络涉黄的定义

查阅相关资料发现，1894年，英国创刊了一本杂志，其名为《黄杂志》。

这一杂志偶尔也会出现一些成人情节的内容用来吸引人们的眼球。1895 年，英国剧作家王尔德因为同性恋的缘故被捕。据当时的报纸报道，王尔德被捕时，其胁下正夹着一本《黄杂志》。就这样，《黄杂志》的名誉大大受到伤害。但其实王尔德被捕那天，胁下的书是《爱神》，碰巧这本小说和当时法国许多廉价小说一样，其封面也是黄色的，故而被称为“yellow book”。这种小说的内容具有低俗的成分，加之其封面是黄色的，故而人们将其与低俗联系起来。就这样，随着时间的发展，黄色成了低俗、情色等的代名词。与此同时，加之报纸的推波助澜，加固了人们的这种习惯性联想，久而久之，黄色便具有了色情、淫秽这种意思。1988 年 12 月 27 日，新闻出版署发布了《关于认定淫秽及色情出版物的暂行规定》。这是第一次全面对“黄”进行的界定，且持续到现在依然有效。

互联网是指将计算机网络互相联接在一起的方法，可称作网络互联，在这基础上发展出覆盖全世界的全球性互联网络称为互联网，即互相连接的网络结构。根据《淫秽信息解释（二)》，本解释所称网站，是指可以通过互联网域名、IP 地址等方式访问的内容提供站点。

网络涉黄即是指以互联网、因特网、万维网等全球性的共通网络为媒介，建立淫秽网站、网页，并提供淫秽站点链接服务等方式传播、共享色情、淫秽信息，且以色情直播、色情小说、色情游戏、网络招嫖等形式存在及储存的，破坏社会公序良俗，破坏社会主义管理秩序的行为。

轰动一时的快播案为网络涉黄的典型案例之一。2013 年 11 月 13 日，多家网络视频网站联合发出声明，矛头直指快播公司等网络视频网站传播盗版视频。几天后的北京市公安和版权部门在执法检查中查扣快播公司的 4 台服务器，经鉴定，仅该部分服务器就存储 3000 多部色情淫秽视频。2014 年 4 月 22 日，深圳警方对快播展开深入调查，表示快播涉嫌传播淫秽信息，至此，快播公司涉嫌传播淫秽视频案进入公诉阶段。2016 年 1 月 7 日和 8 日，海淀区人民法院公开开庭审理此案，且以网络直播的形式将整个庭审过程公之于众。本案快播上诉阶段争议焦点为 3 个：市场监管局是否享有执法权；市场监管总局认定快播侵犯腾讯网络传播权并侵犯了公众利益是否有法律依据；对快播的处罚金额是否过当。

（二）网络涉黄的特征

1. 涉黄信息传播、检索方式简便

在传媒技术不够发达的年代，信息传播的方式、速度、成本等都受到限制，且传统的广播、电视和报纸等大众传媒由于大多由政府和大型企业控制，其可控性和秘密性等都相对简单。而网络的出现对信息传播而言，其影响无疑是革命性的。在网络里，信息接收者只需要通过搜索引擎就可以轻松检索到大量的色情网站。目前存在通过手机网络进行招嫖信息的扩散，通过手机客户端进行散播黄色信息等方式。虽然我国近些年对此进行了大力的打击，但仍有不少数据隐藏在其中，比如，通过微博注册僵尸用户，在各个流量博主下评论色情网站等信息达到传播的目的等。甚至有不少网络使用者“翻墙”① 到外网上检索“黄色”信息。

2. 网络中信息发布者的准入门槛低

如今高度普及的互联网使得绝大多数的家庭都能在网上“冲浪”，这使得使用互联网变得近乎零门槛，仅需要一个 IP 即可发布任何信息。在一些色情网站上，淫秽信息发布者甚至只需要通过手机号码注册账号即可发布任何图片和视频，而这些网站并不会对手机号码的真实性进行审查，微博亦是如此。极低的准入门槛是造成互联网风险显著提高的关键因素，互联网涉黄就是其中一个必然结果。

3. 网络涉黄隐匿性高，发现极其困难

在大多数情况下，网络还是实行匿名制的，使得信息传播者不易追查。且在网络世界里，使用者一般不使用真实姓名，取而代之的是 ID 账号或者昵称。这使得在现实生活中彬彬有礼的人在网络这个匿名环境下变成衣冠禽兽。在大数据时代，绝大多数网站都想靠获取用户数据信息来获取利益，这促成了几乎所有的信息交流网站均采用手机注册登记制。如此看来，仅用一部手机，一条验证短信就能完成几乎所有的准入门槛。而这个手机号码可以是任何途径获取的、比如捡取、窃取、骗取等方式得来的非本人真实身份登记的号码。

4. 网络涉黄的危害巨大

网络淫秽色情的危害甚重，过度浏览淫秽色情信息将使人产生扭曲心理，失去了对外界事物的兴趣，同时内心在不停地谴责自己的行为，使得在日常生活交际当中极易产生自卑、自闭心理。对青少年来说，大量接触淫秽信息将严重影响学习，不能集中注意思考，浪费学习工作时间。严重的将影响正

---

① 所谓“翻墙”，是指绕过相应的 IP 封锁、内容过滤、域名劫持、流量限制等，实现对网络内容的访问。境外公司曾发布几款突破网络封锁以访问海外敏感网站或邮件的翻墙软件。

常的交流能力，尤其是跟异性相处时，时常会不自主地产生龌龊想法，导致心生芥蒂，逐渐远离人群。更甚的则会诱使犯罪的发生，严重扰乱社会治安。

（三）网络涉黄的呈现形式

1. 色情网站

网络涉黄的呈现形式，首先是色情网站，也称黄色网站，是网络淫秽的最初形态，是指传播淫秽、色情等信息的内容网站。由于色情信息对未成年人身心健康有害，因此在很多国家受到管制。在中国，黄色网站是非法的，传播淫秽和色情内容需要被追究法律责任。有的网站虽然整体上不是淫秽的，但其中一部分有淫秽的内容，对普通人特别是未成年人的身心健康有害，缺乏具有艺术价值和科学价值的文字、图片、音频、视频等信息内容，拥有这些信息的网站也属于色情网站。黄色网站仍占互联网涉黄的第一大比例，其主要的特点是内容丰富、方便检索、传播简便。目前大概分为两大类色情网站：第一类，建立黄色网站进行招嫖，即通过建立网站，将卖淫女的照片和联系方式在网站上公布，介绍卖淫女从事卖淫活动，从中赚取卖淫费用，甚至多数为“仙人跳”①。第二类，通过网站提供色情电影、图片供人下载，牟利或不牟利的行为，在色情网络犯罪中，该类行为最为普遍。

2. 色情直播

直播是指广播电视节目的后期合成、播出同时进行的播出方式。② 网络媒体自身还没准确概括出网络直播的定义，不妨参照传播学及电视现场直播的概念给网络直播下个简单的定义：在现场随着事件的发生、发展进程同步制作和发布信息，具有双向流通过程的信息网络发布方式。通过网络信号，在线收看球赛、体育赛事、重大活动和新闻等。提供网络直播的平台更是多种多样，如斗鱼直播、虎牙直播等。色情直播是指在一些隐蔽的直播平台中提供色情直播的服务，利用所谓网红③主播进行色情表演牟利。

近期，湖南岳阳监管部门查获了一个叫“狼友”的色情直播平台。短短3个月的运营时间内，该平台就吸引了17万余人注册，平台浏览量达数百万余次，涉案金额超千万元。其隐蔽性非常高，为躲避监管，直播平台运营1

① “仙人跳”代指一种利用猎艳心理给人设计圈套，骗人钱财的行为。

② 赵玉明、王福顺主编：《广播电视辞典》，中国传媒大学出版社1999年版。

③ 网红，即网络红人，是指在网络中受网民追捧而走红的人。

个月就更名。

据其官网介绍，岳阳隆顺网络科技有限公司是一家集手机游戏软件开发、推广与运营的综合性网络科技有限公司。但在调查中发现，从 2018 年 5 月开始，这家公司非法上线运营直播平台，最初的名字叫作“狼友”，运营 1 个月之后即更名为“梦幻”。根据线索，岳阳警方迅速锁定了涉黄直播平台的运营者王某刚等人，并将其抓捕归案。

王某刚称，这套“狼友”直播系统并不是他们自己开发的，而是从浙江杭州的金麒麟有限公司购买的。在收取了 4 万元费用后，这家公司将一套完整的直播系统交到王某刚手中。

3. 网络招嫖

网络招嫖是互联网盛行时期发展出来的一种新型卖淫嫖娼方式。其常见形式有两种：第一种方式是通过色情网站、聊天客户端等工具发布卖淫者照片及联系方式，在大数据时代的背景下，个人定位使得人们毫无隐私可言，色情网站通过技术定位到嫖娼者所在省市及具体位置，将该地区的卖淫信息发布于其可见之处，引诱其“上钩”，双方联系之后进行卖淫嫖娼活动。第二种方式是以敲诈勒索为目的散布卖淫信息，诱使受害者进入预定场所对其进行敲诈勒索，即所谓“仙人跳”。此两种方式都极为隐蔽，网站刷新、删除信息的速度极快，使得侦查行为几乎成为不可能。

4. 有偿售卖

随着互联网科技的发展，传统的色情网站因严格的网络管控已经实现了一定的控制，由此产生出了新的传播淫秽视频、图片的方式，即通过即时聊天客户端，如微信、微博等进行有偿售卖。购买者通过发布者发布的信息与其取得联系，向其转让一定的资金以购买淫秽视频或图片。正如本文开头所述，有偿售卖亦是一条巨大的黑色产业链，巨额的黑色收入使得不法分子跃跃欲试。

5. 色情游戏

色情游戏是指在存有淫秽色情视频或图片的游戏。通常是指在游戏过程中，通关后展示裸露图片及视频以奖励玩家，有的则是通过裸露的游戏角色模拟淫秽动作、色情片段等。在美国，由于分级制度的存在，色情游戏可以堂而皇之地摆在货架上公开销售。在日本，色情依然成为一种产业来经营，法律没有明文规定禁止色情游戏的生产，但是对色情游戏的售卖仍是有年龄限制，然而一些金钱至上的不法商贩仍然进行大量的盗版，导致色情游戏泛滥。

（三）网络涉黄的针对人群

网络涉黄针对的主体多为经常性上网的青少年，甚至有大量未成年人涉及其中。据估计，中国网民中未成年人至少达到5000万人，约46%的未成年人深陷色情网站中。未成年人的心智处于发育阶段，尚未形成固化、完善的价值观、世界观、人生观，在此阶段接受大量的淫秽色情信息将对其健康成长造成巨大的困扰。尤其是如今对于网络涉黄情况的监管制度还不够完善，相关惩罚措施的严厉程度不足以震慑不法分子，使得网络涉黄的人群在进一步扩张。

二、网络涉黄的社会现象分析

（一）从经济角度对网络涉黄产生的必然性进行分析

市场经济的开放性和价值观都对网络涉黄的发展起到了一定推动作用。市场经济是一种通过市场推动生产要素流动和促进资源优化配置的经济形态。且此种经济形态相对比较开放，互联网亦如此，每个人都有追求经济的权利和方式，在互联网普及之初，对淫秽方面的管控力度不足，导致出现了很多利用网络涉黄进行牟利的途径，基本形成了最初的网络色情的形态。从价值观来看，网络的普及不仅发展了生产力，同时在更深层次上对人们的思维方式和价值观念进行了改变。过分注重物质利益就是其原因之一，传统的价值观念讲究知足常乐，随遇而安，而在互联网这一巨大经济体的冲击下，人们的观念逐渐变成“金钱至上”“有钱就拥有一切”的唯金钱主义。这使得人们对于一夜暴富的渴望日渐强烈。从根本来看，从事色情网络服务的经营者最终目的为汲取利益，此为涉黄现象逐渐严峻的根本原因之一。网络色情在传播途中将产生巨大的经济链，加之其极其快速的扩散作用，极易在短时间内形成一个庞大的色情收费网络系统。色情网站如何营利一直为大众所困惑，下文将对其进行展开分析。

色情网站分为两种：收费端和不收费端。其中第一类收费网站主要收入来源于用户充值的会员费，用户通过缴纳会员费可以在该网站不限次数、不限时间的浏览淫秽视频、图片等。第二类是免费色情网站，此类网站收费系统比较复杂，分为3种，第一种为限时免费，如一段长达两小时的淫秽视频，未付费用户可以浏览部分不完整的视频，缴纳费用之后才可观看完整视频；第二种是限制清晰度，如缴费会员用户可以浏览高清视频，而不缴费用户则只能浏览非高清视频；第三种是色情直播平台会给每一位主播设定目标金额的权利，主播自己分别设定金额，当用户送出的虚拟礼物达到预设金额时主播即开始淫秽表演，直播平台通过用户送出的礼物汲取一部分利润。

（二）从文化角度分析网络涉黄的成因

文化因素是导致网络涉黄盛行的关键因素。人是有思想会思考的动物，包括犯罪行为在内的人类行为，归根结底，均为文化的产物。所谓犯罪的文化原因，是指触引、促发主体实施犯罪，从而与犯罪现象具有因果关系，作为构成主体生存与活动的外部文化背景的诸因素及其过程。[①] 第一，文化冲突是导致网络涉黄问题的关键因素，西方对于“性”的开放程度远远大于我们，如美国早在1968年就由杰克·瓦伦蒂创立了影片评级，虽和现今的电影分级制度有所出入，但不可否认的是美国对色情的系统认识要比我国早很多，且在处理方式上面也与我国的压倒性地毯式“扫黄”相去甚远。由于互联网的普及，对尚未对外来文化差异所产生的冲突做好准备的中国互联网掀起了对网络色情的一片哗然。文化传播导致文化冲突，文化冲突演变为具体的社会规范与行为规范的冲突，进而导致犯罪；文化变迁与社会变迁的规模、强度成正比，其所带来的犯罪率、犯罪规模亦成正比。第二，犯罪亚文化，所谓犯罪亚文化是指犯罪亚群体在犯罪活动中逐渐形成并予以信奉和遵守的，与主文化相对立的价值标准、行为方式及其现象的综合体。[②] 如暗语、文身，以及帮派符号、手势等非语言符号。犯罪亚文化常常反映了其成员的畸变、歪曲的心理要求，促使其在此状态下产生一种以对抗社会主流文化为动因的行为，且此种动因会源源不断地赋予其行为合法化，从而也可称其为心理自卫。

第二节　网络涉黄犯罪的防控

一、我国网络涉黄的立法现状

（一）法律及司法解释

我国有关涉黄淫秽的法律条文规定较少，刑法第6章妨害社会管理秩序

---

① 许章润主编：《犯罪学（第二版）》，法律出版社2004年版。

② 塞林的文化冲突理论（culture conflict theory）。

罪第9节规定了制作、贩卖、传播淫秽物品罪，具体规定了以牟利为目的，制作、复制、出版、贩卖、传播淫秽物品的，处3年以下有期徒刑、拘役或者管制，并处罚金；情节严重的，处3年以上10年以下有期徒刑，并处罚金；情节特别严重的，处10年以上有期徒刑或者无期徒刑，并处罚金或者没收财产。为他人提供书号，出版淫秽书刊的，处3年以下有期徒刑、拘役或者管制，并处或者单处罚金；明知他人用于出版淫秽书刊而提供书号的，依照前款的规定处罚。以及对传播淫秽的书刊、影片、音像、图片或者其他淫秽物品进行了具体规定。同时还规定了向不满18周岁的未成年人传播淫秽物品的，从重处罚以及单位犯本罪的相应处罚措施。

《中华人民共和国治安管理处罚法》第68条规定："制作、运输、复制、出售、出租淫秽的书刊、图片、影片、音像制品等淫秽物品或者利用计算机信息网络、电话以及其他通讯工具传播淫秽信息的，处十日以上十五日以下拘留，可以并处三千元以下罚款；情节较轻的，处五日以下拘留或者五百元以下罚款。"对违反第68条的规定，屡教不改的，还规定了按照国家规定采取强制性教育措施。

2004年，最高人民法院和最高人民检察院联合发布了《淫秽信息解释（一)》，确定了针对淫秽电子信息的具体入罪标准，比如，淫秽电子信息的点击量需要满1万次以上；视频文件20个以上，音频文件100个以上；淫秽电子信息网站注册会员达200人以上等的具体要求。这个司法解释目前是我国对网络色情淫秽的制裁的重要法律文件。

除此之外，2010年，最高人民法院和最高人民检察院联合发布的《淫秽信息解释（二)》加大了规制力度，规定了以牟利为目的，利用互联网、移动通讯终端制作、复制、出版、贩卖、传播内容含有不满14周岁未成年人的淫秽电子信息，具有下列情形之一的，依照刑法第363条第1款的规定，以制作、复制、出版、贩卖、传播淫秽物品牟利罪定罪处罚：制作、复制、出版、贩卖、传播淫秽电影、表演、动画等视频文件10个以上的；音频50个以上；图片、文章等100件以上的；实际被点击数达到5000次以上的等。

2017年11月，最高人民法院联合最高人民检察院发布的《最高人民法院、最高人民检察院关于利用网络云盘制作、复制、贩卖、传播淫秽电子信息牟利行为定罪量刑问题的批复》指出：（1）对于以牟利为目的，利用网络云盘制作、复制、贩卖、传播淫秽电子信息的行为，是否应当追究刑事责任，适用刑法和《淫秽信息解释（一)》《淫秽信息解释（二)》的有关规定。

(2) 对于以牟利为目的，利用网络云盘制作、复制、贩卖、传播淫秽电子信息的行为，在追究刑事责任时，鉴于网络云盘的特点，不应单纯考虑制作、复制、贩卖、传播淫秽电子信息的数量，还应充分考虑传播范围、违法所得、行为人一贯表现以及淫秽电子信息、传播对象是否涉及未成年人等情节，综合评估社会危害性，恰当裁量刑罚，确保罪责刑相适应。

（二）行政法规及部门规章

国务院1996年颁布，1997年修正的《联网暂行规定》第13条规定："从事国际联网业务的单位和个人，应当遵守国家有关法律、行政法规，严格执行安全保密制度，不得利用国际联网从事危害国家安全、泄露国家秘密等违法犯罪活动，不得制作、查阅、复制和传播妨碍社会治安的信息和淫秽色情等信息。"

2002年，国务院公布的《互联网上网服务营业场所管理条例》规定了一系列有关互联网上网服务营业场所的具体规定。如第14条规定："互联网上网服务营业场所经营单位和上网消费者不得利用互联网上网服务营业场所制作、下载、复制、查阅、发布、传播或者以其他方式使用含有下列内容的信息……（七）宣传淫秽、赌博、暴力或者教唆犯罪的；……"

2000年，国务院新闻办公室、信息产业部发布《互联网站从事登载新闻业务管理暂行规定》，其第13条规定，互联网站登载的新闻不得含有散布淫秽色情的内容。

二、网络涉黄问题的处理以及完善

随着互联网发展的不断加快以及应用范围的不断扩大，如何以法律的视角规制网络涉黄成为立法的重要组成部分。从上述法条分析可见，目前我国对该方面的法律规定过于抽象化，尤其对一些具体涉黄形式以及惩罚的机制缺少具体化规定，不足以对其做到更深层次的规制。这就需要对如何把控以及法律规制的方式进行探讨。

对互联网涉黄问题进行规制是符合社会主义核心价值观的，是中华民族公序良俗的体现。互联网时代的信息几乎毫无保留地、迅速地在网络中传播，如果对其涉黄信息不加以规制，将会对网络秩序造成极大的危害，尤其是对青少年以及未成年人的身心健康以及未健全的价值观念。基于缺少相应的具体法律法规规制，在制定法律规范前必须经过充分论证。难度在于如何把控规制力度，做到精准打击，遵循比例原则，打击的力度需要结合实际以求顾全大局。最重要的因素之一是要精准界定涉黄的定义，以及其带来社会危害性的界限点，如电影分级制度、未成年上网监控的措施等，有所筛选的禁止与打击，切不可不分界限的地毯式打压。

（一）加强立法规制

立法作为最高层次的规制级别，在规制网络涉黄方面应起到把控大方向以及具体的惩罚机能。在现有法律基础上，为适应网络发展，不断更新法律法规以适应新情况。首先，应增加对涉黄行为的具体界定，补充现有法律尚未纳入规制的网络涉黄行为。将网络犯罪罪名体系化，将网络犯罪作为一个专门章节予以规定。其次，刑事司法活动标准化：对涉黄网站、淫秽直播的影响范围、涉案人数、违法所得、传播或转播的次数进行计算，结合司法解释精准定罪。网络色情直播不能按照传统的违法所得标准进行计算，因其存在流量、点击量、虚拟货币等不可直接转化的形式。最后，对违法的责任主体应当严厉处罚，禁止其在一定期间内从事互联网领域的行业，对平台经营人亦采取相应的惩罚措施。

（二）从行政与刑法的结合方面入手改善互联网涉黄的问题

在实践当中，往往存在一些不属于刑法规制的行为，但具有一定的社会危害性。在刑法不应当或不宜介入的时候，就需要发挥行政法律的作用，通过行政法律的规制来填补刑事惩治的空缺，以达到精准打击互联网涉黄的情况。例如，在微博上以小视频形式进行转载淫秽视频，没有传播行为，但其他用户可以主动获取，且数额未达到刑法构罪标准，行政立法可以对其进行规制，且处罚力度不宜过轻。亦可以由国务院牵头，制定有关互联网涉黄方面的行政法规，如在行政拘留的具体行为里面增加在互联网上传播、复制、贩卖、出租淫秽物品的相应处罚；在行政处罚的罚金方面将原来的处罚幅度升高以适应经济发展，达到更具威慑力的效果。

（三）从性教育方面入手改善互联网涉黄情况

从我国相关资料可以看出，浏览色情网站的主要是处于青春期的人群，且这部分人对性知识的匮乏以及对性认识的好奇导致了目前的形势，加强在青少年时期的性教育有利于这部分人树立正确的爱情观、人生观、价值观、两性观，一味禁止不可能抑制人们对未知的渴望，这是人的天性，青少年亦是如此。因为在正常生活中，一方面，“性”是繁衍后代的严肃事情，而人们对此却常常保持沉默，导致在性成熟的过程中缺少对性正确的认识。而另一方面，社会中确实存在着一些有关卖淫嫖娼的灰色产业链，在不断地与公序良俗抗争的同时给青少年造成了对性的歪解。“丹麦实验”证明了适度地对“性”文化合法化，人们对淫秽品产生了厌恶感，不断接触此类物品的人都普遍感到了无聊。同时性犯罪率下降，暴力侵犯妇女的犯罪也大幅下降。英国、瑞典等国家也采取了相应的放宽政策同样获得了类似的效果。①

此外，在性开放社会，青少年往往较早接触性教育，在一定程度上缓冲了从对“性”避而不谈到全面接触的突兀，而性压制社会则与之相反。我国的性教育程度远不及欧美国家，人们忌讳谈“性”，在出现裸露镜头时常紧闭双眼和捂住耳朵。过分的性压制和缺乏必要的性知识更会导致未成年人寻找替代品，色情读物顺势产生，而这些色情读物常常给未成年人带来不正确的引导，对未成年人的伤害更大。总体来说，色情品在一个性开放的社会对青少年的负面伤害远不及性压抑社会。

（四）从内容分级制度处罚，成立互联网分级协会

内容分级制度是一种类似于网络行业内部的一种自律行为，相较于法律的自上而下，从直接控制后果出发的法律规制，网络内容分级制度更为低成本、高效率，更能直接具体地规制网络涉黄当中的潜在风险和社会危害。内容分级制度应从最早的电影分级制度谈起。以美国为例，美国早在 1968 年，由美国电影协会（MPAA）主导的非官方的自愿性电影分级。从原来的四级制发展为至今的五级制，分级的标准是根据“性”和暴力镜头的出现次数、持续时间以及表现程度来裁定的。具体分级制度标准如下所示。

表 5－1 电影分级制度标准

G 级	大众级：适合所有年龄段的人群观看。	在主题、语言、“性”和暴力等方面没有会引起不快的内容；所有台词、用语都在日常通用语言的范围内。
PG 级	辅导级：建议在父母或监护人的陪伴下观看，可能有部分内容对儿童不宜。	基本没有性爱、裸体或吸毒镜头；恐怖和暴力场景较少，并被控制在适度范围内。

① 转引自李银河：《性文化研究报告》，江苏人民出版社 2003 年版。

续表

PG－13级	特别辅导级：13岁或以下儿童尤其要在父母或监护人陪同下观看，有些内容不适宜13岁以下儿童观看。	没有持续性的暴力场面，有少量裸体镜头，有时可能有部分吸毒镜头和粗话。
R级	限制级：17岁或以下观众必须由父母或监护人陪同才能观看。	有较多的性爱、暴力、吸毒等场面和脏话，父母被强烈要求先了解影片再决定是否陪同孩子观看。
NC－17级	特别限制级：17岁或以下观众禁止观看。	影片可能含有强烈的暴力、性爱、吸毒或者畸形变态内容。

网络内容分级也可参考电影分级制度来制定。分级制度之下可以制定更为具体的操作细则，首先，针对网络服务提供者，其可以在社交软件上采用特定黑名单和特定词语屏蔽的策略；其次，加强行业内的举报机制，建立健全举报奖惩制度，鼓励举报，从而打击网络淫秽。

可以由政府牵头，由各行业联合设立互联网内容分级协会。设立第三方社会监督组织的目的在于保证网络内容自由的同时，以社会群体的视角监察网络。互联网内容分级协会提供描述性的词汇，网络服务提供者自行检查网站是否包含这些词汇，据此生成一个文件，然后由用户浏览器进行内容控制参数的选择或设置模板，浏览器自动识别标记，根据用户的选择进行匹配相应等级的网站，对不相适应的网站予以禁止登录。

（五）可多范围启用鉴黄师，从资格审查制度方面着手控制涉黄源头

加强对网络服务提供者准入资格的审查，如社交平台应用软件开发者、网页提供者等，严格把控其发布网页及应用软件的资格。直播平台应严格审查主播的身份信息，对直播地址、直播方式、直播内容、直播时间等进行预先报备，同时定期审查每一位主播的直播内容，通过其行为举止判断是否涉嫌淫秽表演，一旦发现则立即封停直播间，并将证据提供给司法机关。同时需要对直播平台的使用者进行严格身份核查，必须使用身份证进行注册登记才能观看直播，对有些不符合未成年人观看但又不违法的直播内容限制未成年人观看。此手段的目的在于提升直播平台的准入门槛。同时严格限制社交平台的准入门槛，在社交平台上发布相应的信息时须提供真实身份证信息，对于不符合相应年龄的内容加以限制。虽然相关网监部门对网络涉黄的域名、

网址、网站的查处从来没有停止过，但是网络涉黄的数据化使得查处的对象范围极大，相关人力物力疲于应对。最近新兴的一种新职业——鉴黄师，作为专门识别网络图片、网络视频、网络域址是否属于涉黄的职业，他们每天会对成千上万条网络信息进行过滤，协助相关部门查处网络涉黄违法犯罪。这种鉴黄师既有公安机关的在职人员，也有其他机构的人士，还有第三方机关的工作者。事实上，网监部门应当建立起与第三方鉴黄机关的常态互动机制，将鉴黄工作外包，既可以减少网监部门的工作压力，又可以发挥社会机构的效用，形成多元化的网络涉黄违法犯罪的打击与惩治机制。

第六章

网络暴力犯罪

第一节　网络暴力犯罪的识别

一、网络暴力的基本范畴

（一）网络暴力的相关概念

1. 网络暴力的定义

网络暴力并非法律概念，它产生于互联网不断发展的过程中，是在互联网由一种单纯的信息传递工具向传播媒介和平台的身份转换过程中，由互联网用户参与制造信息而带来的一种暴力文化。

学界对于网络暴力的定义，在内涵和外延两方面存在颇多争议。有的学者认为，网络暴力属于网络舆论暴力：网民通过网络制造舆论，对他人进行道德审判和语言攻击，以及通过人肉搜索的方式曝光个人隐私等行为，形成多数人对少数人的意见压制，以网络语言攻击和人肉搜索为主要表现形式。[①]还有一部分学者认为，网络暴力是一种网络侵权行为：是一种多数人以网络技术为手段而进行的对受害者的名誉权、隐私权进行侵犯的行为，分为网上暴力与网下暴力，网上暴力包括在网上公布当事人隐私以及用语言侮辱、诽谤、攻击当事人等行为；网下暴力包括非法利用当事人私人信息，侵扰当事人及其亲友以及其他侵犯人身权及财产权的行为。[②] 还有部分学者认为，网络暴力是一种网络失范行为：网络暴力是一种作为行为施方的网络行为主体，以其隐蔽性、强制性、极端性和侵犯性的网络行为给行为受方造成实质性伤

① 周国平：《“网络暴力”何时休?》，载《中国信息界》2006 年第 13 期。

② 陈代波：《关于网络暴力概念的辨析》，载《湖北社会科学》2013 年第 6 期。

害的网络失范行为。[①] 还有学者采用风险社会理论将网络暴力定义为网络技术风险与网下社会风险经由网络行为主体的交互行动而发生交叠，继而可能致使当事人的名誉权、隐私权等人格权益受损的一系列网络失范行为。还有学者将网络暴力界定为，网民对当事人或者组织所实施的以制造心理压力为手段，迫使当事人或组织屈服的网络攻击性行为的总称。

综上所述，学者对于网络暴力有不同的定义，但相同之处在于都把网络暴力认定为发生于网络中的一种不恰当行为，没有人将网络暴力定义为一种网络正当行为；分歧主要集中在属概念的认定上，主要有网络暴力事件和网络暴力行为两种观点，在网络行为的认定上也有网络舆论暴力行为、网络侵权行为与网络失范行为之异。

2. 广义的网络暴力与狭义的网络暴力

网络暴力的狭义与广义之分，主要是在其外延上有所区分，狭义的网络暴力仅指网络语言攻击；广义的网络暴力泛指公民在网络上能够接触的暴力行为，诸如网络语言攻击、网络暴力文化、网络技术性暴力、网络盗窃和敲诈等。[②]

显然，狭义的网络暴力——网络语言攻击，已经不能完全概括现阶段的网络暴力现象，尤其是对于网络暴力文化方面的排除。网络暴力一词覆盖面其实很广，单从字面意思来讲，是网络中的暴力，但是狭义的网络暴力仅仅指语言上的暴力，而并不包括一般传统暴力实施的各种方式，并不像家庭暴力是简单地将暴力加之于家庭关系之中，与暴力是既特殊又一般的关系。网络暴力现阶段的一般解释，采用了狭义的解释方法，仅指网络语言攻击，实际上是不符合网络暴力发展现状的定义，所以，对于网络暴力的定义应采取广义的网络暴力定义，即公民在网络上能够接触的暴力行为。

采取广义的定义，首先，能够使网络暴力一词更加接近其字面含义，便于人们的理解和接受，狭义的网络暴力解释，实则浪费了网络暴力一词更加广泛的外延，对于暴力在现阶段互联网飞速发展背景下的各种变形，不具有适应性，相反，广义的定义就能恰如其分地概括这一系列的变异和发展，为网络暴力的研究以及治理奠定理论基础。其次，在互联网如此普及的社会背

① 路芳：《网络暴力定义探析》，载《新闻天地（下半月刊）》2010 年第 12 期。

② 施鑫：《犯罪场视域下网络暴力行为的控制路径》，载《哈尔滨工业大学学报（社会科学版）》2018 年第 1 期。

景之下，网络暴力除早已延伸到网络语言攻击、人肉搜索等行为之外，随着互联网的普及，网络暴力的表现形式更加多样，简单的网络舆论暴力不足以概括现阶段的网络暴力。而传统意义上的网络暴力将网络中的暴力文化传播排除在了网络暴力之外，但网络暴力文化又是互联网时代无法避免的，所以很有必要将网络暴力的外延扩大到网络语言攻击、人肉搜索以及网络暴力文化。目前来看，这种定义清晰地表达了网络暴力以制造心理压力为手段对被害人进行攻击，这是网络暴力区别于一般传统暴力的关键所在，同时，能够在合理范围内扩大网络暴力的外延，既形成了一个高度概括性的概念来定义网络暴力，又有利于对网络暴力进一步研究。

但是，在研究网络暴力行为时不宜过度扩张其外延，必须是给当事人带来了实质性危害的网络越轨行为才能被定义为网络暴力。

（二）网络暴力的分类

网络暴力的分类从广义的网络暴力定义出发，通过列举其外延对网络暴力进行分类。

1. 网络语言攻击

网络语言攻击，是指运用煽动性、攻击性、侮辱性和歧视性的言论、表情、图片、音频、视频等内容直接或间接对他人进行诋毁、谩骂、蔑视、嘲笑等违背道德规范、侵犯他人合法权益、严重伤害当事人并危害公共网络环境的行为。[①]

简单来说，网络语言攻击就是网民匿名在网络上发表具有伤害性、侮辱性言论，包括言论、图片、视频等，侵犯他人的隐私权侮辱他人，对受害人造成心理伤害的行为。实施网络语言攻击的网民，利用网络的匿名性随心所欲发表言论等，致使其道德责任感弱化，自我约束力弱化，进而产生的不道德甚至违反法律的行为。

2. 人肉搜索

人肉搜索，顾名思义，是以人作为搜索引擎来查找信息的一种检索方式。其在学界并没有准确的定义。人肉搜索分为狭义的人肉搜索和广义的人肉搜索。狭义的人肉搜索，是指以互联网为基础，广泛集合广大网友的力量搜集相关信息和资料，将互联网提供的信息和资料与知情网民提供的在其日常生活中掌握的信息相结合，并在网上公开汇总后的信息的行为。广义的人肉搜

① 陈燕燕：《自媒体语言暴力问题探究》，载《新媒体研究》2018 年 17 期。

索是指相关领域的专业人员在网上回答其他网络用户提出的与其相关领域有关的问题的行为，后来发展到不知情者运用网络搜索引擎对互联网上已有的信息进行汇总筛选来回复网友提出的问题的行为。

本文所称的人肉搜索属于狭义的人肉搜索，即指网民将其在现实生活中掌握的信息尤其是个人资料在网上公开的行为。

3. 网络暴力图片

网络暴力图片，顾名思义，是指带有暴力内容的图片，网络暴力图片由于其直观性以及文件体积小等特点最早出现在网络之中，在现阶段的网络暴力发展过程中，主要通过被制作成表情包进行传播。

4. 网络暴力文学

网络暴力文学，主要是指由本土网络写手撰写，以小说为表现形式的带有血腥暴力场面描写的文学作品以及对国外一些类似作品的翻译，其共同点表现在对于暴力场景的过分刻画描写，大多使用“杀”“虐杀”“屠戮”等词汇。

5. 网络暴力游戏

网络暴力游戏，传统的网络暴力游戏是指以格斗、射击类为主在游戏中频繁出现暴力场面的在线以及离线游戏。这类游戏对暴力场景进行过度渲染并且添加一些色情元素来赚取流量并且通过售卖装备获取利益。新型的网络暴力游戏是指通过微信群、QQ 群组织玩家，将游戏内容投放到现实生活之中，通过对玩家心理的强制、威胁等手段，诱导、强迫玩家实施现实中的自我伤害行为。其中以蓝鲸游戏、人体刺绣最具代表性。蓝鲸游戏起源于俄罗斯，通过社交群组，利用青少年追求刺激的心理，诱导叛逆、心智不成熟的青少年完成多种自虐、自残任务，最终诱导参与者自杀。游戏玩家一旦参与，便不能退出：组织者已经收集了参与者的裸照等隐私信息，申请退出的玩家会遭受组织者威胁。在游戏过程中，组织者不断对游戏玩家洗脑，使其放大负面情绪，摧毁参与者的生活信念。当游戏进入第 50 天，组织者会向游戏玩家发出终极指令：自杀。这种邪恶游戏已经不再是一种纯粹的网络游戏，而是一种涉嫌犯罪的行为。

6. 网络暴力直播

直播是指将自己的行为进行记录并上传到直播平台，通过向观众索要礼品等形式获取利益。部分网友在猎奇心理的鼓动之下，会对主播提出一些特殊的要求，例如虐待动物、生吃活物等带有暴力特征的要求。而主播为了自身的经济利益，往往会突破道德的底线，在直播中呈现肢体撕裂的血腥场景。另外一种涉及暴力内容的直播是指直播过程中利用攻击性语言发泄自己的情绪，对观众产生不良影响。

（三）网络暴力的特征

1. 参与主体的复合性

首先，网络暴力一定由特定的组织或者个人发起，利用网络煽动其他多数网民参与网络暴力，从而形成对受害者的心理压制，以及精神压力。其次，被煽动的参与者具有不特定性。这部分网民在网络生活中没有坚定的立场，极易受到鼓动从而使行为失去理性，在网络社会中，这部分人是不具有特定性的。

2. 暴力行为的隐蔽性

网络暴力并非面对面的暴力行为，其将网络作为媒介，使一切行为具有了隐蔽性，通过语言、舆论、暴力图片、视频、游戏等对受害人造成心理伤害的同时转化为身体伤害，而一切的伤害行为，都隐藏在复杂的网络背后。

3. 暴力内容的多样性

随着互联网对我们生活各方面的渗透不断加深，网络暴力的内容逐渐呈现多样化趋势。无论是网络暴力的表现形式还是网络暴力文化的内容都更加多样化。首先，网络暴力的表现形式，在上文广义与狭义的网络暴力中已经探讨过，除了网络语言攻击和人肉搜索的扩张，网络暴力文化的传播也是网络暴力中不容忽视的一部分。而相对于网络语言攻击和人肉搜索来说，网络暴力文化传播的途径更明显地呈现出与互联网发展紧密联系的特点，互联网的发展为网络暴力文化的传播提供了更多的平台以及更广阔的渠道，在监察缺位的网络灰色地带，网络暴力文化不断滋生，广泛传播。其次，网络暴力文化的内容由原来的暴力图片、视频、游戏到现在的网络暴力直播、蓝鲸杀人游戏等，这些网络暴力文化的新内容都是伴随着互联网的不断普及和网民对互联网的需求不断攀升的情况出现的。

4. 身体伤害的转化性

由于互联网信息传播的迅速性，受害人在毫无准备的情况下面对互联网之中的侮辱、诽谤，甚至现实生活中的骚扰、威胁，而且这些行为都是通过精神攻击对被害人造成持续性的伤害，并且心理伤害恢复困难，舆论影响难以短期消除。

由于网络暴力手段的非直接性，受害者往往从互联网上获得伤害，而非伤害者本身，这种间接的伤害手段往往会先对受害者造成心理伤害，达到一定程度之后，继而由心理伤害转化为身体伤害。

5. 影响范围的广泛性

互联网覆盖范围的广泛性决定了网络暴力影响范围的广泛性，而互联网的这一特点既是网络暴力形成的重要条件又是网络暴力后果的显著特点，网络暴力以广泛的传播对受害人造成心理上的压制，同时又因为这种多数的压制使网络暴力迅速传播发酵，既是成因又是结果。

二、我国网络暴力犯罪的衍生与发展

（一）我国网络暴力的发展历程

2001 年发生的陈自瑶事件①被称为人肉搜索第一例。之后，人肉搜索演变成网络暴力的标志性事件是 2006 年 2 月的虐猫事件②。在此之后，2006 年 4 月又爆出了铜须门③，这件子虚乌有的事情给当事人的生活带来极大影响。2008 年的姜岩死亡博客事件④更是因为当事人王菲起诉数家网络论坛而成为当之无愧的网络暴力第一案，该案因体现了道德与法律的冲突而引起了广泛讨论。自此，网络暴力进入了法律的范畴。在这之后，王千元⑤辽宁女⑥等人肉搜索事件仍时有发生，由此引起了法律人的关注。2010 年的 6.9 圣战⑦中有了除人肉搜索外的新形式。在 6.9 圣战中，以大学生为主的网民不仅参与了爆吧，甚至还成为黑客攻击了许多韩国网站。在这次网络群体性暴力行动中，体现出了有组织、高科技的特点，暗示着网络暴力犯罪的新走

---

① 有人在猫扑网上贴出一张美女照片并声称是自己的女朋友，随后网友人肉搜索该女士是微软的代言人。

② 网上流传女子用残忍的方式将小猫虐杀的视频人肉搜索，最后她不得不公开道歉并被工作单位辞退。

③ 网民铜须被曝与他人的妻子相恋，因而被口诛笔伐、人肉搜索，甚至被学校开除。

④ 姜岩因丈夫王菲的婚外情而自杀，同时用博客记录了整个过程，王菲因此受到了网络和现实中的侮辱、谩骂，生活受到影响，最终起诉相关传播网站，追究其侵权责任并胜诉。

⑤ 王千元在奥运圣火传递期间被批宣传藏独，遭人肉搜索，其在中国的父母生活受影响。

⑥ 2008 年 5.12 地震后，该女孩因哀悼期间不能玩网络游戏而辱骂灾民，遭人肉搜索。

⑦ 2010 年 6 月 9 日，因韩国组合 Super Junior 在世博园区演出中安排不当引发踩踏事故而引起的对该组合及其粉丝的大规模网络攻击，被参与者及支持者称为 6.9 圣战。

向。[①] 日本当地时间2016年11月3日凌晨，中国女留学生江歌在其租住的公寓中被其闺蜜刘鑫的前男友用匕首杀害。随后，刘鑫也消失了。为了更深入地了解江歌是如何遇害的，也为了让刘鑫现身，2017年5月21日，江歌的母亲江秋莲在网络上曝光了刘鑫全家人的家庭住址、车牌号、工作单位等信息，引发了网民大规模的人肉搜索。网友们开始在评论中各种谩骂刘鑫，还拨打电话号码骚扰刘鑫的家人。2017年6月1日，《最高人民法院、最高人民检察院关于办理侵犯公民个人信息刑事案件适用法律若干问题的解释》开始正式施行，进一步强调情节严重要入刑。江母未经许可，公开他人的信息，明显这种做法是不妥当的。无论刘鑫事发后的做法如何，网络暴力是永远无法催生正义的。2018年对“高铁霸座男”的人肉搜索使其个人信息在网络上曝光，同刘鑫事件一样造成了严重的社会影响。

（二）我国网络暴力犯罪的现状

中国互联网络信息中心（CNNIC）发布第43次《中国互联网络发展状况统计报告》。截至2018年12月，我国网民规模达8.29亿人，互联网普及率为59.6%，较2017年底提升3.8个百分点。[②]

笔者通过分析搜集到的网络暴力相关案例，得出以下结论：

图6-1　各年份审判案件数量（2008—2018年）（单位：件）

① 赵星、赵菡清：《网络暴力犯罪及其心理成因》，载《山东警察学院学报》2012年第2期。

② 数据来源：中国互联网络信息中心（CNNIC）第42次《中国互联网络发展状况统计报告》。

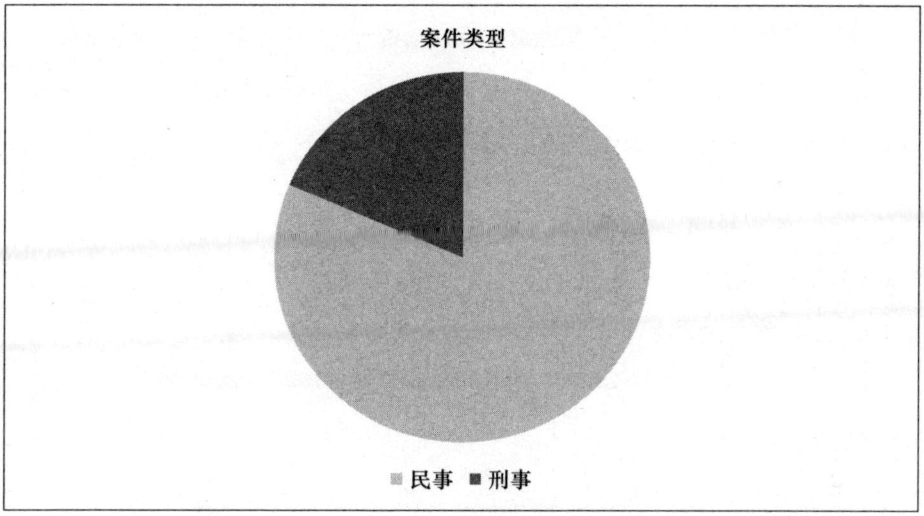

图6－2 案件类型分布图

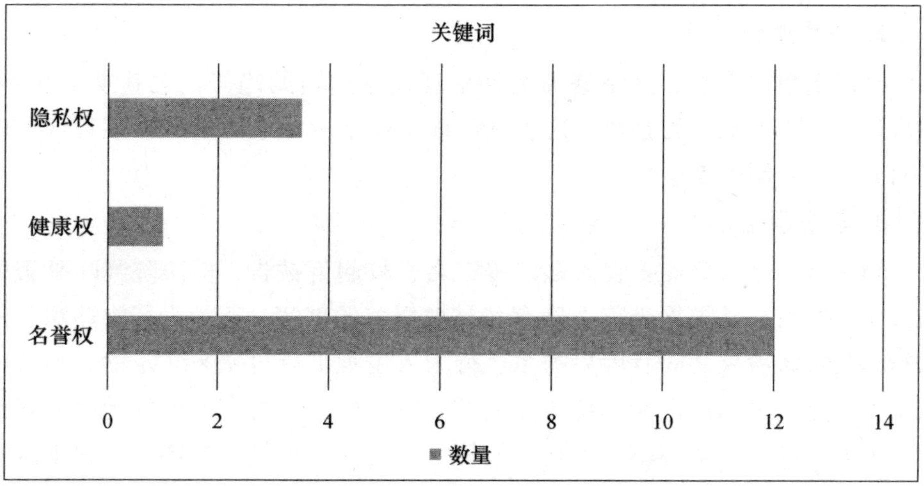

图6－3 案件涉及关键词数量图（单位：件）

1. 集中分布

网络暴力犯罪虽然发生在互联网之中，但是行为人以及被害人有现实的所在地，网络暴力大多集中分布在北京、上海等发达地区。主要原因有两个：首先，发达地区互联网覆盖面更广，无论是互联网的普及率还是互联网参与人们生活的程度都远远高于其他欠发达地区；其次，发达地区教育水平相对较高，文化程度决定了法律意识较高，这就决定了对网络暴力行为的起诉率在发达地区更高。

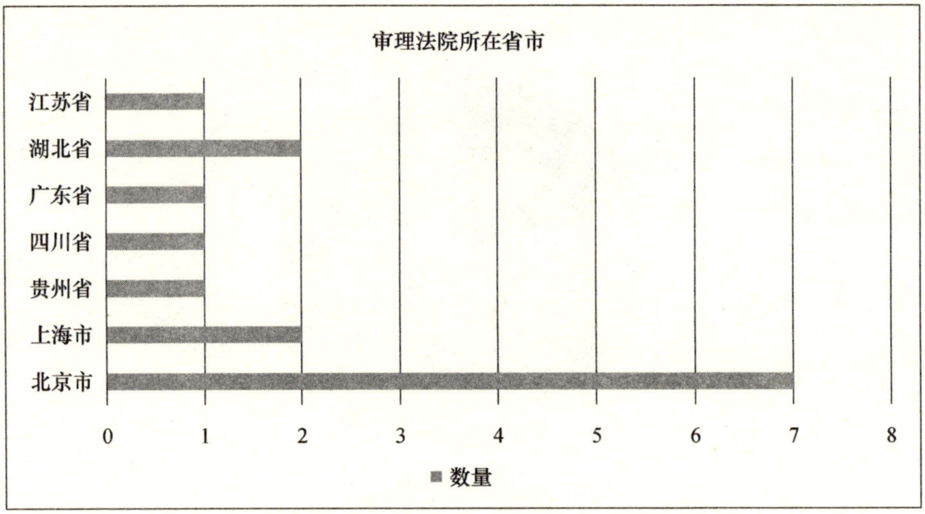

图6-4 审理法院所在省市分布图（单位：件）

2. 爆炸增长

从以上数据来看，网络暴力案件呈现逐年递增的趋势，尤其是近几年，呈现出了爆炸性增长的趋势。这也从侧面反映了网络暴力的严重危害性，以及对其进行规制的紧迫性。

3. 认定困难

由于网络暴力事件受害人多以侵害名誉权起诉被告，但法院判断是否构成侵害名誉权，是根据受害人确有名誉被损害的事实、行为人行为违法、违法行为与损害后果之间有因果关系、行为人主观上有过错来认定的。名誉是否受到损害，不以被害人主观感受为准，应就社会一般人的评价予以客观判断。大多数起诉的案件不足以构成侮辱及诽谤，且证据收集困难、因果关系难以认定，多以原告败诉告终。

（三）我国网络暴力发展趋势分析

网络暴力是互联网时代的产物，其发展与互联网的发展有着密切的联系，根据以上数据分析，目前我国网络暴力案件数量的增长与互联网在我国的发展有密切的联系。截至2018年12月，我国网民规模达8.29亿人，互联网普及率为59.6%。一半以上的中国人都在使用互联网，然而互联网在带给人们生活便利的同时，由于网民众多，网络暴力事件的发生也越来越频繁。近几年来，娱乐市场需求强烈，娱乐圈内的名人能够带动更多流量，使网民对某个事件的关注度急剧增加，这就具备了网络暴力尤其是网络语言攻击以及人肉搜索事件发生的必要条件。同时，近年来，因为更多人加入互联网，使得互联网人群素质参差不齐，而且网民们除了法律，更加愿意站在道德的制高点对某事件、某个人进行批判，而道德标准又是不明确的，这就使得网络暴力语言、暴力行为和人肉搜索层出不穷。

与此同时，在互联网发展初期，网民们更多的是从各个新闻网站上单一地获取信息，但新阶段的互联网时代，各种交流平台和社交软件的普及，使得每个独立的网民都有可能成为自媒体，这就是我们所说的自媒体时代。自媒体时代，每个人都可以在网络上公开发表言论，影响范围广泛，朋友圈、QQ 空间、贴吧、微博以及各种直播平台的兴起推动了自媒体时代的发展，也给网络暴力的产生和发展提供了有利条件。①

（四）相关案例

1. 德阳女医生自杀事件

2018 年 8 月 20 日，安女士和丈夫去游泳，泳池里两名 13 岁男孩可能冒犯了安女士。安女士让男孩道歉，但男孩拒绝道歉，并朝安女士吐口水，做鬼脸并作出一系列侮辱性动作。安女士丈夫情绪激动，冲过去将男孩朝水里按。随后，男孩母亲带着家属和朋友在游泳馆浴室内打了安女士，双方报警，警方介入后，安女士丈夫道歉并录口供，警方让双方私下协调。出警局后，安女士丈夫当场给孩子道了歉。第二天，男孩家人先后找到安医生和其丈夫所在单位，要求单位开除安医生和其丈夫的党籍、公职。事发后两三天内，安医生丈夫在泳池内和男孩起冲突的视频被剪辑过后开始在网上传播，德阳本地微信群中流传着安医生夫妻详细姓名、电话、工作单位和照片等个人基本信息，伴随着夫妻俩“公务员”“医生”身份标签，结合孩子家长一方关于泳池里冲突的描述，吸引了大量关注。同时，一些媒体和自媒体以《疑妻子被撞　男子竟在泳池中按着小孩打》为题发布、转载视频。8 月 25 日，安女士不堪舆论压力，分别给亲人、朋友、同事发了感谢微信，并给母亲留言“妈妈我爱你，请你照顾好我的女儿”后在自己的车上服药自杀身亡。

在这次事件中，一方面，一些媒体和自媒体营销号在看到所谓冲突现场视频时，并没有对冲突双方进行进一步求证核实，仅根据单方面说法就发布了消息；另一方面，人肉搜索、曝光、揭丑成了一些网民眼中解决问题的良策，先是安医生和其丈夫信息被肆意传播，事情发生反转后，涉事男孩一家

---

① 门慧：《“网络暴力”的法律规制》，北京理工大学 2016 年硕士学位论文。

人和学校的名字、电话、地址等也被扒出，在微博、微信群、朋友圈反复发布。①

2. 蔡晓青侮辱案

被告人蔡晓青因怀疑徐某在陆丰市东海镇金碣路32号其“格仔店”服装店试衣服时偷了一件衣服，于2013年12月2日18时许将徐某在该店的视频截图配上“穿花花衣服的是小偷”等字幕后，上传到其新浪微博上，并以求人肉搜索等方式对徐某进行侮辱。12月4日，徐某因不堪受辱在陆丰市东海镇茫洋河跳水自杀。案发后，蔡晓青的父母与徐某父母达成和解协议，蔡晓青父母一次性赔偿徐某父母人民币12万元，徐某父母出具谅解书，请求司法机关对蔡晓青从轻处罚。陆丰市人民法院认为，被告人蔡晓青因怀疑徐某在其经营的服装店试衣服时偷了一件衣服，在该店的视频截图配上“穿花花衣服的是小偷”等字幕后，上传到其新浪微博上，公然对他人进行侮辱，致徐某因不堪受辱跳水自杀，情节严重，其行为构成侮辱罪。案发后被告人亲属与被害人亲属达成调解协议，被告人亲属对被害人亲属的经济损失进行赔偿，取得被害人家属的谅解。被告人当庭认罪，确有悔罪表现，依法可以从轻处罚。根据被告人的犯罪事实、情节及对社会的危害程度，依照《中华人民共和国刑法》第246条之规定，陆丰市人民法院以侮辱罪判处被告人蔡晓青有期徒刑1年。一审宣判后，被告人蔡晓青不服，向汕尾市中级人民法院提起上诉。蔡晓青上诉提出，其发微博的行为属于正常寻人，不构成犯罪：没有足够证据证明其行为与徐某的自杀行为之间存在因果关系；一审法院量刑过重。其辩护人提出，一审法院认定本案可以提起公诉，属于程序不当，适用法律错误。一审认定上诉人犯侮辱罪的证据不足。汕尾市中级人民法院经审理认为，上诉人蔡晓青无视国家法律，因怀疑被害人徐某在其经营的服装店试衣服时偷衣服，遂在该店的视频截图配上“穿花花衣服的是小偷”等字幕后，上传到其新浪微博上，公然对他人进行侮辱，致徐某因不堪受辱跳水自杀身亡，情节严重，其行为构成侮辱罪，依法应当惩处。上诉人利用网络侮辱他人，造成的影响大、范围广，并造成了被害人死亡的严重后果，属于严重危害社会秩序，陆丰市人民检察院提起公诉并无不当。一审法院鉴于案发后上诉人亲属与被害人亲属达成调解协议，上诉人亲属对被害人亲属进行经

① 《“净网2018”向网络暴力说“不”!》，https：//baijiahao. baidu. com/s? id = 161057416958464 5109&wfr = spider&for = pc，访问时间：2018年11月13日。

济赔偿并取得被害人亲属的谅解，已依法予以从轻处罚。上诉人及其辩护人所提上诉意见，经查不能成立，不予采纳。一审判决认定的事实清楚，证据确实、充分，适用法律正确，审判程序合法，量刑适当，应予维持。据此，依照《中华人民共和国刑事诉讼法》第225条第1款第1项之规定，汕尾市中级人民法院裁定驳回上诉，维持原判。

3. “蓝鲸”游戏

2017年，四川省公安厅网络安全保卫总队调查发现，一度流行于国外的“蓝鲸”死亡游戏，其实已悄然流入四川。据警方统计，该游戏自2017年5月流入四川省以来，共发现52人参与过“蓝鲸”死亡游戏，其中22人有自残行为，2人因参与过深，精神出现异常已送精神病医院治疗。参与者中，男性有31人，女性有21人，年龄最小的11岁，最大的29岁，未成年人尤其以11岁至17岁年龄段的参与者居多。

小亮原在一家网吧上班，辞职后的1个月，他通过境外网站第一次接触到了“蓝鲸”游戏。2017年5月11日，小亮登录一家网站，开始了“蓝鲸”游戏之旅。自此，小亮像变了个人一般，按照“蓝鲸”的任务要求，每天早上4点20分，准时起来打卡签到，并领取新的任务。与此同时，他还网购了手术刀、酒精灯等器具，手术刀用于在身体上划伤痕完成任务，再用酒精给伤口消毒。随着游戏的深入，每个环节对于身体上伤口的深度和数量要求越来越高，小亮却如中了邪一般，沉迷于其中，对身体的摧残给了他说不出的精神快感。在自己身体上划口子，仅是“蓝鲸”死亡游戏其中的一步。其后，按照任务的要求，他又完成了砸车、抢钱、看血腥电影、极限运动等任务。沉溺游戏越加深入，死亡诱导越加明显。5月25日晚，打报警求救电话前，他已幻想着将自己的器官卖掉，换钱留给父母，然后悄悄自杀——以此完成任务的最后一关。就在那个生与死抉择之夜，愧对父母之情唤醒了他，最终令他拨出了救命的报警电话。

小亮并非孤例，在四川其他地区也有人受到“蓝鲸”的荼毒。同样是2017年5月，川东某市一所中学的6名初中生，先后加入“蓝鲸”死亡游戏。小杰、小刚等6名男孩通过QQ号码，先后加入群号为28150××37的“蓝鲸”游戏QQ群接收游戏任务，任务接收后迅速删除QQ，再通过新申请的QQ号继续游戏。“小杰他们的第一个任务是照镜子，两只眼睛一直直勾勾地盯着镜子里的自己，直到对镜子里的那张面孔产生陌生感，第一个任务就算完成”，该案侦办民警向记者介绍道。通过长时间照镜子，连续不间断看恐怖片，凌晨4点20分起床，服用不明药物，小杰等6名学生便被逐步控制，开始用尖刀在手臂上刻划蓝鲸图案，对游戏命令更是一一顺从。

通过对相关案件当事人的调查发现，这些游戏参与者多半都是自愿主动参与的，他们自己通过QQ、微信、贴吧等网络搜索加入游戏群，除此之外，还有部分是受周围人影响或邀请加入的。据介绍，为了避免游戏参与者中途退出，游戏群主会在发放任务前，要求游戏参与者提供个人信息，包括身份证、父母电话等，有些甚至还要求提供个人裸照。开始执行任务前，基本上所有游戏参与者都会被威胁。①

三、我国网络暴力犯罪的成因分析

网络暴力犯罪作为一种社会现象，其出现的原因具有一定的复杂性，既包括社会发展的客观因素也包括公民自身的心理原因。

（一）法律规制不完善

尽管我国治安管理处罚法、侵权责任法、民法总则、刑法等法律都对网络暴力进行了规定。但是在司法实践过程中，由于网络暴力的群体性特点，参与者众多，而且行为定性困难、法不责众等原因，很难实现对每一个网络暴力的参与者进行处罚。同时，由于受害人的法律知识的欠缺，往往不会追究网络暴力参与者的刑事责任。

1. 针对网络暴力的立法不完善

从以上的法律法规总结可以看出，目前我国对于网络暴力的立法规制并不完善，虽然规范性文件众多，但是没有对网络暴力进行明确的定义且法律位阶不高，难以对网络暴力行为起到应有的威慑力。首先，宪法由于其根本法的性质，对于网络暴力的规定较为模糊；其次，从法律层面来看，民法总则、治安管理处罚法、刑法等，虽然对网络暴力行为本身有所规定，但是并没有将网络暴力作为一种罪名纳入刑法，这不利于对网络暴力的惩处；最后，我国现阶段有关于网络暴力的规章、规范性文件众多，其中大部分是由文化部、公安部颁布，对于网络暴力的规定较为分散，由于颁布主体不同，内容上存在重合，且规范性文件法律位阶不高的问题导致对于网络暴力行为的威慑力以及惩罚力度不够，尤其是刑法对于网络暴力犯罪的规定，只对侮辱罪、

---

① 《少年玩蓝鲸游戏最后一刻报警　欲卖器官换钱给父母》，http：//www. china. com. cn/news/2017-06/21/content_ 41068780. htm，访问时间：2018 年 11 月 13 日。

诽谤罪加以定性，相对于现阶段网络暴力的发展情况，远远不能完全将网络暴力的多种形态都纳入刑法的规制之下。

2. 法律法规对网络暴力的定义过于模糊

截至目前，我国现阶段的法律法规没有对网络暴力进行明确清晰的定义，这就给司法实践活动中对网络暴力行为的认定造成一定的阻碍，目前都是将网络暴力行为按其侵犯的法益进行惩罚，这样就弱化了公民对于网络暴力作为一种网络时代的新型违法行为的违法性的认识。另外，对于网络暴力定义的模糊，导致对于网络暴力行为认定的标准同样不清晰，加之网络暴力行为本身隐蔽性强，取证不易，这在司法实践中，导致大量的网络暴力行为逃脱了法律的制裁，同时给广大网友一个错误的暗示，导致其在网络生活中对于网络暴力行为的违法性认识不够，这就间接地促使网络暴力行为的进一步扩大发展。

总之，虽然网络暴力被纳入法律规范的规定之中，但是由于重视程度不够，没有专门的法律规范的规定，使得在司法实践过程中难以追究全部网络暴力参与者的法律责任。更严重的是，这种漏洞会带给网民一种错误的认识，即认为网络暴力行为并不属于法律法规禁止的内容，从而形成一种恶性循环，使得网络暴力现象更加严重。

（二）网络监管不力

1. 政府管理主体复杂

对网络暴力问题的处理，主要由互联网信息办公室进行调查，协同公安部、工信部等部门联合处理。虽然多部门联合行动可以加大对网络暴力的查处打击力度，但由于各部门行政级别不同等原因会导致网络暴力惩处效率低下等问题的产生，多主体共同治理网络暴力无法在第一时间针对网络暴力内容的传播进行有效控制。

2. 社会监管力量缺失

互联网应用的普遍性，导致整个互联网的体量过于庞大，政府运用自身权力对网络暴力进行监管和打击，在现阶段我国没有设立任何互联网专门监督管理机构的前提下，对于网络暴力行为的监管非常困难，与此同时，由于网络暴力涉及广泛的言论自由问题等原因，政府运用公权力对网络暴力行为进行打击，力度过大会导致网络参与者对政府行为的正当性产生怀疑，即侵犯公民的言论自由权，力度过轻又达不到监管的效果，所以政府参与网络暴力行为的监管困难重重，因此应该充分发挥社会力量的作用。但是，现阶段我国社会参与治理的理念处于边缘化，相关自治组织虽然在规制网络暴力方面有所成就，但是其参与者的立场始终不能像决策者一样对网络暴力进行实质上的监管，自治组织与职能部门的沟通不畅，导致对网络暴力监管不全面、惩罚不及时。

（三）法律意识淡薄

法律意识的实质是一种权利意识和义务意识，由于权利和义务的一致性，在互联网的世界里，网民充分享有言论自由权以及传播权，不得不承认的是，互联网这个平台确实为人民群众表达诉求、为社会监督提供了方便的平台，但是与此同时，却忽视了其对他人隐私权、名誉权甚至生命健康权的侵犯以及对社会秩序的破坏，这就是网络暴力矛盾之处。从网络暴力犯罪的实质来看，其产生的深层次原因就在于权利意识的膨胀和义务意识的紧缩，两者未能实现有效统一的原因，主要是法律意识淡薄。

同时，网络暴力的受害者法律意识薄弱，对于网络暴力实施者，不能拿起法律的武器维护自己的合法权益。网络暴力的参与者，甚至不知道自己的网络语言攻击行为、人肉搜索的行为以及传播网络暴力内容的行为是侵犯他人的隐私权、名誉权的违法行为。

（四）心理机制不健全

1. 道德标准模糊

网络暴力中的网络语言攻击，即狭义的网络暴力往往被视为是道德语境下的一种集体狂欢。在行为人眼中，网络暴力的受害人在道德上具有一定的污点、瑕疵，对受害人进行的人肉搜索、侮辱、诽谤乃至于恐吓都是在进行一场道德上的审判，是维护社会基本道德规范，实现社会正义的一种手段。[①] 这种以网络暴力为手段的道德审判方式，所依据的道德标准存在模糊性与不确定性，道德标准不同于法律，并不能为人们提供一个标准的确定的行为规范，尽管道德标准是被全社会所认同的，但是在更多的情况下，道德还属于人们内心的一种主观的判断。首先，道德标准存在于人们的内心之中，尽管一般的道德标准被全社会所认同，但是其具有模糊性，在具体实践中的遵守往往难以解释，而且，基于不同的社会地位、社会角色，社会个体的主观道德标准并不统一，这就导

① 高尚宇：《网络暴力犯罪探析》，载《法制与经济》2017 年第 5 期。

致一部分人基于自己的道德立场去抨击其他人的所谓不道德行为，是没有任何说服力的；其次，道德标准的要求往往高于法律的要求，就现阶段我国社会发展情况来看，事实上并不是每个人都遵守道德要求，我们提倡遵守道德，但并不要求每一位社会成员都要做到，而且违反道德并没有像违反法律一样存在一套成熟的惩罚机制。

2. 从众的心理

互联网的魅力在于其巨大的信息量，而庞大的信息量又是建立在网民参与的基础之上。互联网庞大的用户群体是滋生从众心理的温床，在互联网匿名的机制之下，网民的自我约束力急剧下降，将法律与道德丢弃在一边，丧失了基本的判断能力，或者是懒得进行判断，就直接对网络中传播的内容进行批判或是转发传播。这种从众心理对于网络暴力的参与者更多的是虚拟世界进行的一种自我发泄，他们通过对他人隐私的非法曝光、不负责任的语言攻击以及对含有暴力内容的图片、视频、游戏的追捧和传播来释放自己，获得一种类似于找到组织后的社会融入感。其实有些时候，网络暴力的参与者也并没有意识到，自己实施了网络暴力行为，只是因为，网络上这样做的人很多，这种法不责众的心理出现致使网络暴力的发展越来越难以受到控制。

第二节　网络暴力犯罪的防控

一、我国网络暴力犯罪的刑事政策规范

（一）我国网络暴力犯罪治理体系

1.《国家网络空间安全战略》

“信息技术广泛应用和网络空间兴起发展，极大促进了经济社会繁荣进步，同时也带来了新的安全风险和挑战。网络空间安全（以下称网络安全）事关人类共同利益，事关世界和平与发展，事关各国国家安全。维护我国网络安全是协调推进全面建成小康社会、全面深化改革、全面依法治国、全面从严治党战略布局的重要举措，是实现‘两个一百年’奋斗目标、实现中华民族伟大复兴中国梦的重要保障。为贯彻落实习近平主席关于推进全球互联网治理体系变革的‘四项原则’和构建网络空间命运共同体的‘五点主张’，

阐明中国关于网络空间发展和安全的重大立场，指导中国网络安全工作，维护国家在网络空间的主权、安全、发展利益，制定本战略。”①

2.《关于促进移动互联网健康有序发展的意见》

强调“防范移动互联网安全风险”包括：

“提升网络安全保障水平。牢固树立正确的网络安全观和动态、综合防护理念，坚持以安全保发展、以发展促安全，全方位、全天候感知移动互联网安全态势，不断强化移动互联网基础信息网络安全保障能力，大力推广具有自主知识产权的网络空间安全技术和标准应用。增强网络安全防御能力，落实网络安全责任制，制定完善关键信息基础设施安全、大数据安全等网络安全标准，明确保护对象、保护层级、保护措施。全面加强网络安全检查，摸清家底、认清风险、找出漏洞、督促整改，建立统一高效的网络安全风险报告机制、情报共享机制、研判处置机制。

“维护用户合法权益。完善移动互联网用户信息保护制度，严格规范收集使用用户身份、地理位置、联系方式、通信内容、消费记录等个人信息行为，保障用户知情权、选择权和隐私权。督促移动互联网企业切实履行用户服务协议和相关承诺，完善服务质量管理体系，健全投诉处理机制，提供更加安全、优质、便捷、实用的产品和服务。加大对利用‘伪基站’、非法网站、恶意软件等侵害用户权益行为的打击力度，切实维护消费者权益和行业秩序。

“打击网络违法犯罪。坚决打击利用移动互联网鼓吹推翻国家政权、煽动宗教极端主义、宣扬民族分裂思想、教唆暴力恐怖等违法犯罪活动。严厉查处造谣诽谤、电信网络诈骗、攻击窃密、盗版侵权、非法售卖个人信息等违法犯罪行为。全面清理赌博、传销、非法集资、淫秽色情、涉枪涉爆等违法违规信息。”②

（二）我国网络暴力的立法现状

我国互联网的发展历史可以追溯到20世纪90年代，经过20年左右的发展，目前我国针对互联网的立法工作起步较晚，而且成文法位阶较低，尚未形成对网络暴力行为的专门法律，有关条文分布较为分散，在规制网络暴力现象工作方面存在很大的欠缺和不足。

---

① 《国家网络空间安全战略》。

② 《关于促进移动互联网健康有序发展的意见》。

1. 根本法方面

《中华人民共和国宪法》第38条规定："中华人民共和国公民的人格尊严不受侵犯，禁止用任何方法对公民进行侮辱、诽谤和诬告陷害。"

2. 法律方面

《中华人民共和国民法总则》第110条第1款规定："自然人享有生命权、身体权、健康权、姓名权、肖像权、名誉权、荣誉权、隐私权、婚姻自主权等权利。"第111条规定："自然人的个人信息受法律保护。任何组织和个人需要获取他人个人信息的，应当依法取得并确保信息安全，不得非法收集、使用、加工、传输他人个人信息，不得非法买卖、提供或者公开他人个人信息。"

《中华人民共和国侵权责任法》第36条规定："网络用户、网络服务提供者利用网络侵害他人民事权益的，应当承担侵权责任。网络用户利用网络实施侵权行为的，被侵权人有权通知网络服务提供者采取删除、屏蔽、断开链接等必要措施。网络服务提供者接到通知后未及时采取必要措施的，对损害的扩大部分与该网络用户承担连带责任。网络服务提供者知道网络用户利用其网络服务侵害他人民事权益，未采取必要措施的，与该网络用户承担连带责任。"

《中华人民共和国刑法》第286条之一规定了拒不履行信息网络安全管理义务罪。第291条之一规定了编造、故意传播虚假恐怖信息罪。

《中华人民共和国治安管理处罚法》第25条，《网络安全法》第12条、第24条、第44条、第47条以及《中华人民共和国预防未成年人犯罪法》第30条、第31条、第32条、第53条都对利用网络实施的侵犯公民隐私权、名誉权的行为进行了规定。

3. 行政法规方面

国务院《信息网络传播权保护条例》《互联网信息服务管理办法》第15条、《中华人民共和国电信条例》第56条对于互联网传播内容进行了相关规定，对于暴力内容有明确禁止的规定。

4. 规章、规范性文件、司法解释方面

国家新闻出版广电总局、工业和信息化部《网络出版服务管理规定》第24条、第25条、第52条，《计算机信息网络国际联网安全保护管理办法》第5条，国家广播电影电视总局、信息产业部《互联网视听节目服务管理规定》第16条，文化部的《文化部关于印发〈网络表演经营活动管理办法〉的通知》第6条、第7条，《文化部关于加强网络表演管理工作的通知》第2条，

《互联网文化管理暂行规定》第16条、第28条，《文化部关于改进和加强网络游戏内容管理工作的通知》，《文化部办公厅关于查处第一批违法网络游戏的通知》以及公安部的《互联网安全保护技术措施规定》第8条、《互联网电子邮件服务管理办法》第11条，《最高人民法院关于审理利用信息网络侵害人身权益民事纠纷案件适用法律若干问题的规定》以及《最高人民法院、最高人民检察院关于办理侵犯公民个人信息刑事案件适用法律若干问题的解释》对司法实践中，侵犯公民个人信息罪尚不明确的具体定罪量刑标准、存在争议的法律适用问题，通过司法解释予以明确。

5. 地方性法规及规章方面

广东省人民政府法制办公室发布的《广东省计算机信息系统安全保护条例》第25条、第26条以及徐州市人大常委会发布的《徐州市计算机信息系统安全保护条例》第18条、第19条都对网络暴力行为进行了一定程度上的规范。

二、网络暴力犯罪刑事政策的完善

（一）网络暴力犯罪的法律完善

1. 将网络暴力纳入法律规范体系之中

现阶段我国对网络暴力行为的法律规制分散在宪法、民法总则、侵权责任法以及刑法等法律之中。没有形成统一的、专业的网络暴力立法对网络暴力行为进行评价，所以网络暴力的专业立法迫在眉睫。基于互联网迅速发展的时代背景，网络参与者激增，网络暴力行为层出不穷，明显属于社会发展中出现的新兴事物，所以需要立法及时对网络暴力进行规范。网络暴力单独立法虽然不太现实，但是可以在刑法之中通过修正案的形式，增加对于网络暴力的解释，规定具体的行为模式、惩罚机制等。

2. 出台“个人信息保护法”

网络暴力中的网络语言攻击以及人肉搜索都是以非法获取传播个人信息为基础的违法行为。网络暴力行为主要是侵犯隐私权以及名誉权，都是基于对受害者隐私的公布与传播，所以对于网络暴力的规制，一定要确定个人信息的法律地位，在此基础之上才能更好地对个人信息进行保护，从而对网络暴力进行打击，可以说个人信息不可侵犯的法律地位是对网络暴力进行否定性评价的基础。

对个人信息的保护就是对隐私权的保护，因此要明确隐私权保护的范围、内容、侵权主体、侵权行为等方面，详细规定举证责任、因果关系，并且加大对个人信息相关违法行为的惩处力度，包括对信息管理者、信息提供者、信息泄露者、互联网经营者具体权利与义务的规定。

（二）网络暴力犯罪的社会机制建设

1. 落实网络实名制

追根究底，网络暴力行为在互联网世界如此泛滥的原因是互联网世界中的交往具有匿名性的特点，可以很好地掩盖自己的真实身份从而肆无忌惮地发表、传播带有暴力内容的信息，致使网络世界充斥着个人攻击、暴力内容的信息，严重影响了互联网的秩序和网民的心理以及人身健康。网民长期在匿名的保护之下言论自由会逐渐失去底线，从言论自由演变成网络暴力，因此，网络实名制势在必行。

实行网络实名制，要注意以下几点：首先，要确保网络实名制的科学性与民主性。一直以来互联网都是发表言论的一个相对自由的平台，网络实名制的实施会使网民对此产生一定的抵触情绪，所以要做好网络实名制的推广工作。充分利用广大的媒体平台，使网民充分了解网络实名制实施的原因、背景以及其净化网络环境、维护网民权益的积极作用；同时，在实施网络实名制的过程中，要积极听取、吸收网民的意见与建议，确保网络实名制决策与实施的民主化与科学化。

其次，应该将网络实名制落实到法律层面。网络实名制是一个涉及面较广的综合项目，因此需要相关部门的相互协作，通过相关的法律法规，明确各个主体的权利与义务，对网络实名制的具体实施方案进行法律规制，能够在进一步保护网民的各项权利的同时使得相关部门在进行工作时能够有法可依、明确职权，从而更加科学地落实网络实名制。

最后，设立专门的互联网平台。平台由政府统一管理，互联网用户接入网络须实名注册，并且承诺遵守相关法律，理性发言，这样在网络暴力发生的第一时间就可以追踪到网络暴力的实施者，同时控制暴力内容的继续传播，防止影响的进一步扩大。此平台起到的作用主要有两个方面，首先，对于网民的事前教育，令其知晓其在互联网中的行为并不是隐蔽的，同样要受到法律的约束，从根本上防止网络暴力的发生；其次，在追责的过程中，能够高效、及时地制止网络暴力内容传播，防止影响的进一步扩大。同时，此平台还可以发动网民积极监督网络暴力行为或其他网络不法行为，及时举报，大大提高网络暴力追责的效率，节省人力、物力。但需要特别强调，此平台运行过程中需要保护互联网用户的个人信息，对网络暴力的监督有明确的标准，不能本末倒置，设立的主要目的是打击网络暴力，保护网络用户的权益，而不是为了给互联网用户套上枷锁。

2. 发挥政府的主导作用

政府掌握大量的社会资源，包括互联网资源，应加强对其利用。首先，在网络暴力发生之前，积极宣传网络文明，文明上网，普及相关法律法规，引导网民遵守相关法律，营造良好的互联网氛围，使网民自觉遵守互联网秩序；其次，网络暴力事件发生时，及时反应，积极公布事件真相，引导舆论，不一味删帖解决，对网络暴力内容的传播及时拦截，利用技术手段追踪发布者与传播者，追究其法律责任，对网络经营者没有尽到相关责任应一并处罚，维护网络秩序；最后，在网络暴力行为结束之后，对受害者进行心理疏导，帮助受害者澄清事实回归生活。

网络暴力事件一旦处理不好，很可能扩大事态、加剧冲突，引发群体性事件，扰乱社会秩序，危害公共安全。因此，各级政府要加强对网络的监督管理，同时加强对网络暴力事件的应急机制建设。政府作为社会的管理者和公共服务的提供者，要充分利用网络资源，积极了解民众诉求，回应民众疑问，引导民众舆论，维护好互联网秩序。所以，为避免发生网络暴力性群体事件，可以建立预警机制，有关部门可以实行电子行政，分配专门的人员监控舆情，收集民意，加强与网民的互动交流，对网民的疑问、投诉、建议作出及时的处理并进行反馈。①

3. 加强社会组织的作用

网络暴力不仅是一种违法行为，同时还属于一种社会现象，既然作为一种社会现象，对网络暴力的规制也需要社会力量作出努力。仅仅依靠政府的管理，面对大量的网络暴力事件，政府部门会应接不暇。所以发挥社会组织的力量，参与到打击网络暴力中来也是必要之举。首先，媒体作为重要的传播者，应该加强对报道内容的审查，对其真实性、合法性进行审查，充分考虑报道的社会效果，慎重发布信息，与此同时，积极引导舆论，维护健康的网络秩序；其次，应加强对网络文明以及法律意识的宣传，提高网民的法律意识与道德修养。

---

① 门慧：《“网络暴力”的法律规制》，北京理工大学2016年硕士学位论文。

4. 增强网民的风险意识与法律意识

网络暴力行为的发生除了源自恶意引导，其传播存在一定的自愿性。往往是由于网民对事情真相的一知半解就妄加评论，肆意传播，甚者恶言相向，才导致网络暴力事件的发生，所以，提高网民的危险意识，加强对个人信息的保护尤为重要。同时，网民应该提高自身的法律意识，拒绝成为网络暴力的间接实施者。

第七章

网络作弊犯罪

第一节　网络作弊犯罪的识别

一、网络作弊的概念界定

《现代汉语词典（第7版）》中对“作弊”的解释是指用欺骗的方式做违法乱纪或不合规定的事情。从理论上讲，作弊行为实际上在不同的环境之下会产生不同的语境。在考试环境之下，有人认为，考试作弊是指针对在考试过程中以有违公平、公正原则的不正当手段获取优异的考试成绩的行为。也有人认为，考试作弊是行为人在考试过程中作出的有违考试规定、考试原则、损害考试功能的行为，并且具有通过违反规章制度的不当手段完成考试的主观故意，进而顺利完成并通过考试的目的，行为人客观上也确实实行了违反考试规章制度规定的行为来通过考试。总的来说，考试作弊是指行为人在考试过程中，通过书面、口头或其他实际操作方式，在考查其所掌握的知识和技能时，使用不正当途径参试或在考查过程中使用考试不允许的方式寻求或试图寻求答案，与公平、公正原则相悖的行为。综上所述，笔者更加倾向于认为，网络作弊是传统考试作弊与互联网信息技术的结合，具体是指行为人以牟利为目的，为取得优势成绩在考试中利用网络信息技术及相关无线设施设备进行作弊或为他人提供作弊便利，以获得预期考试结果的有违公平、公正原则的不正当违法犯罪行为。

二、网络作弊的形成及衍生

我国是考试制度的发源地，在夏商周时期就已经具备了较为完整的考试体系，与此同时，我国也是一个考试大国，每年有上千万的人参加各类考试。

不少人为了在考试中取得较好的成绩而采用作弊的手段。在古代，科举考试作为封建社会选拔官吏的主要手段，也出现了不少的作弊行为。例如，宁波镇海发现的一件罕见的清代乡试作弊时用的物品——夹带。这件作弊物品其实就是一块宽40厘米、长60厘米的白绫，白绫上密密麻麻布满米粒般大小的小楷，皆为竖直从右向左书写，字迹工整秀丽。上面抄写的内容大都出自四书，有《论语》《大学》《中庸》里的文章。书写者还在认为比较重要的地方用红色将其画圈明示，以便考试时“一眼就能瞄到”。书写者按照篇目名称和内容在白绫上划分了区域，白绫正反两面都写满了文字，据统计有4.4万字。

通常，考试作弊的方式多种多样，按照行为进行分类可以分为：“抄袭”“泄题”“代替”“改分”等；按照时间进行分类可以分为：“考前作弊”“场中作弊”“试后作弊”。考试作弊行为贯穿在整场考试的各个阶段，以借助“人力”实现作弊行为较为常见。伴随着互联网技术的不断发展，网络信息技术已经创造出一个全新的时代。网络信息技术应用到各行各业，对人类的生产和生活方式产生了极大的影响。同样，网络信息技术的应用与不断升级也逐渐滋生了各种新形态的犯罪，传统犯罪借助网络信息技术变得隐蔽性更强、危害范围更大。作弊行为也在网络信息技术不断发展的背景下逐渐异化，渐渐打破了以“人力”为作弊行为主要载体的形式。近十年来，各类考试中利用网络信息技术及无线电信号等手段实施作弊行为的案件屡见不鲜。例如，2018年6月2日，河南省中牟县公安局就成功查破一起二级建造师网络作弊案。该案抓获涉案人员11名，并收缴20余个现代化作案工具。又如，2018年年度教师资格考试期间，天津市公安局当场将利用网络、无线接收设备进行考场作弊的梁某等3人抓获，收缴了台式电脑、笔记本电脑、手机等作案工具10部。网络信息技术与作弊行为的结合，使得网络作弊案件层出不穷，技术性增强、隐蔽性加深、危害范围扩大、查处难度骤增。

三、网络作弊的典型案例

（一）贵州杜某等高考作弊案

2015年5月，贵州省德江县的杜某伙同王某某、马某某、彭某某参与高考网络作弊活动，杜某负责获取高考答案和购买用于作弊的相关设备，并联系高考作弊学生；王某某、马某某在德江负责联系作弊考生并收取设备费，马某某还负责向作弊考生发放、调试接收器、登记作弊考生姓名、身份证号码、准考证编码及密码、作弊科目、登记账目等；高考时，三人还要一起到德江考点周围秘密安装调试设备，接收和发送答案。2015 年 5 月下旬，杜某返回贵阳后，通过网络 QQ 联系网名叫“某某教育”的人并经其推荐，购买高考答案以及作弊器材，答案在 6 月 7 日、8 日每科开考 1 小时后通过 QQ 网络发送，作弊器材包括：发射器 2 台、形似橡皮擦的接收器 30 个，相配套的数据传输线、电源线等。在此期间，杜某联系作弊考生 8 人，收取人民币 17300 元；王某某联系作弊考生 7 人，收取人民币 20000 元；马某某联系作弊考生 4 人，收取人民币 10500 元；彭某某联系作弊考生 2 人，委托被告人王某某收取人民币 6000 元。四人共联系 21 人，共收取人民币 53800 元。

贵州省德江县人民法院的刑事判决认为，全国高等教育统一考试的试题及答案在启用或考试结束前，属于绝密级国家秘密。以非法营利为目的，采取秘密窃取、收买等方法，非法获取国家高考试题答案，其行为触犯《中华人民共和国刑法》第 282 条第 1 款“以窃取、刺探、收买方法，非法获取国家秘密的，处三年以下有期徒刑、拘役、管制或者剥夺政治权利；情节严重的，处三年以上七年以下有期徒刑”的规定，已构成非法获取国家秘密罪，依法应当追究其刑事责任。

（二）安徽孟某某、李某等驾照考试作弊案

2016 年 12 月，安徽省凤台县赵某某、李某（另案处理）通过孟某某得知其同学胡某某负责凤台县各驾校网络维护，并可以在考试电脑上安装作弊软件。为获取利益，赵某某等人便想让胡某某在凤台县辉元驾校科目一、科目四考场安装作弊软件。后经协商，由胡某某负责安装作弊软件及连接考试电脑，李某、赵某某负责安排作弊学员并协助胡某某远程帮助作弊学院答题，所得利益均分。2016 年 12 月 24 日，胡某某在赵某某、李某、孟某某的帮助下，将事先从淮南市公安局交警支队网站下载的远程控制软件（“Remoteadministrator”的服务端“r-server. exe”）安装在辉元驾校科目一、科目四考场内的 53 台电脑上，后胡某某用自带的笔记本电脑进行调试，远程操控软件运行正常。胡某某又从考场内接出一根公安网线至一楼赵某某办公室，并进行调试，公安网连接正常。后赵某某、李某等人感觉在一楼作弊危险性大，便将公安网线移至四楼一间空的办公室内，用于赵某某、李某后期为学员远程作弊。远程操控作弊软件安装后，成功帮助过数名学员作弊。另查明，胡某某、孟某某为获取利益，经商议后于 2017 年 2 月 8 日，胡某某利用在凤台县安运驾校考场维护电脑的机会，让驾校人员将监控电脑电源关闭，防止交管部门巡查发现，后逐一将远程控制软件（“Remoteadministrator”的服务端“r-server. exe”）安装在了安运驾校科目一、科目四考场内的52台电脑上。作弊软件安装完成后，胡某某利用身份上的便利，带刘某某（另案处理）携带笔记本电脑事先潜伏在淮南市上窑车管所二楼机房，先给该笔记本分配一个交警支队公安网IP地址，后利用该电脑远程操作安运驾校科目一、科目四考场内电脑，登录考试界面。待考试开始后，孟某某用手机将需要作弊的考生姓名、机位发给胡某某，胡某某安排张某某逐一远程帮助考生答题，后成功帮助数名学员作弊。2017年4月18日，安远驾校的黄某、谢某在考试作弊时，被凤台县公安局交通管理大队车管所民警巡考时发现。

安徽省凤台县人民法院一审刑事判决认为，被告人胡某某、孟某某、赵某某违反国家规定，对计算机信息系统实施非法控制，其中被告人胡某某、孟某某参与非法控制计算机信息系统105台，属情节特别严重；被告人赵某某参与非法控制计算机信息系统53台，属情节严重，其行为均构成非法控制计算机信息系统罪，应依法予以惩处。

（三）北京最大规模研究生考试组织作弊案

北京市一家培训教育公司开办人章某涯无为了谋取利益，领导组织购买了信号发射器、信号接收器等作弊设备，并以模拟考试等方式组织考生试验作弊设备。2016年12月24日上午，章某涯伙同吕某龙、张某群、张某阳、李某、章某利用无线电设备传输考试答案的方式，在3个考点附近的宾馆房间内为考生发送答案，组织33名考生在2017年全国硕士研究生招生考试管理类专业学位联考综合能力考试中作弊。

北京一中院二审审理后认为，章某涯等6人在全国硕士研究生招生考试管理类联考中，以无线电传输的方式组织多名考生进行作弊，其行为均已构成组织考试作弊罪，依法应予惩处。一审人民法院根据各被告人犯罪的事实、性质、情节和对于社会的危害程度所作出的判决，定罪、适用法律正确，量刑及判处罚金的数额适当，审判程序合法，应予维持。

（四）重庆手机APP软件护士资格考试组织作弊案

2017年5月6日，重庆远灿教育咨询公司在5月6日至8日举行的2017年全国护士执业资格考试中“分工协作”组织进行大规模的网络作弊活动，此公司招收学员18400余人，其中面授班400人，网络班18000人。首先公司的客服部和咨询部负责收集从作弊考生利用手机拍照通过互联网传递的相关考试试题资料，然后由教学部立即进行解答给出答案，最后由运营部整合好资料和试题答案发布至公司的 APP 中，让作弊考生通过互联网在 APP、QQ 群中采取网络私聊的方式接收相应的考试答案。5 月 7 日，重庆九龙坡公安分局依法以涉嫌组织考试作弊罪对犯罪嫌疑人刘某瑞、刘某、朱某采取刑事拘留强制措施，现该案主要犯罪嫌疑人已被逮捕。重庆警方网安部门及时提取涉案电脑 76 部、硬盘 35 个、手机 10 部、文件资料约 29 份等证据，为审讯相关人员提供了有力的证据支撑，不仅如此，办案人员还远赴宁夏，询问涉案考生李某及宁夏工作人员，进一步固定证据。警方同时分析了重庆远灿教育咨询公司 APP、“2017 护考答疑群”“冠军达人群”“八方主管群”等群内信息，厘清利用网络进行作弊的流程和相关证据的关联性，核实考生信息，加大打击力度。可以说，在此案整个网络作弊过程中，作弊组织分工职责非常明确、作弊流程完美衔接，利益链条趋向明显，呈现出集团化、专业化、网络化的“一条龙团队服务”的显著特征。

四、网络作弊的态势分析和独有表征

（一）网络作弊的态势分析

1. 网络兜售考试作弊器材设备

网络兜售考试作弊器材设备是指为获取高额利益而生产隐蔽式密拍设备、加密式无线数码信号发射机、暗藏式无线接收机等高科技考试作弊器材，通过网络方式兜售给各地欲作弊考生的违法犯罪行为。实施网络作弊行为，必不可少的前提条件就是获取相关的高技术网络作弊器材和设备，以便考生能够顺利进行作弊。2012 年高考前，广东省政府领导强调要打击销售作弊器材，净化涉考网络环境，确保考试环境治理取得实际成效，在广东政府的高压政策之下，调查显示，购买作弊器材的考生以及高调出售作弊器材的商贩较往年少了很多。[①] 再如，2017 年 6 月的大小姐贩卖考试作弊器材案中，公安机关在武汉当场查获各类作弊器材 140 件，用于作案的他人身份证 9 张、银行卡 36 张、现金 1.7 万余元，成功斩断试题答案传输渠道，保证了高考公平公正，可谓是开创了高考前破获组织作弊案的先例。

2. 网络组织考试作弊

网络组织考试作弊以网络虚拟空间为依托，通过微信、QQ 等现代通信方

① 《广东高考最严处罚“提高作弊成本”，作弊器销售惨淡》，http://politics.people.com.cn/GB/70731/18086392.html。

式建立群组，他们在群组中大量发送、散播考试作弊的相关信息，借此以吸引考试者在线咨询考试作弊事宜。网络组织作弊涉及范围广、隐蔽性强、查处难度大，是需要团队协调合作的共同犯罪，大致的流程分为考试前的准备和考试中的网络作弊行为。在考试前的准备中，首先是由主犯组织相关领域考试作弊的专业团队，然后通过 QQ、微信等网络方式招募欲作弊的考生，接着购买各种网络作弊器材和设备，最后再把网络作弊器材和设备进行无线网的安装和调试，到此为止，整个准备工作已经就绪。在考试过程中，作弊考生利用针孔摄像头拍摄考试试题，通过网络的途径传给考试外的接收人员，接收人员再将拍摄的图片给专业人员，专业人员迅速解答试题再通过无线网上传到相关的 QQ 群、微信群或者微信公众号等，考生在此获取考试答案，最终实现网络组织作弊的活动。组织考试作弊者通过网络虚拟空间藏匿身份，打破传统地域限制在全国范围内联系考试者，为其提供相关考试作弊信息、材料等。典型的例如 2017 年 5 月 6 日，重庆手机 APP 软件护士资格考试组织作弊案，无不体现出组织作弊团队明确的分工职责、完美的作弊程序衔接，严密化的组织链条，对于网络作弊大致流程也一目了然。

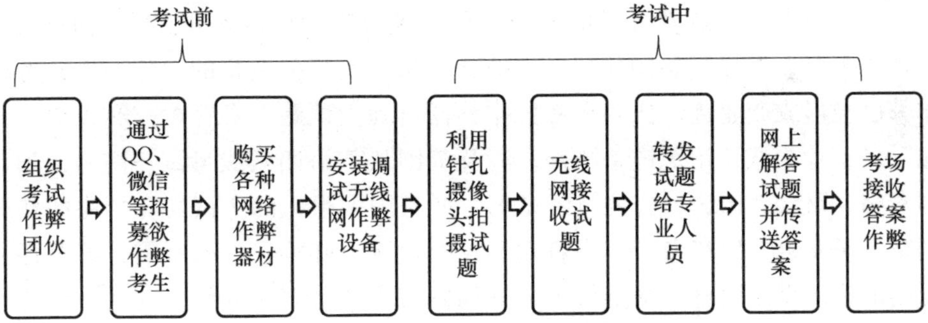

图 7－1：网络组织考试作弊流程图

3. 网络替考

网络替考并非传统意义上的替考，传统替考是伪造相关考试信息，代替他人进行考试的作弊行为。网络替考并不要求第三人在考场帮助他人考试，它通过技术设备及网络信号将考场试卷内容传输至考场外，通过计算机或人为方式得出试题答案并再次将答案传递给考试人员。网络替考实现了替考行为的时空分离，不用再寻求替考者进入考场帮助他人完成试题，大大降低了人员被查处的风险，也减少了烦琐的替考准备程序。例如，云南宣威交警大队驾驶证科目一理论考试中，一名女性考生就携带针孔摄像头和无线电传输设备进行作弊，该女性考生将针孔摄像头藏于袖口，耳朵塞上微型耳机，背部绑有无线电设备，通过实时传输将考题传输到考场外的某男子，由男子将答案通过微型耳机告知。互联网及相关技术设备的介入，打破了传统作弊实际替考的模式，网络替考技术性高，行为更加隐蔽。

（二）网络作弊的独有表征

很多网络犯罪案件呈现出犯罪类型多样化、隐蔽性强、危害范围大的特点，这都是由网络社会固有的虚拟性、开放性、技术性所决定的，而对利用网络进行考试作弊来说，其独有特征可以大致分为以下 3 类。

1. 网络作弊犯罪主体的组织链条严密

网络作弊犯罪有一套较为严密的操作流程，从网络作弊的准备、人员的招募、对象的选取到考试现场的信息输送再到考试结束的后续工作，每一个环节都有不同的人员进行操作。网络作弊犯罪通常是有组织、有预谋、有逻辑、有模拟的高智商犯罪，整个过程仅依靠一个人是难以实现的，每一个环节都会有专门的人员负责具体的实施。因此，网络作弊犯罪的主体具有组织性，是一个多人集合的团体组织。另外，该类组织一般存在高学历、高科技人才，是一个具有技术力量的专业团队。考试作弊已经不再是个人的行为，出现了中介，作弊开始团伙化、专业化，从公安机关披露的案件来看，考试作弊已经形成产业链，从生产销售作弊器材到卖试题、卖答案，形成“一条龙”的产业模式，组织链条严密，涉及范围从英语四六级考试、高考，到律师资格、财会、司法、公务员考试等，所有国家组织的考试均有相应的作弊网络，研发者、生产者、销售者们不仅通过网上邮购，各取所需，甚至还有专门的论坛交流信息。据重庆市公安局网警支队负责人介绍，这些作弊团伙呈现集团化、专业化、网络化趋势，采用“一条龙服务”，专人负责招揽客源、购买设备、组织答题、选取传送点、传送答案等。作弊团伙的作案工具也在不断翻新，从传统的手持发射设备到新型的接发装置，从分体式的设备演化到如今的一体式设备。接收装置更是五花八门，有放在兜里、缠在身上，依靠隐形耳机接收的常用语音接收装置；有嵌在橡皮、尺子、书写笔里，伪装度高的新型数字接收设备；还有隐蔽性更高的专用皮带接收装置。

2. 网络作弊犯罪技术先进、隐蔽性高

网络作弊犯罪属于高技术、高科技犯罪，其对科技技术的依赖性高，网络作弊犯罪利用网络信息技术和高新技术进行考试作弊，作弊信息收集和答案传输更加及时、更加迅速。在网速的不断升级中，通过计算机快速分析得出正确考试答案，然后将答案传输给多人，不仅能实现跨地域、跨空间的传输，还能实现实时的信息交流，在不同的地域、不同的人群，通过网络和技术均能实现实时传输且速度极快，收集更广。当然，其整个行为必须依赖网络信息技术和高科技产品，如果与此分离，网络作弊犯罪难以实现。在技术条件先进的支撑下，网络作弊犯罪有着较高的隐蔽性，案发风险较低，成功概率较大。由于技术手段的介入，考试过程中通常难以发现考试有何作弊行为，即便是被监考人员当场发现考生的作弊行为，想要通过作弊考生追踪并查处背后人员也存在不小难度。典型的如 2015 年 2 月的高调炫耀可帮助作弊案，江苏南通以何建林为首的组织网络作弊的团伙，通过在手机里安装保险勘察系统，将相机的 TF 储存卡插入手机，研发改装无线传输、手机 APP 软件和米粒耳机等作弊设备在 2015 年 9 月的国家一级建造师执业资格考试中大肆进行网络作弊，整个作弊过程无一不体现出其犯罪手段对先进网络科技技术依赖性强、作弊设备种类多、隐蔽性高的显著特点。

3. 网络作弊犯罪危害覆盖面广

网络作弊犯罪突破了传统作弊地域的界限，传统作弊犯罪由于信息流的不发达，对相关作弊信息的传播范围较为有限，通常表现在考试的区域范围内。然而，由于互联网的连通，各个地区的各种人员被连接成为一个整体，网络作弊可以实现线上的全国范围内的作弊。不法分子利用网络组织考试作弊、兜售各类作弊器材，他们通过网络 APP 或微信、QQ 群招募人员，组织作弊者散布相关作弊信息，考试者便可以借此获得作弊帮助。网络作弊的整个操作流程均在网络上进行，少则几十人，多则百人，严重破坏考试制度的公平公正，且可以渗透到全国各地区，危害范围特别广泛。几乎只要有网络的地方就具备了网络作弊的基本条件，为网络作弊的实施提供可能。例如，2016 年 11 月 25 日，南通崇川法院审判了一起涉及网络考试作弊的案件，该案件涉及考生多达 500 余人，除何某林外，其余涉案人员 26 人分别被判处刑罚。该案犯罪人何建林开设名为“南通百盛教育咨询有限公司”的网站，声称从他这报名参加考试通过率会非常高，何建林通过数十个线下代理招生，帮助考生在考试中进行作弊。他们通过线上线下联系考生，安排成员研发改装无线传输、手机 APP 软件、米粒耳机等作弊设备，在考试中通过微信摄像机拍摄试题并上传后组织他人作答并传递答案。涉及包括山东、安徽等多地的考生。网络作弊犯罪可以涉及的范围不断扩大，其危害覆盖面也随之增强。

五、网络作弊的成因探析

（一）我国网络信息技术成为网络作弊的便利工具

当前，我国以互联网为代表的信息技术与我国人民生产生活深度融合，《中国互联网发展报告 2018》蓝皮书的相关数据显示，2017 年，我国数字经济总量达 27.2 万亿元，数字经济对 GDP 增长贡献达 55%，我国相关信息基础设施持续升级，网络信息技术取得积极进展，数字经济发展势头强劲。截至 2018 年 6 月，我国 4G 用户渗透率进入全球前 5 位，5G 研发进入全球领先梯队，电子商务市场规模位居全球首位。将互联网、云计算及机器人这些作为代表的新型网络信息技术手段正在不断改进。在此背景下，网络作弊所需要的一系列技术支持便成为可能，诸如数据加密、资料传输、信号接收等可以在技术支撑下得以实现。网络信息技术的发展所带来的时间上的高效、空间上的分离逐渐成为推动网络作弊发展的便利和工具。

（二）我国考试覆盖面广、种类繁多

我国作为一个考试大国，教育部门每年组织的各类考试数不胜数，覆盖面极广、种类繁多。诸如普通高等学校招生全国统一考试、研究生入学考试等升学考试；法律职业资格考试、会计从业资格考试等证书考试；初级、中级、高级等职称考试；英语、日语四六级考试等语言考试；国家、省市公务员考试等职业考试更是占据了我国考试人员的半壁江山。仅以普通高等学校招生全国统一考试为例，高考不仅是人才遴选的基本方式，也是具有官方性与权威性的国家行为，是公民在受教育权的支配与保护下以考生身份参与高等教育资源分配的关键环节。① 2018 年的普通高等学校招生全国统一考试的报名人数就高达 975 万人。加之国家其他大小不等的各类考试，据初步估计，我国每年考试人次至少数千万之多。但是，考试本身作为一种人才筛选的主要途径，巨大的考试人数与所要争取的理想的考试结果并不能够对应涵摄。以我国的公务员考试为例，部分热门岗位的竞争异常激烈，有时甚至出现上万人竞争一个职务的情况。因此，一些人为了获得较好的成绩，取得相应的考试结果，往往会选择采取各种作弊手段以期在成绩上获得优势。

---

① 廖伟伟、伏金玉：《高考作弊行为的法律处置：法律性质、制度安排与立法完善》，载《重庆高教研究》2018 年第 6 期。

（三）网络作弊具有的低成本、低风险性

传统作弊行为以“人力”作为主要载体，通过“考前泄题”“携带抄本”“替人代考”“交头接耳”“篡改分数”等方式以期获取优异的成绩。但是，诸如“考前泄题”“替人代考”“篡改分数”等方式不仅操作难度极大，且人财物的耗费高，相关风险较大；而“携带抄本”“交头接耳”等方式，不仅被发现率高，而且对考场环境要求较大，成功率较低。随着网络信息技术的到来，作弊可以在更加隐蔽、更加安全的情况下完成。通过使用高科技设备，如扫描笔、隐藏摄像头等电子设备，通过互联网信息技术，实现数据的实时传播，将考试信息传播给考场外的人员，考场外人员利用网络信息技术及数据分析，极其迅速地得出题目正确答案，并再通过互联网信息技术传递给考场的人员，在不经意间就实现了考试的作弊行为。网络作弊不用花费大量人力、物力、财力去考前寻求题目或答案，也不用在考场之中“左顾右盼”而被监考人员怀疑，其被发现的风险相对较低，所费成本也相对较低。因此，网络作弊成为现代考试作弊人员的主要选择。

（四）相关法律规定的相对滞后性

作弊行为可以区分为违反行政法的行政违法行为和违反刑法的犯罪行为。在刑法修正案（九）颁布之前，由于刑法对国家考试缺乏界定，未将国家考试的秩序直接纳入刑法保护的法益，加之缺少考试作弊类型的识别，导致相应刑法罪名的缺失。对于涉及考试作弊的有关行为，司法实践中往往以非法获取国家秘密罪，非法使用窃听、窃照专用器材罪和非法控制计算机信息系统罪等定罪处罚；对于组织考试作弊、代替考试的行为刑法规制效果不佳。2015 年教育法修正增加了涉及国家教育考试犯罪的相关条款，刑法相关罪名的缺失也使得与教育法之间缺乏有效的衔接，从而导致考试作弊行为的行政违法与刑事违法之间的法律边界不清晰，法律惩处效果不佳。值得注意的是，刑法修正案（九）颁布以及教育法修正之后，《国家教育考试违规处理办法》还并未进行配套的细化修改，因此现行教育法第 79 条和第 80 条所列 5 类作弊行为和 5 类扰乱考试秩序的行为并未具体化，对“情节严重”构成行政违法与犯罪未明确相关标准。因此，在传统作弊考试法律规制尚不清晰的前提下，网络作弊的出现与蔓延更加对法律提出了挑战。相关法律规定的不明晰甚至缺失，导致对网络作弊行为的处罚依据不足，与此同时，相关法律规定的相对滞后，使得法律规制效果不佳、违法成本低、惩罚力度小，这些都给网络作弊的行为提供了生存蔓延的条件。

第二节 网络作弊犯罪的防控

一、网络作弊刑法相关规制

刑法修正案（九）对考试作弊行为的入罪进行了规定，诸如组织考试作弊，帮助他人考试作弊，非法出售、提供试题、答案，代替他人考试等行为将面临刑事处罚。刑法第 284 条之一规定："在法律规定的国家考试中，组织作弊的，处三年以下有期徒刑或者拘役，并处或者单处罚金；情节严重的，处三年以上七年以下有期徒刑，并处罚金。为他人实施前款犯罪提供作弊器材或者其他帮助的，依照前款的规定处罚。为实施考试作弊行为，向他人非法出售或者提供第一款规定的考试的试题、答案的，依照第一款的规定处罚。代替他人或者让他人代替自己参加第一款规定的考试的，处拘役或者管制，并处或者单处罚金。"此条文分别对组织考试作弊罪，帮助考试作弊罪，非法出售、提供试题、答案罪和代替考试罪进行了规制，网络作弊是上述行为在网络虚拟空间的延伸，是利用网络技术的新型考试作弊行为。网络考试作弊并未逾越考试作弊的范畴，即便存在技术手段，但是作弊本身性质并未发生改变。因此，网络作弊涉及组织、提供、替考等行为依然可以依据现有刑法进行规制。但是值得注意的是，网络作弊的部分行为界定需要厘清，如网络替考是属于代替考试还是属于帮助他人考试作弊；又如，在网络虚拟空间招募作弊人员的行为，利用网络虚拟空间发布作弊信息的行为是否应当在刑法中予以规制。事实上，网络作弊犯罪是利用网络技术手段的新型作弊犯罪行为，对网络作弊的打击并非单独依靠刑法力量能够规制，更主要还须依靠刑事政策、法律技术手段等实现。

二、网络作弊防范路径

目前，不仅仅是法律职业资格考试，在会计资格考试和公务员录用考试中都发布了相关加强防范和打击利用无线网络进行考试作弊的通知。综上，利用互联网和无线设备有组织地进行各种考试作弊的活动已经成为良好的考试环境、安全的考场秩序和公平竞争的社会活动的重大威胁，再加上网络作弊自身所具有的危害覆盖面极广的特点，如果不及时采取各种相关的措施，就会严重破坏考试的公平公正和严肃性。利用相关刑法法律对网络作弊行为进行规制和监管是应有之义，但是毕竟刑法是保护社会秩序的最后一道防线，对利用网络进行作弊的行为既要有刑法惩戒手段进行宏观层面的规制，也需要相关行政经济类的法律法规、多元化的预防措施和各管理部门协调合作等综合性的刑事政策手段。

（一）加强考前思想教育工作和媒体舆论宣传活动

随着考试作弊团体化经济利益的驱使和网络技术手段不断发展更新，利用网络进行考试作弊的现象屡屡发生，要遏制众多网络作弊行为的发生，必须坚持以预防为主，惩罚为辅的相关政策，只有预防工作的整体水平不断提升，才可能更好地将绝大多数的作弊行为消除在萌芽状态，达到预期的社会效果。[①] 政府和相关考试部门要高度重视法治宣传和社会舆论的作用，建立完善诚信体系，加强诚信教育，从思想源头杜绝考试作弊行为。首先，要加强对广大考生诚信考试、遵纪守法和考试违规违纪行为法律后果的思想宣传教育，树立“诚信考试光荣，违纪舞弊可耻”的良好风尚，使广大考生能够自觉做到“干干净净”进考场；其次，要加强对考试工作人员的严格监考的培训，改进原有监考、巡考工作方式的不足，构建考试工作人员的激励机制和责任追究相结合的有机制度，使其切实增强工作责任意识和使命感，在对传统作弊进行严格监管的前提下，不断地提高对利用无线电设备及互联网等进行作弊活动方式的识别能力；最后，充分利用互联网和大众媒体的舆论作用，利用有广泛影响力的案例进行正面宣传，特别是对利用网络作弊的案例进行批评教育，引导社会舆论正能量，弘扬中华民族诚信的传统美德，积极营造公平、公正、安全、良好的考试环境。

（二）建立“以政府为主导，各部门共同协调”的多元化管理体系，加大技术化打击

如前所述，要在网络作弊活动过程中进行监管和防范，就必须加强政府部门、相关考试管理部门、公安机关以及无线电管理机构工作的协调性和合作的密切性，建立“以政府为主导，各部门共同协调”的多元化工作机制，促进打击网络作弊的联动体系的构建，维护阳光考试、诚信考试的良好秩序。

首先，相关考试管理机构须采用考试过程摄像头全覆盖的模式，增强工作人员的监管力度和提高监管效率，不仅对试卷印刷、运输、保存等工作流

① 陈瑶：《防范普通高考考试作弊的策略研究》，载《科学大众（科学教育）》2015 年第 9 期。

程进行监督管理，而且更要对考生、监考人员和考试周围环境进行监督管理，统筹协调考试过程中危害考试秩序的各类作弊行为。对于突发性的考试作弊行为，应当提前制定行之有效的预防实施方案，并积极联系有关部门做好相关具体准备工作，为考试提供一个安全和公平的良好环境。其次，无线电管理机构应当为相关考试管理机关和公安机关提供高科技技术支持，协助依法打击利用无线电进行考试作弊等违法违规行为，应当依照无线电管理条例对考点周边的电磁环境加强监测，设置完善的无线电监测系统，对可疑信号进行监测和分析，对擅自使用无线电及违法发射的无线电信号应当及时予以定位和查找，解调、压制、追踪信号源，精准定位试图通过非法手段作弊、破坏考试正常秩序的作弊电波，并在考试前及时予以打击，防患未然。最后，公安机关负责在考试过程中的周边环境治安、交通和消防等保障安全工作，加强对考场的巡逻工作和治安工作，重点排查考场附近是否有无线发射、接收装置的车辆及可疑人员，协助无线电管理机构的相关工作，对查获的作弊器材进行依法收缴，对现场查出的作弊人依法予以询问、拘留等。

（三）完善对作弊器材生产销售的监管及违规执法人员的惩戒制度

网络作弊行为以互联网为媒介，借助无线电子设备完成数据的传输，最终实现在线作弊，诸如无线电耳机、微型摄像头、信号接收器等无线电子设备是网络作弊的主要犯罪工具。我国对电信终端设备、无线电通信设备和涉及网间互联的设备实行的是许可制度，即实施的是特许经营，未经行政许可不能从事该类经营。但是，由于相关法律法规的滞后，行业监管的不力，该设备设施作为灰色产业在市场上仍大量存在，导致相关作弊器材在市场中并非难以购得。因此，加强对无线电设备生产者的动态监管，对经营者的常态检查，建立健全相关法律法规、制度规章，以制度化手段坚决处罚、取缔未经许可擅自生产、经营的主体，净化相关市场，实现该行业的制度化、秩序化。对依法取得生产经营许可的市场主体，还应当对其建立负面清单制度，详细列举生产许可种类清单，对未经许可擅自生产的予以惩处，对情节严重的予以关停整治。另外，及时建立健全对执法人员的失职惩戒机制，对执法过程中不作为、懒作为、包庇行为等依法进行惩处，提升执法人员的意识和素质。

（四）刑事法律背景下“互联网＋作弊”的规制

“互联网＋”是互联网发展进程中形成的经济社会发展的新形态，是网络技术支持下的“互联网＋各行业”，两者并不是简单相加，而是利用信息通信技术以及互联网平台，让互联网与传统行业进行深度融合，从而创造出新的发展生态。不法分子利用互联网进行考试作弊的相关违法犯罪活动，线上线下，层层分工，严重破坏了公平竞争、诚实守信的考试制度。刑法修正案（九）对考试作弊行为的入罪进行了规定，将国家考试的相关作弊行为纳入刑法惩治的范围。但是，诸如网络散布考试作弊信息，网络制造、兜售考试作弊图纸、器材的行为缺乏规范的刑法规制，例如，司法实践中以非法销售间谍专用器材罪定罪处罚部分兜售作弊器材的行为也存在不少问题。因此，在“互联网+”的社会发展背景下，刑法应当与时俱进的研究社会中的新犯罪问题，成为惩治新型犯罪、灰黑犯罪的有力武器。值得注意的是，网络考试作弊行为涉及范围大、社会危害广，必须严厉予以打击。但是，考试作弊毕竟不是严重破坏社会政治、经济、文化及他人人身、财产安全的犯罪，刑法的谦抑性及我国长期贯彻的宽严相济的刑事政策都要求网络作弊行为的刑事处罚应当严格做到罪责刑相适应。对于网络作弊行为，可以适当扩宽考试作弊行为入罪的范围，将涉及网络作弊的相关行为均纳入刑法典的内容，明确网络作弊相关行为的犯罪构成要件，但是在罪名设置上，应当充分发挥“情节犯”“但书”等刑事立法技术手段的适用，降低网络作弊行为的入罪标准，并通过相关行政法律法规的配合发挥相关罪名的作用。在对网络作弊行为的刑罚方面，应当贯彻“教育为主，预防为主”的精神，刑罚设置应当以“财产刑为主，自由刑为辅”，加大管制、拘役等在网络作弊刑罚上的适用，降低自由刑的惩罚标准。另外，在“互联网+”的时代背景下，刑法应当密切关注网络行业相关主体的动态，对网络相关主体拒不履行监管责任，为互联网犯罪提供便利条件等行为予以坚决处罚。

第八章

网络“套路贷”犯罪

第一节　网络　“套路贷”　犯罪的识别

一、网络“套路贷”发展态势

“套路贷”是一种近几年来产生的新的犯罪现象，高发于上海、浙江、江苏等地。[①]“套路贷”犯罪这一概念首先出现在2017年10月25日印发的《上海市高级人民法院、上海市人民检察院、上海市公安局关于本市办理“套路贷”刑事案件的工作意见》（以下简称《上海市工作意见》）中。[②]最高人民法院、最高人民检察院、公安部、司法部于2018年1月16日发布的《关于办理黑恶势力犯罪案件若干问题的指导意见》第20条规定：“对于以非法占有为目的，假借民间借贷之名，通过‘虚增债务’‘签订虚假借款协议’‘制造资金走账流水’‘肆意认定违约’‘转单平账’‘虚假诉讼’等手段非法占有他人财产，或者使用暴力、威胁手段强立债权、强行索债的，应当根据案件具体事实，以诈骗、强迫交易、敲诈勒索、抢劫、虚假诉讼等罪名侦查、起诉、审判。对于非法占有的被害人实际所得借款以外的虚高‘债务’和以‘保证金’‘中介费’‘服务费’等各种名目扣除或收取的额外费用，均应计入违法所得。对于名义上为被害人所得、但在案证据能够证明实际上却为犯罪嫌疑人、被告人实施后续犯罪所使用的‘借款’，应予以没收。”根据该条款的规定，可以总结得出“套路贷”的目的是非法占有他人财物，其套路表

---

① 刘道前、满艺伟：《“套路贷”的法律性质及侦防对策分析》，载《犯罪研究》2018年第4期。

② 侯静杰、李开放：《“套路贷”犯罪的侦查难点与对策研究》，载《北京警察学院学报》2018年第6期。

现为：虚增债务、签订虚假借款协议、制造资金走账、肆意认定违约、转单平账、虚假诉讼、强立债权、强行索债。

随着互联网技术的快速发展和普及，互联网逐渐与传统的民间借贷相结合，一方面形成了新兴的网络借贷产业，填补了我国小额借贷业务的空白。另一方面却也滋生了新型的犯罪模式——网络“套路贷”。犯罪人通过网络社交媒体平台或者 P2P 平台发布极具诱惑性的虚假贷款信息吸引借贷人签订电子借贷合同，在合同中设置较短的还款期限等苛刻条件故意使借款人违约，并通过电子欠条，约定虚高的与实际不符的贷款数额。犯罪人在借款人违约后通过各种软暴力手段催收债款，要求借款人在不同借贷平台上贷款，签订新的数额虚高的贷款欠条，以“新债偿还旧债”的方式垒高债款，使得本是小额贷款却如滚雪球般越滚越多，最终达到非法占有他人财物的犯罪目的。

浙江省高级人民法院、浙江省人民检察院、浙江省公安厅《关于办理“套路贷”刑事案件的指导意见》（以下简称《浙江省指导意见》）中认为“无抵押贷”“校园贷”“车贷”“房贷”“裸贷”是“套路贷”的表现形式，而网络“套路贷”是在“套路贷”的基础上变种发展衍生的产业，变种之后的网络“套路贷”表现形式多样，与众多线下产业相结合，花样翻新，使得网络“套路贷”组织更为严密，隐蔽性更强且影响范围广、危害大。其中“校园贷”因其发生在未成年人及大学生等弱势群体中，造成了极为恶劣的影响。2013 年 7 月第一家互联网“校园贷”平台出现，2015 年“校园贷”平台发展达到顶峰，共有 108 家。在 2016 年 4 月出台的《教育部办公厅、中国银监会办公厅关于加强校园不良网络借贷风险防范和教育引导工作的通知》（以下简称《校园贷管理通知》）开始整顿校园贷市场后，据不完全统计，截至 2017 年 2 月底，有 47 家“校园贷”平台选择退出校园贷市场，其中有 28 家平台宣布关停全部业务；19 家平台选择转型，改变其服务群体。全国还有 74 家互联网金融平台开展“校园贷”业务，主要为消费分期平台和 P2P 网贷平台。其中，21 家平台专营“校园贷”，53 家平台缩减业务范围，拓宽市场，将服务范围扩展至白领人群等年轻人。① 综上，《校园贷管理通知》对于“校园贷”的规范和网络“套路贷”犯罪的遏制作用明显，但网络“套路贷”犯罪仍在频繁发生。

---

① 《独家：强监管后校园贷现状 47 家平台退出（表）》，https：//www. wdzj. com/news/yanjiu/75594. html，访问时间：2018 年 11 月 13 日。

二、网络“套路贷”表现形式

参考《浙江省指导意见》中对“套路贷”表现形式的归类，根据司法实践中的具体案例，笔者将网络“套路贷”的表现形式总结为以下几种：

（一）“校园贷”

校园贷是网络“套路贷”发生在校园中的一种变种形式。犯罪人通过P2P贷款平台或QQ、微信等社交媒体，面向未成年人和在校大学生，以低门槛、低利率、快速放贷等虚假诱惑条件吸引学生进行贷款，实则利用违约金、手续费、中介费等各种名目恶意垒高还款数额，当学生无法还款时，以威胁、侮辱诽谤、骚扰等方式催收债款，向学生施加压力，强迫其偿还借款。

（二）“裸贷”

裸贷是指借贷双方通过网贷平台签订电子借贷合同后，借款人还需要手持身份证拍摄裸照或者将裸体视频上传，担保贷款的偿还。除此之外，双方在私下还会达成一个更高额的利率，如果不能按时偿还贷款和利息，借款人将会受到裸照或裸体视频被上传到网络的威胁，借款人只能选择偿还高额的费用。

（三）“租房贷”

“押一付三”是一般租房的常见模式，对一些租房者来说却是不小的压力。在此需求之下便衍生出了租房贷。中介机构利用“押一付一”等极具诱惑性的宣传广告吸引租户与之签订租房协议，随后采用强迫手段或者隐瞒的方式让租户在贷款平台上贷款。网络借贷公司将贷款一次性发放给中介公司，中介公司按照约定向房东支付房费，而租房人名义上是按月缴纳房租，实则是按月偿还贷款。中介公司除支付一部分房费给房东外，剩余的部分便用来投资其他的房产，所以实际上是中介公司利用租房者的信用为自己贷款，借贷的风险全部转移到了租房人和房东身上。

（四）“美容贷”

美容贷通常以低价美容、整形等名义吸引公众购买服务。到店后通过欺诈、隐瞒等手段，利用消费者进行个人贷款。借贷公司将款项直接打到美容医院的账户上，美容医院通过抬高产品价格，虚增医疗数额，扣除产品费用和手续费、中介费的手段获取利益，最终贷款人并未拿到借款，也未接受价值相当的服务，却背负了债务。

（五）“回租贷”

这种方式是校园贷被采取强制措施之后网贷平台采取的新的变种形式。借款人将手机以抵押的形式借款，无须交付手机，借贷平台评估手机后，给出借款的额度，名义上双方签订的是租赁合同，借款人实际是以支付手机租金的方式分期偿还借款。过程中，借贷平台会要求提供身份信息和手机通讯录、账号等信息，以便其远程掌握手机储存信息，如不能按时偿还借款，借贷人会采取锁定手机并读取其中的个人信息的方式对其进行骚扰。

三、网络“套路贷”典型案例

网络“套路贷”事件层出不穷，以“校园贷”“裸贷”“租房贷”“美容贷”“回租贷”等形式反复出现在人们的视野中。

大二女生校园贷案件。2017 年 6 月，大二女生杨帆为筹集社团活动资金向一网贷公司借款 3000 元，约定一周还款 5000 元，到期无法还款，被胁迫在不同的借贷平台上借款，最终债务累计达 18 万元，并被威逼利诱下在娱乐场所“坐班”，所得收入全部用来还款。

借贷宝裸贷事件。2016 年 11 月，名为“借贷宝 10G 裸条”的压缩文件在网络上迅速传播，受害人多达 200 人，文件中不仅有受害人的裸照和裸体视频，还包括身份证号、微信号、学校、家庭住址甚至父母单位和联系方式等诸多个人信息。

上海寓见公寓租房贷事件。2018 年 5 月，张某与上海寓见公寓签订了“押二付一”的一年期租房合约，中介人员告知其需要通过“元宝 e 家”缴纳剩余房租。之后才发现实际上是在“元宝 e 家”上办理了消费贷款，每月偿还的是贷款而非房租。并且在张某退租后，被认定其主动违约，押金难以要回，中介失联，贷款协议也未解除，“元宝 e 家”仍在催促还款。

天津美容贷事件。2018 年 6 月，周某在天津一家专治皮肤病的医院治痘，面诊花费 1 万多元，在医院工作人员的操作之下，周某办理了 6 个月的贷款 1.56 万元，借贷平台直接将贷款转到了医院的卡上。但是，最终病没有治好，周某还背上了 1.56 万元的欠款。

大学生手机回租贷案例。一大四学生为借钱买新手机，在一 APP 上以回租的方式将手机“抵押”，签订了租赁协议。经评估后借贷 2000 元，扣除平台手续费 400 元，实际到手 1600 元，并提供了自己的手机账号、密码信息。后因其一周期限届满未能还款，被不断反复要求缴纳续租费，1600 元的借款不断垒高至 1 万元，平台通过远程控制手机提取手机通讯录联系人等进行骚扰，强迫借款人还款。

四、网络“套路贷”特征

通过研究以上诸多案例，笔者归纳总结出了以下网络“套路贷”犯罪的主要特征，以利于把握其普遍规律。

（一）组织结构团伙化

通过对各地公安机关、司法机关打击网络“套路贷”所公布的信息进行研究发现，网络“套路贷”犯罪多为团伙作案。在浙江破获的 4·26 特大网络“套路贷”案中，温岭市检察院依法批准逮捕的犯罪嫌疑人达 103 人。①2018 年 5 月重庆警方破获的特大“套路贷”案件中，落网的犯罪嫌疑人达 290 余人。② 浙江临海警方打击的网络“套路贷”犯罪有 35 名犯罪嫌疑人因涉嫌寻衅滋事罪被公安机关依法移送起诉。③ 从警方通报中可以得知，“套路贷”公司实则为犯罪集团，有着严密的组织架构，明确的层级划分和清晰的人员分工。组织架构包括核心成员、个人信息收集人员、设置套路的人员、负责收付款的人员以及财务人员、业务人员。④

（二）受害人年轻化

从诸多案例可以得出结论：网络“套路贷”的受害者集中于未成年人、大学生和刚进入社会不久的青年人。这些年轻人接触互联网的概率远高于其他群体，被称为“互联网上的原住民”，他们对互联网信息的依赖程度和信任程度也相对其他群体较高，但缺乏生活经验，容易跌入不法分子设计的圈套中。另外，青年人的经济来源单一，经济基础薄弱且自身缺乏风险防控能力，再加上其消费观念、理财意识和防范风险的意识不成熟，在遭遇到一次圈套后，不能及时寻求他人的帮助，很容易陷入犯罪者的循环套路中去，导致造

① 《批捕 103 人　浙江破获“4·26”特大网络“套路贷”案》，https：//www. chinacourt. org/article/detail/2018/07/id/3398169. shtml，访问时间：2018 年 11 月 14 日。

② 《重庆警方抓获“套路贷”犯罪嫌疑人 290 余名　捣毁窝点 70 余个》，https：//www. chinacourt. org/article/detail/2018/05/id/3292763. shtml，访问时间：2018 年 11 月 13 日。

③ 《为讨债骚扰不止　浙江临海警方移诉“套路贷”犯罪团伙》，https：//www. chinacourt. org/article/detail/2018/09/id/3488655. shtml，访问时间：2018 年 11 月 14 日。

④ 《兰州警方打掉一涉资金流 3 亿元“套路贷”团伙》，https：//www. chinacourt. org/article/detail/2018/09/id/3495977. shtml，访问时间：2018 年 11 月 14 日。

成更大的损失。

（三）犯罪团伙年轻化、专业化

因为网络“套路贷”犯罪需要借助网络联系目标，要求犯罪人员对互联网和社交媒体的熟悉程度较高，所以犯罪成员呈年轻化的趋势。根据2017年8月，上海开展“套路贷”专项打击行动，32名犯罪嫌疑人落网，被提起公诉。在这32人中，80、90后有25人，占78.1%，其余7人为70后。这些年轻人学习能力强，犯罪团伙会进行相关的“套路”设置和金融等知识的培训，提高了犯罪的专业性和反侦察能力。

（四）犯罪区域广泛化

与传统方式“套路贷”多集中于上海、浙江、江苏等地不同，网络“套路贷”犯罪的分布区域广泛，甚至在一起案件中，有多个不同省份的团伙联合作案，突破了传统“套路贷”犯罪地域范围的限制，扩散到了全国各地，公安机关进行侦查抓捕工作往往需要与全国不同省市的公安部门开展联合行动。

重庆破获的特大“套路贷”犯罪案件中，警方捣毁的窝点多达70余个，散布于重庆、成都、广州、汕头、三亚等地。兰州警方抓获的特大“套路贷”团伙的作案窝点在浙江瑞安、金华两地。浙江温岭4·26特大网络“套路贷”案的作案地在福州。2018年7月广州天河警察抓获的“套路贷”犯罪人员来自吉林、浙江、广东等地。①

（五）犯罪手段欺骗性强

一般受害人多是利用网络借贷进行消费、短期投资等，一开始的借款数额不大，多是几千，但欠条上所写的借款数额远高于实际借款数额，虽然打着低利息、无抵押的广告，但通过巧立各种名目，如手续费、逾期费、中介服务费、续期费等，实际利息远高于《最高人民法院关于审理民间借贷案件适用法律若干问题的规定》第26条的规定：借贷双方约定的利率未超过年利率24%，出借人请求借款人按照约定的利率支付利息的，人民法院应予支持。借贷双方约定的利率超过年利率36%，超过部分的利息约定无效。借款人请求出借人返还已支付的超过年利率36%部分的利息的，人民法院应予支持。

如4.26特大网络“套路贷”案中，小林借1500元还3000元，大二女生校园贷案件中杨帆借3000元还5000元，大学生手机回租贷案件中受害人借

---

① 《男子陷“套路贷”　借款1万半年内要还200多万》，https：//www.chinacourt.org/article/detail/2018/09/id/3488697.shtml，访问时间：2018年11月14日。

1600 元还 1 万元。虽然借贷人的借贷费用较小，但最终的欠款数额却是其几倍甚至几十倍，完全不符合借贷人宣传的低利息的特点，反而远远高于银行的贷款利率，堪比“高利贷”。

（六）犯罪黑数大

由于犯罪团伙利用互联网犯罪，扩散范围极广，一起网络“套路贷”的受害者就多达数百人甚至千余人，但是报案人数却寥寥无几，甚至在警方立案侦查后仍有许多受害人不配合警方进行调查。在包头市警方破获一起网络“套路贷”犯罪后进行统计，受害人在包头市已达到数千人，然而，主动到公安局配合调查的受害者还不到 100 人。①

一方面，因为网络“套路贷”犯罪采用各种软暴力手段催收欠款，经常采取电话、短信等方式骚扰受害人甚至进行威胁恐吓，受害人往往会拒接电话，更换电话号码，即便案件东窗事发，公安机关也难以联系到受害人。另一方面，网络借贷发生在虚拟空间中，一般只有聊天记录、转账记录等可以作为证据，很多受害者掌握的证据不足，难以支持公安机关立案侦查。

五、网络“套路贷”原因分析

（一）小额贷款需求量旺盛

银行借贷业务覆盖不足并不会压缩贷款的需求量，相反，正是因为缺乏正规的银行等金融机构的贷款渠道，才滋长了大批不合规的民间借贷平台的出现。

首先，对于受害者——以大学生和初入社会的青年人为主。根据中国校园市场联盟②等联合出品，由华东政法大学新媒体数据研究所提供学术支持的《2018 中国大学生网络生态和消费行为报告》（以下简称《报告》）数据表明，89.63% 的大学生的生活来源依靠家庭供给，其中完全依靠家庭供给的占 37.97%。大多数学生的经济来源都是依靠父母给予的生活费，初入社会的青年人劳动报酬不高且工作不稳定、日常开销较大。受害人的经济来源单一，

---

① 《警方披露“套路贷”团伙放款催收内幕》，https：//www.chinacourt.org/article/detail/2018/08/id/3471855.shtml，访问时间：2018 年 11 月 14 日。

② 中国校园市场联盟：是由与校园市场相关的企事业单位、社会组织自愿结成的非营利性社会团体；是以促进全国校园市场行业交流、校园人才培育及校园创业项目孵化为主要任务的综合性平台。联盟由共青团中央直属的中国青少年新媒体协会、全国学校共青团新媒体运营中心指导，是推动校园行业的参与者、从业者在市场行为过程中行业自律与规范的 NGO 组织。截至 2017 年 12 月，中国校园市场联盟已有新浪、支付宝、OPPO、猎聘、唱吧、魅族、华硕等 74 家成员单位。

经济能力较差，本身资金不够充足，又难以获得正规银行机构的贷款支持。导致这种现象的原因是多方面的，首先，青年群体没有渠道学习金融理财知识。其次，在我国传统观念中，学生就应当“两耳不闻窗外事，一心只读圣贤书”“分散精力于与课业不相关的方面是不务正业，凭借成绩取得奖学金才是正途”等，一方面，这反映出我国对金融理财教育的忽视，另一方面，也推动了这种恶性循环。也有人认为大学生可用资金有限、经验缺乏、无财可理，许多家庭不支持将有限资金投入金融证券市场中去。同时我国的教育体系中也缺少对金融知识、投资理财方面的教育，除了家庭中从事金融行业或者选择经管类专业进行学习外，很多高校并没有将投资理财教育正式列入大学生的课程体系当中，即使是经管类的学生也没系统学习过关于投资理财的课程，尤其集中在理论知识的学习上，更多的是为了应试，对于实践性教育活动更是少之又少，但显然，投资理财的实践教育更重于理论教育。所以，我国的青年人难以凭借一己之力获得“第一桶金”，所以只能依赖单一的家庭支持。但客观上，青年群体又有强烈的消费需要。青年人的消费一般包括3个方面：满足基本生存需求型消费（衣食住行）、单纯享受型消费（奢侈品消费）和为生产活动投入型消费（创业、培训）。《报告》统计，2018年中国大学生消费市场总规模达9449.98亿元，基础消费（餐饮零食、日常生活和人际交往）5428.12亿元，月人均1902.6元；享受型消费（文化娱乐和电子产品消费）总规模931.44亿元，月人均148.54元；生产投入型消费（教育培训）总规模381.81亿元，年人均1959.06元。另外，青年人的消费观念较传统观念发生了转变，普遍能够接受超前消费，网购产业的兴旺发展也为超前消费推波助澜，传统电商平台推出的诸如蚂蚁花呗和京东白条等消费分期贷款对传统的消费观念和消费习惯造成了巨大的冲击。

（二）借贷业务覆盖范围不足

大学生信贷业务现如今没有被覆盖在银行等金融机构的业务范围内。事实上，在2004年9月，金诚信用和广发银行就联合发布了我国第一张大学生信用卡，银行业金融机构开始进入大学生借贷市场，2010年前，大学生是信用卡的重要发放群体。但由于当时银行对大学生信用卡规划不合理，导致各大银行对大学生信用卡业务盲目扩张，出现了大量的睡眠卡等问题①，另一部

① 丁萌：《我国大学生信用卡现状、问题及对策研究》，载《现代营销（经营版）》2018年第8期。

分原因是当代社会诚信意识缺失，很多大学生缺乏契约精神，出现了部分恶意透支现象，造成了呆账、坏账，打击了银行办理大学生信用卡的积极性，造成了大学生信用卡业务停滞。2009 年中国银监会发布了《中国银监会关于进一步规范信用卡业务的通知》，其中明确禁止了向未成年人发放信用卡，对于向已满 18 周岁的无固定收入、无稳定收入来源的学生发放信用卡需要落实第二还款来源并取得其书面同意。2011 年中国银监会通过的《商业银行信用卡业务监督管理办法》更加严格规范了对学生发放信用卡的条件，不得超过两家银行对同一申请人发放信用卡，学生信用卡也不得进行超限额使用。该办法出台后，各银行机构逐渐退出了校园贷市场。校园再次变成了民间借贷的一片“蓝海”，各种借贷平台开始露头填补市场的空白。

网络“套路贷”的受害者多为青年人，初入社会的年轻人与学生处于相同的尴尬境地中。无法提供担保、收入不高、个人征信较低，很难申请得到银行提供的贷款。银行在小额借贷和大学生借贷方面业务覆盖不足，给予了小额贷款公司和个人贷款发展的空间，直接导致了网络“套路贷”的猖獗。

（三）网络借贷平台野蛮生长

自从银行产业逐渐退出这片市场后，网络借贷平台伺机而动，抓住机会填补市场的空白，但作为新兴经济现象，缺乏相应的规制，网络借贷平台一直处于野蛮生长的无序竞争时期。为招揽客源，网络借贷平台普遍存在着无抵押、低利息等虚假宣传。从表象看，网贷平台宣传的利息低于银行，但实际存在着许多隐形利息，或巧立“手续费”“服务费”甚至“违约金”“逾期费”“平台管理费”等各种名目拦截借款。为了追逐利益，打法律的擦边球，很多网贷平台本应作为信息中介机构，为借贷双方提供信息交互，但在实际操作中，很多网贷平台参与到借贷关系中，逐渐发展成为类金融机构的性质，违反了网贷平台的服务性质。但是在我国网贷大环境中，既缺乏法律规制的约束，又缺少行业规范作为引导，网贷平台的发展仍处于资本积累的原始时期，单纯关注资本变现，缺乏健全的发展模式。

网络借贷平台内部缺乏制度建构，网贷平台对借贷双方当事人的信息审核缺乏。为了提高效率、降低成本、快速放贷，网贷平台不会去审核借贷双方当事人的信息是否真实，是否有还款能力，也不对双方借款合同的履行进行严格监管。例如借贷宝案件中，借贷宝只负责提供信息交换平台，借贷双方选择缔约对象完全凭借自己对对方信息的把握，交易双方的交易风险极大。网贷平台内的信息交互制度缺乏，各网站间信息不流通，导致出现借贷人在不同平台借款，出借人通过此举不断垒高债款，最终使借贷人无力偿还。

（四）征信制度不完善

我国主要由银行进行征信活动，人民银行建立了个人征信系统，出具个人信用报告，主要包括：被记录者的姓名、证件号和婚姻情况等基本信息，信用卡贷款、住房贷款等信贷记录以及公共记录和查询记录4个方面的内容。但是人民银行的个人征信系统是在被记录者办理信用卡、缴纳税款后才开始记录的①，所以，在大学期间大部分人的消费活动没有记录在个人信用报告中，青年人缺少银行的征信信息，不能证明自己的信用能力，被列入金融机构的“白名单”，自然就难以取得银行的贷款，因此形成了恶性循环。

民间机构的征信处于起步阶段，各征信机构间没有实现信息交互，譬如芝麻信用上对于用户消费情况综合信用的评价只能用于在蚂蚁借呗平台进行小额贷款服务，无法作为其他平台的信用评价标准。腾讯信用分用于开通微粒贷和易信车贷。民间机构的征信业务基于其原本业务的不同有不同的偏向性，没有统一的征信标准，得出的评价也各不相同，很难实现不同平台间信息的交互。犯罪分子利用平台之间缺乏信息交换的漏洞，在借贷人资不抵债时，“推荐”其到其他平台上进行重复借款，以新还旧。网贷平台也难以审核借贷人的还款能力，导致本不具有还款能力的借贷人陷入债台高筑的绝望境地中。综合来说，因为我国征信制度的不完善，一方面，导致了在传统金融机构借贷不便利，另一方面，造成在网络借贷平台上信息交流不通畅。

（五）行政监管不健全

在2016年《网络借贷信息中介机构业务活动管理暂行办法》（以下简称《网贷办法》）出台前，网络借贷平台不需要任何资质便可进行经营活动，风险极大。《网贷办法》的出台对网贷平台进行了初步规制，要求实行备案登记制度，网贷平台应当在取得营业执照后向工商登记注册地地方金融监管部门备案登记，并在备案后申请相应的电信业务经营许可。原定在2018年6月各地方敦促网络借贷平台完成备案登记，现已过期限，备案登记制度的进程实质性延期。网络借贷平台的国家监管力度缺少明确的、强制性要求。缺乏退市机制和法律后果规定，对网贷中介机构的发展规制不甚完备，很多不合

① 郭金易、张杰艳、吴成：《我国大学生个人征信标准及体系建立之刍议——基于校园消费信贷平台乱象》，载《中国市场》2018年第9期。

规、经营不善的网络借贷平台仍存在，最终变成了网络“套路贷”犯罪的温床。

（六）侦查、司法难认定

网络“套路贷”犯罪具有网络犯罪的普遍特点——隐蔽性强，网贷团伙通常以个人名义联系受害人，与之签订不实的借贷合同，将案件伪造成“民事借贷案件”，因为受害人法律意识和借贷风险意识差，面对远高于借贷本金的欠款，很多人难以认识到自己被“套路”了，只能糊里糊涂地去还债。如此所造成网络“套路贷”犯罪黑数较高，也增加了侦查人员的侦查难度。混淆了民间借贷纠纷与犯罪活动，也导致了在“套路贷”犯罪刚刚浮出水面时，司法机关对案件的定性难。因为“套路贷”犯罪所具有的团伙性特点，案件中涉案人员众多，一个犯罪团伙少则三五人，多则数十人，甚至数百人，涉及众多受害人，案情复杂，司法机关需要面对大量的证据信息材料，厘清案件过程和法律关系，梳理每个犯罪嫌疑人所涉及的罪名和在犯罪团体中的地位。

第二节　网络“套路贷”犯罪的防控

一、刑事法律规制

网络“套路贷”的犯罪流程通常涉及多种犯罪，根据其犯罪手法不同，所触犯的刑法罪名也不同，包括诈骗罪、合同诈骗罪、敲诈勒索罪等。根据《上海市工作意见》《浙江省指导意见》中对“套路贷”的释义和规范，对网络“套路贷”的防治提供了相同的思路。总结网络“套路贷”犯罪的构成要件能够为侦查机关提供侦查方向，提高侦查机关辨别民事借贷与“套路贷”的能力，为司法机关认定案件性质、厘清案件事实、认定共同犯罪、实现同案同判有着重要意义。

网络“套路贷”犯罪的主观目的是非法占有公私财物。客观方面，犯罪嫌疑人、被告人以违约金、保证金、中介费、服务费、行业规矩等各种名义骗取被害人签订虚高借款合同、阴阳借款合同、房产租赁合同等明显不利于被害人的各类合同，制造各种借口单方面认定被害人违约并要求偿还虚高借款，在被害人无力偿还的情况下，进而通过软暴力手段催收债款或者虚假承诺以新债还旧债，一般情况下应当以侵犯财产类犯罪定罪处罚。如果犯罪嫌疑人、被告人实施“套路贷”犯罪时，未采用明显暴力或者威胁手段，被害人依约定交付资金的，则犯罪嫌疑人、被告人的行为从整体上属于以非法占有为目的，虚构事实、隐瞒真相骗取被害人财产的诈骗行为，一般可以诈骗罪追究刑事责任。犯罪嫌疑人、被告人实施“套路贷”犯罪时，既采用了虚构事实、隐瞒真相的诈骗手段，又采用了暴力、威胁等手段，同时构成诈骗、敲诈勒索、合同诈骗罪等多种犯罪的，依据刑法的规定数罪并罚或者按照处罚较重的定罪处罚。暴力手段包括但不限于滋扰、纠缠、哄闹等使被害人产生心理恐惧或心理强制等“软暴力”手段。除此之外，基于网络“套路贷”团伙作案的特性，将协助制造虚假给付事实；提供资金、场所、交通等帮助的；非法出售、提供公民个人信息的；帮助、掩饰、隐瞒转移犯罪所得及其产生收益，套现、取现的；中介人员长期参与“套路贷”犯罪活动等认定为共同犯罪。对于网络“套路贷”犯罪刑法应当严厉打击，应当让人们认识到网络“套路贷”不只是简单的民事借贷纠纷，而是有组织的犯罪活动。增加“套路贷”犯罪成本，发挥法律的指引、预测、教育、评价、强制作用，维护我国的经济秩序和社会秩序。

二、行政手段防治

网贷平台的野蛮生长，原因是我国对于网络借贷这个新鲜事物的出现，缺乏相应的监管。改变网络“套路贷”猖獗的现状，应当首先对网络借贷平台建立完善的监管制度。从源头上，对网贷平台的设立划定门槛。网贷平台作为信息中介服务平台，作为经营机构的一种，应当具有工商营业执照，办理备案登记，作为网络信息提供者，应当具有电信业务经营许可证，设立上应当符合公司法的相关规定，不符合规定的平台不能够开展经营活动。加强事中管控，明确网贷平台、借贷双方的权利义务，由银监会和地方金融监管部门在网贷平台开展业务后定期进行审核评估，平台是否出现违法、违规经营，虚假宣传，虚构隐瞒事实等行为，由银监会等监管机关对平台进行分类和评级。加大后期处罚力度，对平台中出现“套路贷”等犯罪活动进行严厉惩戒，采取罚款、吊销营业执照、停业整顿等措施。通过事前审批、事中管控、后期处罚进行连续动态监控，建立网络“套路贷”及时预警、及时应对处置制度，以保障网贷平台的合规、平稳运行，做好行政手段与刑法规制的衔接。

三、社会共治

（一）拓宽合法渠道，加大信贷力度

对于人们的借贷需求，宜疏不宜堵，高校应当提高学生资助工作力度，将助学政策落到实处，满足学生的保障性需求。促进学校与金融机构合作，做好校园调查和规划工作，将传统金融机构的借贷业务扩展到大学生等青年人范围内，完善对小额贷款的覆盖，为青年人提供消息畅通、手续便捷、利率合理的金融借贷服务，满足学生的发展性、临时性需求。赋予第三方征信机构更多权限，扩宽征信渠道。在此方面，我国已经有所行动。央行在2015年1月发布《关于做好个人征信业务准备工作的通知》，要求芝麻信用管理有限公司、腾讯征信有限公司等8家机构做好个人征信业务的准备工作。这样，不仅从现实生活的信用卡支付以及银行借贷记录中获取信息，还加入了网络大数据的统计方法，将记录者的网络消费记录一并列入记录范围之内。通过民间征信机构的加入，使得征信业务覆盖范围更广、分析内容更全面、征信结果更为科学。将大学生列入征信体系之内，消除金融机构的“白名单”，一定程度上能够降低传统金融机构的借贷门槛。将征信考量内容标准化，并建立征信系统内部信息互通机制，切断信息不畅通所形成的多平台操作的可能性。这也意味着这些征信机构承担更多的义务，应当依法保护公民个人信息权，更需要国家机关完善监管制度，保障我国征信体系的正常运行。在此基础上，鼓励银行等金融机构扩大信贷业务服务范围，拓宽青年群体的合法信贷渠道。

（二）加强普及金融理财教育、网络安全知识

青年时期正处于投资理财意识的升华期，家庭、学校和社会都应当重视对青年投资理财能力的培养，应当加强青年人投资理财意识和技能的教育。家庭应当改变传统教育观念，培养青年人主动理财的习惯，使其有机会主动接触金融理财知识。高校应当完善课程设置系统，将投资理财教育加入其中，系统地介绍理财知识和基础金融知识，在低年级设置公共选修课培养其兴趣，设置实践环节，通过社会实践或者模拟金融活动使青年人积累经验，掌握金融活动基本知识。帮助青年人树立正确、理性的消费观念，远离冲动、攀比的消费环境。一方面，了解网络借贷的原理与风险，才能够有效避免落入犯罪嫌疑人的“套路”之中；另一方面，科学理财能够帮助青年人增加收入，减少经济负担。帮助青年人增强金融、安全防范意识，利用各种渠道推送网络借贷案例，强化对网络借贷风险的认识与理解。

第九章

电信网络诈骗犯罪

第一节　电信网络诈骗犯罪的识别

一、电信网络诈骗发展趋势

（一）电信网络诈骗犯罪起源

电信网络诈骗是指行为人利用通信工具、借助公共通信网络向不特定多数人拨打电话虚构事实，发送虚假信息或者通过微信等通信软件借助互联网向不特定多数人散布虚假信息对被害人实施诈骗的犯罪行为。①

1997 年左右，电信网络诈骗犯罪开始在我国台湾地区兴起，并迅速发展蔓延，至 2008 年，此类犯罪已在我国台湾地区泛滥成灾，成为我国台湾地区“十大民怨”之首。电信网络诈骗在 2003 年前后进入大陆东南沿海一带，且发展迅速。在 2004 年至 2009 年间，此类犯罪的主要特点是“两岸隔岸诈骗”，即犯罪嫌疑人在大陆设诈骗窝点诈骗我国台湾地区居民，或在我国台湾地区设诈骗窝点诈骗大陆百姓。同时，此类犯罪逐渐被大陆不法分子吸收和掌握，纷纷效仿、传播诈骗犯罪手段，逐步形成了带有明显地域特征的职业犯罪群体。2010 年以后，伴随着网络电话的发展、大陆电子银行和网络银行的开通，这些骗子陆续将诈骗窝点搬到东南亚各国、太平洋岛国、印度、我国台湾等地区，疯狂对中国大陆百姓实施跨国跨两岸诈骗，发案率强劲反弹，社会危害不断加剧。②

---

① 李立丰、宫宇：《电信网络诈骗案件的特点及防控对策分析——以 2014 年至 2016 年全国范围内电信网络诈骗案件为分析样本》，载《净月学刊》2018 年第 1 期。

② 王晓伟：《治理电信网络诈骗犯罪：现状、问题与对策》，载《社会治理》2017 年第 1 期。

近年来，电信网络诈骗犯罪案件持续高发。不仅扰乱电信网络秩序，也严重威胁公民个人信息安全，侵害广大人民群众的财产权益，同时也破坏社会诚信，影响社会公众安全感。2017 年，全国公安机关共破获电信网络诈骗案件 7.8 万起，查处违法犯罪人员 4.7 万人，同比分别上升 55.2%、50.77%。

（二）电信网络诈骗发展趋势分析

1. 电信网络诈骗类型

电信网络诈骗的犯罪手法与表现形式是多种多样的。总结起来，电信网络诈骗的类型大致有以下几类：

表 9－1　电信网络诈骗类型

序号	类　型	手　法
1	假冒公检法诈骗	①假冒邮局电话未签收邮件，说其银行卡有被透支问题，诱导受害者联系异地假警察；②假冒异地警察电话恐吓受害者涉嫌洗钱案，要调查受害者银行账户，欺骗受害者无法异地笔录，需要缴纳保证金；③受害者把钱转到指定的“警方账户”，并在假警察的多次恐吓下多次转账受骗。
2	冒充熟人诈骗	犯罪分子通过非法渠道，获得受害人熟悉的亲友的手机号码、社交账号密码，掌握受害人的社会关系，从而骗取信任，进而编造“发生意外急需用钱”“资金周转”“代缴话费”等理由，诱使受害人转账。
3	利用伪基站诈骗	犯罪分子使用伪基站，冒用银行、运营商等客服电话号码发送短信给受害人，以账户积分兑换奖品等为由，诱导受害人点击短信中的木马链接。用户一旦点击，犯罪分子就能在后台获取用户的银行账户信息和密码，进而盗取其账户资金。
4	兼职诈骗	犯罪分子许诺在各种网络平台刷得消费记录后，将返还本金并支付佣金。受害人完成前几单任务后都会很快收到回报，而当做更多任务时，骗子就会切断与受害人的联系，就此消失。
5	考试诈骗	犯罪分子通过非法手段获得考生信息，有针对性地发送短信或邮件，声称“提供考题”“改分”“办假证”等，引诱考生汇款。
6	校园贷诈骗	用“免抵押、低利息”为诱饵诱导学生贷款，要求缴纳贷款手续费、管理费、保证金等费用，声称能通过培训提高综合技能，夸大培训效果，签订培训合同，诱导学生贷款支付学费，与兼职诈骗结合，要求学生贷款购买手机等产品作“销售代理”，贷款的利息和滞纳金很高，学生如不能如期还款，将迅速背上难以承受的债务压力。

续表

序号	类　型	手　法
7	民族资产解冻骗局	犯罪分子先编造一个民族资产秘密流落海外的故事，然后声称受国家委托对这些海外资产进行解冻，号召受害人缴纳手续费或资料费，称成功后每人可以拿到高额善款补助。 除了“民族资产解冻”，犯罪分子还会编造所谓“养老”“扶贫”等噱头吸引投资实施诈骗。
8	投资返利诈骗	此类骗局通常标榜具有海外背景，从事的行业能赚取巨额利润，投资者将获得高额投资回报。投资初期，犯罪分子会按时返利，让投资者尝到甜头，继续追加投资后，将血本无归。
9	保健品购物诈骗	犯罪团伙假扮医疗机构的顾问、专家、教授等，以为老年人“问诊”为名夸大病情，再以会员登记、免费体验、国家补贴、中奖等噱头诱骗客户购买各类“保健品”。而这些“保健品”基本上都粗制滥造，成本低廉却高价出售。
10	引诱裸聊敲诈勒索	犯罪分子非法获得被害人信息后，通过社交软件建立联系，步步引诱受害人“裸聊”，从而获取受害人不雅照片、视频进行敲诈。①

2. 最高院司法大数据分析

2018 年 9 月 3 日，最高人民法院发布了电信网络诈骗司法大数据专题报告，据统计，2017 年已结一审电信网络诈骗案件量同比增幅超 70%，通过网络手段进行诈骗的案件增幅显著，其中通过改号软件、微信进行诈骗的案件增幅超两倍，通过木马、钓鱼网站、语音平台进行诈骗的案件增幅超 100%，远超电信网络诈骗案件总体增幅。②

从地域上看，近两年来，电信网络诈骗案件审理法院主要集中在福建、广东、浙江等沿海地区，并且有向内陆扩展的趋势。福建、广东两地案件量占比由 2016 年的 17.71% 和 17.13% 降至 11.14% 和 13.04%，福建同比降幅明显；河南案件量上升 6.07%，2017 年位列全国第三。

从犯罪类型上看，2016 年至 2017 年，电信诈骗在电信网络诈骗案件中占比有所下降，但仍高于网络诈骗。2016 年电信诈骗占比 78.25%，网络诈骗

---

① 《公安部：近期十类电信网络诈骗高发》，http：//www.legaldaily.com.cn/index/content/2017-08/12/content_7279347.htm？node=20908，访问时间：2018 年 11 月 14 日。

② 《司法大数据专题报告之电信网络诈骗》，http：//www.court.gov.cn/fabu-xiangqing-115701.html，访问时间：2018 年 11 月 14 日。

占比 34.66%（存在部分案件既涉及电信诈骗又涉及网络诈骗，因此二者之和大于 100%），2017 年电信诈骗占比为 64.56%，网络诈骗则上升至 60.89%。2016 年至 2017 年，电信网络诈骗案件以电话诈骗为主，占全部案件的 52.88%，排名前 5 的诈骗方式，还有短信（34.02%）、木马病毒（5.34%）、钓鱼网站（3.09%）、QQ（2.32%）。

从犯罪手法上看，2016 年，通过让受害人充值或刷单进行电信网络诈骗的案件占比为 6.22%，2017 年迅速上升至 11.78%，占比上升显著。另外，犯罪分子还通过欺骗受害人中奖、发布虚假广告、冒充领导、亲戚、朋友、同事等熟人关系，冒充公检法和军人等特殊身份人员，以办理信用卡为名等骗术进行电信网络诈骗。

从犯罪形式上看，2017 年，已结一审电信网络诈骗案件中，共同犯罪案件为 44.78%，被告人为累犯或再犯的案件占总量的 7.19%，2016 年两项数据分别为 43.07%、6.38%。

3. 受骗人群分析及危害程度

2018 年 9 月 25 日，人民网、中国青年报和支付宝、网商银行共同发起了针对金融消费者保护的“扫雷行动”启动发布会。中国人民公安大学网络空间安全与法治协同创新中心联合南都个人信息保护研究中心共同发布了《中国电信网络诈骗分析报告》。[①] 报告指出，目前电信网络诈骗的受骗人群主要包括 4 大类：大学生、大专生，城市外来务工人员，老年人以及农村地区人群。特别是大部分留守的农村地区人群，以老弱妇孺为主，由于他们信息获取渠道窄、受教育程度相对较低、对金融知识了解不多等原因，犯罪分子打着“经济新业态”“金融创新”的幌子，以高额投资回报为诱饵吸引农村民众特别是老年人参与，严重损害了农村地区人群的利益。同时，受害人被骗主动将钱款转给诈骗分子的情况越来越普遍。

据中国互联网络信息中心（CNNIC）数据显示，截至 2016 年 6 月，中国网民规模达 7.1 亿人，中国手机网民规模达 6.56 亿人。然而，在网络交易规模不断扩大的同时，网络诈骗犯罪数量及涉案金额也在不断增长。公安部也作了数据统计，如图 9-1 所示，近 10 年来，我国电信诈骗案件每年以 20% 至 30% 的速度快速增长，尤其是从 2011 年至 2015 年，全国电信诈骗案件数量从 10 万件飙升至约 60 万件，年均增长率 70% 以上。2016 年 1 月至 7 月，

① 《中国电信网络诈骗分析报告》2018 年 9 月 25 日。

我国共立电信诈骗案件 35.5 万起，同比上升 36.4%。

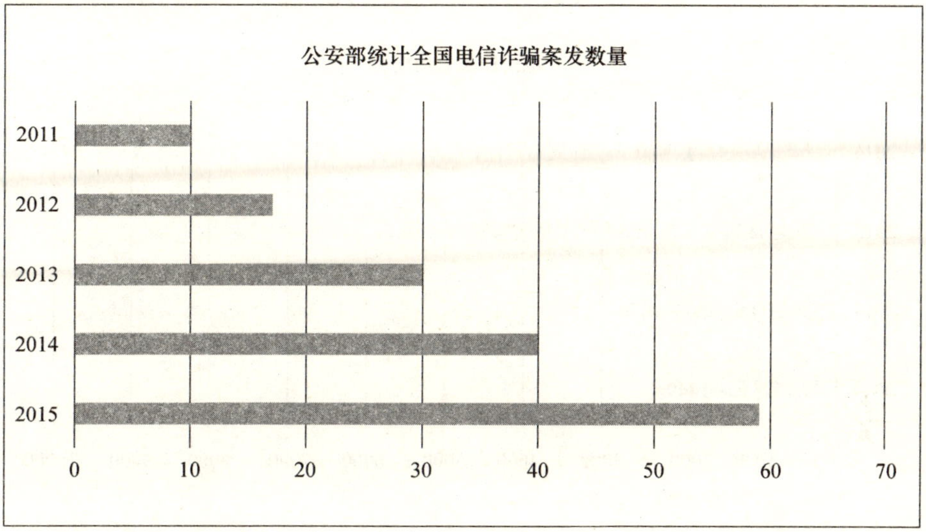

图 9－1　公安部统计全国电信诈骗案发数量（2011—2015）（单位：万起）

2011 年以来，每年因电信诈骗导致的民众损失都达 100 余亿元，平均单笔金额超过 5 万元。2014 年全国电信诈骗导致民众损失 107 亿元，2015 年全国电信诈骗造成的经济损失高达 222 亿元。初步统计显示，电信诈骗犯罪形式自发现以来，造成的经济损失不下千亿元。2017 年上半年，360 猎网平台共收到全国用户有效申请的电信诈骗举报 10882 例，虚假兼职诈骗依然是举报数量最多的类型，共举报 1617 例，占比 14.9%；其次是虚假购物 1539 例（14.1%）、金融理财 1414 例（13%）、网游交易 1236 例（11.4%）和虚拟商品 1226 例（11.3%）。从涉案总金额来看，金融理财类诈骗总金额最高，达 6450.9 万元，占比 50.9%；其次是赌博博彩诈骗，涉案总金额 2361 万元，占比 18.16%；虚假兼职诈骗排第三，涉案总金额为 852.8 万元，占比 6.7%。从人均损失来看，金融理财类诈骗人均损失最高，达到了 45621.7 元；其次是赌博博彩诈骗为 33067.1 元，身份冒充为 8159.9 元。

从社会公开数据来分析，2016 年公安部网络违法犯罪举报中心共收到了 14418 条涉嫌网络诈骗的有效举报，360 猎网平台共收到全国用户提交的电信诈骗举报 20623 例，举报总金额 1.95 亿余元。如图 9－2 所示，在举报量大致相近的情况下，人均损失在 4 年间从 1449 元增长到 9471 元，增长幅度达到了 5.54 倍。而我国 2013 年至 2016 年的居民人均可支配收入（详见图 9－3）总增长率仅为30%，这意味着我国电信诈骗受害者的受害程度在逐渐加重。①

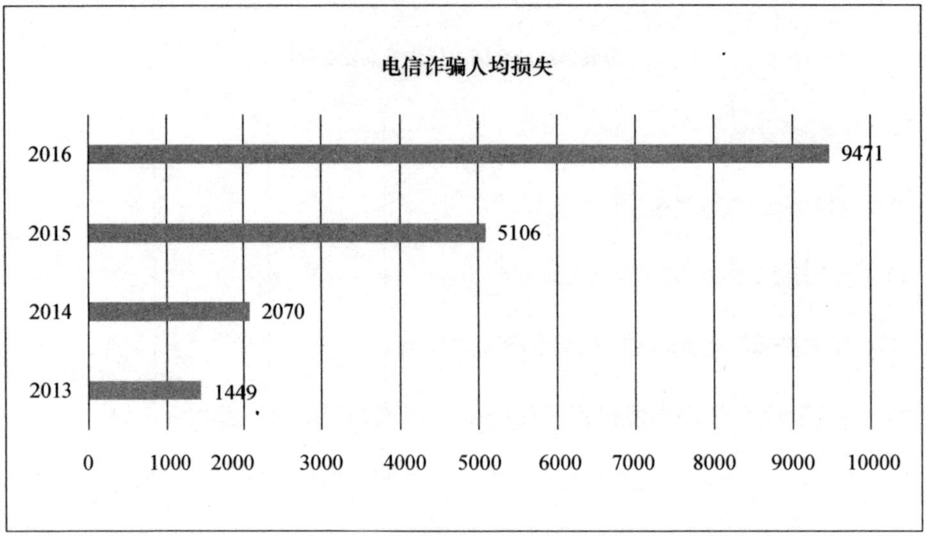

图9-2 电信诈骗人均损失（单位：元）

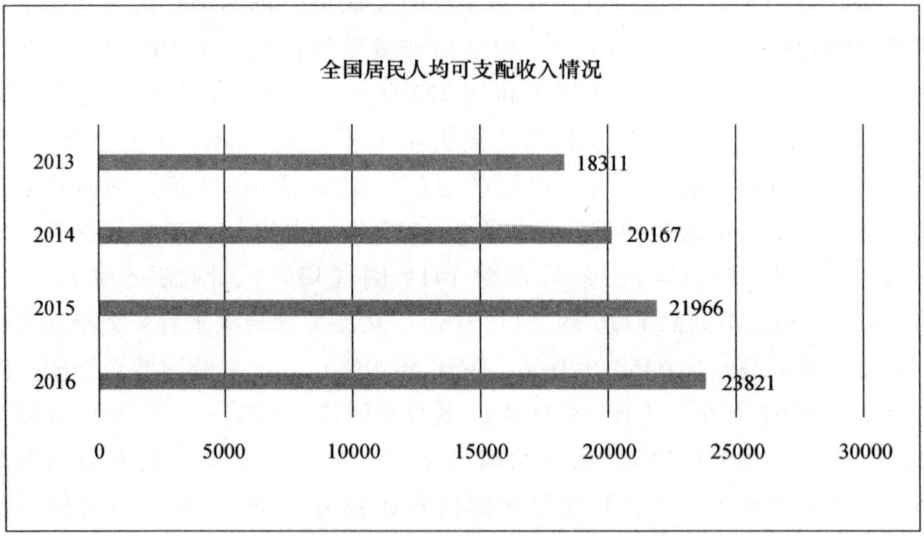

图9-3 全国居民人均可支配收入情况（单位：元）

① 《我国当前网络诈骗现状分析报告（上）——电信诈骗》，https：//baijiahao. baidu. com/s? id = 1575124916893196&wfr = spider&for = pc，访问时间：2018年11月14日。

（三）电信网络诈骗典型案例

1. 电视节目中奖诈骗案

2014 年 7 月起，被告人陈洁在百度吧、阿里巴巴等网站，发布关于在《中国好声音》《星光大道》等栏目中奖的虚假信息，同时还发布关于“抽奖活动的二等奖是真的吗”“中国好声音有场外抽奖活动吗”“北京市中级人民法院电话是多少”“北京市人民法院咨询电话是多少”等虚假咨询问题，并在网上予以回复，借此在网上留下虚假的“栏目组客服电话”或“北京市中级人民法院”“北京市人民法院”的联系电话。当被害人拨打上述虚假联系电话咨询时，陈洁冒充客服人员或法院工作人员称，被害人所咨询的信息是真实的，并告知被害人如要领奖，须将手续费或者风险基金汇入指定的银行账户。陈洁用此种手段实施诈骗两起，骗得金额共计 8800 元。

本案是发布电视节目中奖虚假信息进行诈骗的典型案件。观看电视节目是常见的老百姓休闲娱乐方式，近几年来，《中国好声音》《星光大道》等电视综艺节目的收视率很高，利用此类电视节目进行诈骗，潜在的被害人范围较为广泛，社会影响较为恶劣。本案中，被告人不仅在百度吧等网站发布电视栏目中奖的虚假信息，同时还发布配套的虚假咨询问题在网上予以回复，以此打消被害人的怀疑和顾虑。之后，在被害人拨打领奖电话时，以手续费或者风险基金等名义，诱骗被害人将钱款汇入指定账户。此类作案手段具有很强的蒙蔽性。①

2. 徐玉玉助学金诈骗案

2016 年 8 月 21 日，刚接到大学录取通知书的山东临沂市高三毕业生徐玉玉接到一通陌生电话，对方声称有一笔 2600 元助学金要发放给她。在这通陌生电话之前，徐玉玉曾接到过教育部门发放助学金的通知，由于之前的教育部门的电话是真的，所以当时他们并没有怀疑这个电话的真伪。按照对方要求，徐玉玉将准备交学费的 9900 元打入了骗子提供的账号。发现被骗后，徐玉玉万分难过，当晚就和家人去派出所报了案。在回家的路上，因为郁结于心，徐玉玉突然晕厥，不省人事，虽经医院全力抢救，但仍没能挽回她 18 岁的生命。

本案是以助学金等虚假信息引诱被害人转账进行诈骗的典型案件。犯罪

---

① 《最高人民法院 2016 年 3 月 4 日发布电信网络诈骗犯罪典型案例》，http：//www. court. gov. cn/zixun-xiangqing-17152. html，访问时间：2018 年 11 月 13 日。

分子往往通过改号的方式伪造官方机构来电，语言正式而真实，对被害人信息的细节描述真实而准确，从而使被害人信以为真，一步步掉入圈套。这体现出了目前电信诈骗发展的一个特征，即精准诈骗。犯罪分子在作案前几乎掌握了受害人包括职业、银行卡等各方面的详细信息，所以在作案时才能迅速得到受害人的信任。这又暴露了现在国内的另一种隐患，即个人信息的泄露。根据公开信息，2011 年至今，已有 11.27 亿用户隐私信息被泄露，包括基本信息、账户信息、隐私信息、社会关系信息和网络行为信息等。信息倒卖交易已经产业化。

3. 虚假网络应聘诈骗案

2017 年，东北大学毕业生李文星通过 BOSS 直聘招聘网站找工作，拿到了一家名为北京科蓝公司的公司 Offer。然而，家人和朋友发现，去公司报到后的李文星出现态度冷淡、频繁失联、多次借钱等种种反常迹象。7 月 14 日，李文星的尸体在天津静海区被发现。事后调查得知，BOSS 直聘上所谓北京科蓝公司是一家冒名招聘的“李鬼”公司，实际上是一个名为“蝶贝蕾”的传销组织。

本案是通过在第三方平台上发布虚假招聘信息的方式进行诈骗的典型案件。虚假招聘或兼职是电信诈骗中发案数量最多的案件类型，本起案件的受害人损失的不仅是钱财，还有他年轻的生命。求职是每个毕业生都要面对的问题，而大部分人会通过网络的方式来寻找招聘信息。《2015 年中国网络招聘市场调查报告》显示，招聘网站是人们考虑最多、使用最多的求职工具，同时也是获取招聘信息最常用的手段。有高达 57.6% 的用户表示自己会通过招聘网站发布求职信息，35.1% 的用户通过目标公司网站查看招聘信息，根据需求直接投递简历。①

由于招聘信息众多，招聘网站审核不严，犯罪分子借机在招聘网站上发布虚假信息进行诈骗，被害人范围广泛，社会影响恶劣。从我国几家最大的线上招聘平台判决信息可以看出，58 同城网和赶集网涉及的刑事和民事案件要远远大于其他平台，而这两家网站已经合并成为一家公司。58 同城对于虚假信息的放纵由来已久，新华社曾连发两文怒批 58 同城欺骗消费者，在社会上引起热议。线上招聘平台的问题就是对招聘信息审核不严格，以及审核模

① 《2015 年中国网络招聘市场调查报告》，https：//www. douban. com/note/519723526/，访问时间：2018 年 11 月 13 日。

式存在漏洞，这样往往导致虚假招聘信息泛滥。而虚假招聘信息往往将求职者引向刑事案件。但是由于招聘平台在所有的案件中扮演的仅仅是中介的角色，所以从2008年至今，没有一起刑事案件的判决书的当事人是网络招聘平台。也就是说，不管是58同城网、赶集网还是最近在风口浪尖上的BOSS直聘，从未因虚假招聘信息而受到法律的惩罚。

二、电信网络诈骗成因分析

（一）电信网络诈骗的发展原因

近几年来，电信网络诈骗迅速发展，其原因如下：首先，就网络数据层面而言，个人信息泄露是犯罪的重要原因。在“互联网+大数据”时代，信息的收集极为方便，生活中个人信息遭泄露的途径数不胜数：办理银行业务、去医院看病、超市开卡、买机票火车票、报旅行团等任何需要填写个人资料的场合都有可能泄露个人信息。对此，每个人都深有体会，因为我们每天都要与各种各样的数据打交道，生活已经离不开数据，我们的手机每天都能接到不同种类的骚扰电话、短信。据公安部调查，从2015年下半年到2016年上半年，因网络数据泄露、诈骗信息、垃圾短信造成的经济损失高达915亿元。按照各城市人口比例，几乎每个人都被诈骗电话影响过1至2次。2017年3月，公安部破获一起盗卖我国公民信息的特大案件，犯罪团伙涉嫌入侵社交、游戏、视频直播、医疗等各类公司的服务器，非法获取用户账号、密码、身份证、电话号码、物流地址等重要信息50亿条。根据公开数据统计，2017年数据泄露事件数量较近几年来有增无减，且泄露的数据总量创历史新高。①

其次，面对大量的数据泄露，监管部门防范措施的缺位加速了犯罪的肆虐，这是电信网络诈骗的直接原因。在徐玉玉一案中，正是因为徐玉玉接到电话后，对方准确地说出了她的姓名、住址和学校等详细信息，她才完全相信了对方的虚假身份，汇出了学费。那么徐玉玉申请助学金之事为何能如此迅速为外人所知？据了解，犯罪嫌疑人陈文辉先后在互联网上非法购买了数万条山东籍高考考生的个人信息，以山东临沂籍考生为主。信息内容包括学生姓名、学校、家庭住址和联系电话。作案前，他还特意对地方助学政策进

① 《2017年中国互联网网络安全报告》，https：//www. sohu. com/a/245752784_ 100017648，访问时间：2018年11月13日。

行了了解，获知当地贫困学生可以申请助学金。之所以选择以学生为目标，是因为学生的信息最便宜、成本最低。向陈文辉出售考生信息的黑客年仅 18 岁，他凭经验觉得“山东省 2016 高考网上报名信息系统”网站存在漏洞，仅用一个木马程序就侵入该网站，从上面下载了 64 万多条山东省高考考生信息，并开始在网上非法出售。陈文辉从黑客处以 5 毛钱一条的价格购买了第一批 800 条考生信息，验证信息无误后，又 10 多次向杜天禹购买山东考生信息，其中就包括徐玉玉的个人信息。① 如果说连省级的高考网上报名系统都能如此轻易地被一名 18 岁的黑客攻破，那么其他的网站的安全性可想而知。我们日常接触的各种各样的网站，浏览过的各种信息，都逃不过黑客的眼睛，不知何时就会卖给别有用心的人。

最后，从犯罪人心理角度来说，电信网络诈骗属于一项低成本高收益的活动，相比于传统的诈骗罪而言更具有诱惑力。在其巨大利益驱动下，犯罪人深陷其中，不可自拔。根据英国经济学家亚当·斯密提出的“经济人”理论，作为个体的人倾向于追求个人利益，行为选择主要以满足个人利益最大化为基本动机。因此，追求经济利益是犯罪发生的重要驱动力，对财产类犯罪来说尤其如此。在我国市场经济发展过程中，社会分配制度需要逐步完善，贫富差距在扩大，精神文明的提高需要与时代发展同步，道德失范情况不容乐观，拜金主义思想盛行，一些人为了获得非法经济利益铤而走险。同时，网络诈骗具有犯罪成本低、风险小、传播范围广、受害者多、收益大等特点，犯罪人只需要买信息、买卡，通过网络发送虚假信息，广泛撒网、重点捞鱼。因此，不需要花费昂贵的物质成本和时间成本，只要有手机、电脑等基本配备，就能在短时间内将虚假信息批量传送给无数人进行电信网络诈骗行为，带来巨大的犯罪收益。因此，相对普通的诈骗来说，电信网络诈骗更容易得手，这使得电信网络诈骗的行为人目无法纪、有恃无恐。也正因为犯罪手法简单、方便传授，犯罪人口耳相传，陆陆续续地一个带一个“出道”，有些地方甚至形成了诈骗村。在 2016 年 11 月 1 日开展打击电信诈骗专项行动中，有 7 个地方被列入第一批重点整治地区：广东茂名市电白区和广西宾阳、河北丰宁、福建龙岩新罗区、江西余干县、湖南双峰县、海南省儋州市。在徐玉玉一案中，主犯陈文辉家住福建省安溪县，这里就是电信网络诈骗的高发地区。

① 沈寅飞：《徐玉玉案调查》，载《检察日报》2016 年 10 月 12 日。

当地有早婚传统，陈文辉[①]犯案时还不到22岁，却已是两个孩子的父亲。小儿子刚刚出生，大儿子也不过2岁多，陈文辉身上的担子不轻。他初中没毕业便辍学，之后一直在外打工，还经常向家中要钱，走上了犯罪之路后才有大把的收入。在安溪，主要的经济来源是茶叶。近几年茶价大幅下降，收入因此大量减少。因为建房和结婚，陈文辉家里至今尚欠几万元的外债。而在当地，像陈文辉这样的年轻人不在少数，他们肩负重担，又无一技之长，从而跟风走上了犯罪的道路。

（二）电信网络诈骗的防控困境

1. 国家：案件侦破难度升级，公安机关相互推诿

在公安机关办理案件过程中，案件的侦破难度相当大：一是电子证据的收集与保全难。电子证据的一大特点在于可修改性和虚拟性，如电子邮件、网页、域名、电子提单、数码照片、视频资料等。在电信网络诈骗案件中，相关电子数据的收集、判断、保存对侦查人员的网络知识要求较高。而且，电子数据易被删除或修改，很多情况下还难以修复。基于电子数据的易破坏性、时效性特点，侦查机关对于电子证据的收集和保存都有严格的操作规范，但有时只要稍有不慎，就会导致证据收集不规范，以致司法机关对认定电子证据的真实性、合法性产生较大的障碍。[②] 二是电信网络诈骗犯罪作案时间短，空间跨度大、隐蔽性强，这些特点使案件侦查面临较大难题。对于电信网络诈骗作案的时间、空间特征，看过电影《巨额来电》的人会有形象的认识，犯罪分子往往有自己的组织，洗钱渠道也很多，在短短几分钟之内，上百万元的资产就灰飞烟灭。并且，网络存在之初就具有虚拟性的特点，因此具有极强的隐蔽性。在网络上进行交流沟通的时候我们更多的是用“网络昵称”而非真实姓名，所以我们一般也无从了解网络那端的人的真实信息，即行为人在网络空间中的个体身份与现实社会中的真实身份发生错位与割裂，诈骗者在从事网络诈骗行为时仅通过网络单线联系，几乎很少见面或基本不见面以避免产生现实接触，导致诈骗者身份隐蔽性高，难以确定。三是电信网络诈骗组织化的发展形势加大了侦破难度。通常，电信网络诈骗的犯罪分子为提高“效率”，往往结成分工协作的犯罪团伙，各司其职，分工明确，相

---

① 《“徐玉玉被电信诈骗案”一审宣判　主犯被判无期》，xhttp：//news. ifeng. com/a/20170719/51457427_ 0. shtml? _ zbs_ baidu_ bk，访问时间：2018年11月13日。

② 吴同：《网络盗窃案件的侦查取证模式研究》，载《山东警察学院学报》2012年第2期。

互衔接配合，共同完成诈骗行为的流水线作业，呈现出明显的团伙化、组织化趋势，甚至还有为此专门成立的公司。天津市滨海新区人民检察院课题组对2017年中国裁判文书网上的刑事案例作了统计，得到了137份电信网络诈骗的刑事案例，从统计结果来看，电信网络诈骗的行为人数量在3人以上的有87件，占到64%，将近是行为人单独作案案件数量的4倍。网络诈骗这种组织化、产业化趋势造成的社会危害更大，并且，对侦查人员的数字侦查水平又提出了更高的挑战。四是许多受害人不配合司法立案导致侦破难。现实生活中，有许多受骗人是因为隐私泄露的原因而被骗，比如，因为自身有犯罪污点惧怕警察而被诈骗或者是难以启齿的一些隐私被犯罪人掌握而被骗。有数据统计，遭遇诈骗后，有64%的受害人选择隐忍，而在识破诈骗的人群中，仅11.7%的人选择报案。这也给案件侦破造成了相当大的困难。

在案件管辖方面，网络诈骗案件往往波及地域较多、范围极广，甚至为跨国犯罪。行为人为逃避法律责任，将服务器设置在国外，在境外进行遥控或指挥，而诈骗行为的受害人却遍布全国各地。刑事诉讼法规定，案件以犯罪地（包括犯罪行为地和犯罪结果地）公安机关管辖为主、住所地公安机关管辖为辅。这就造成了一种困境，即犯罪行为地和犯罪结果地有很多，加上犯罪人住所地，因此许多公安机关都有管辖权。网络犯罪案件的侦破本身就有一定难度，加之办案经费和警力等问题，如果再遇上某个地区的涉案金额与受害人数少，极易导致该地公安机关“不愿管”的情况。即使立案，也不一定愿意抽出相当的人力、物力来对案件进行侦查。这样将导致许多单个诈骗数额不大、单独地区受害人数较少的网络诈骗案无法被追究刑事责任。

2. 行业：犯罪技术日新月异，网络监管不够完善

随着我国网络技术的飞速发展，新的技术手段不断出现，电信网络诈骗的犯罪分子往往是技术人员，具有专业知识，懂得如何利用网络漏洞、如何制作网络假象、如何毁灭证据等相关技能，具备一定的反侦察能力。因此侦破难度相当大。从现实来看，我国在信息安全方面起步较晚，网络技术与世界先进水平相比还有较大差距，因此国内使用的大部分软件都存在安全隐患，90%的运行网站都存在安全漏洞等问题。① 面对飞速发展的网络技术，我国相关的网络监管制度还不够完善：一是网络监管力度不够，重视程度不够，许多网络监管有关部门没有尽职尽责。二是相应的防范措施无法及时跟进。如

---

① 任彦君：《犯罪的网络异化与治理研究》，中国政法大学出版社2017年版。

腾讯公司等软件服务企业，其QQ、微信等服务在普及的同时，防御技术不能及时跟上，以致犯罪分子经常利用盗号等手段实施网络诈骗。三是有些网站、论坛标准门槛低，没有严格执行真实身份制度，导致论坛、网站等欺诈广告泛滥。例如，为了追求业绩，电信部门对于诈骗所用到的联系电话号码的申办，不严格审查身份证，为犯罪人提供了方便；一些搜索引擎和门户网站对其收录、链接的网页、网站不进行过滤或者审查，甚至只要对方给钱，就予以推荐或链接网站。因信任搜索引擎或门户网站，一些网民误以为其收录、链接的网页、网站也是真实可信的，以致上当受骗。[①] 四是网络数据庞大给监管造成了一定的真空地带，相关单位由于受安全意识、技术力量等方面的制约，微观的管理制度还不健全，即使出台一些规章制度，也没有严格落实到位。[②] 例如，在银行监管方面，开卡及转款制度并不严格，有些银行工作人员对于开卡人员的身份信息审查不仔细，甚至滥发银行卡。上述这些隐患给犯罪分子们提供了便利条件。

3. 个人：公众防范意识薄弱，个人信息大量泄露

大量的案件分析和研究表明，大部分电信诈骗都与个人信息泄露和侵犯个人信息有关，其中个人信息泄露是精准式电信诈骗发生的直接原因。360互联网安全中心统计数据显示，有半数以上的诈骗案件与个人信息泄露有关，如机票退改签、购物退款、冒充公检法、冒充熟人、银行卡盗刷等形式的诈骗都是典型的利用泄露信息实施的犯罪。[③] 公民个人信息泄露与网络手机应用平台暗藏风险隐患、运营平台安全防范措施不足、黑客攻击、内外勾结买卖个人信息及信息保护意识差等密切相关。根据中国互联网协会发布的《中国网民权益保护调查报告2016》，54%的网民认为个人信息泄露严重，其中21%的网民认为非常严重。84%的网民亲身感受到了由于个人信息泄露带来的不良影响。从公安机关办理的案件情况来看，犯罪分子获取公民个人信息的方式主要有：黑客窃取单位或企业存储的公民信息；获取个人登记的各种信息；利用钓鱼网站骗取被害人信息；利用伪基站设备发送的虚假链接窃取个人信息；内部工作人员窃取、出售公民个人信息；利用各类网站平台获取个人信息。2016年全国公安机关共破获黑客攻击案件828起，抓获犯罪嫌疑

---

① 徐隽、申相磊：《治理网络诈骗需解决三道难题》，载《中国防伪报道》2014年第7期。

② 李文积：《计算机网络犯罪对策探讨》，湖南大学2011年硕士学位论文。

③ 王开广：《超过半数网民通讯信息泄漏 个人信息泄漏致电信诈骗年损915亿》，载《法制日报》2017年2月28日。

人 1288 人，抓获各行业和部门的内鬼 391 人、黑客 98 人。[①] 互联网在给我们的生活提供便利的同时，也带来了个人信息泄露的威胁。在享受生活信息化的过程中，很多人却缺乏基本的安全意识与安全防护知识，不懂得如何有效保护自己的计算机不受攻击，或者在感染病毒、木马程序后毫不知情。常见的安全防范措施还没有完全普及，这也是信息安全事件发生的重要原因。

第二节 电信网络诈骗犯罪的防控

根据电信网络诈骗的成因分析，可以提出如下对策：

（一）制定刑事政策，严格防控犯罪

刑事政策对犯罪的防控、社会行为的引导起着至关重要的作用。

1.《最高人民法院、最高人民检察院、公安部、工业和信息化部、中国人民银行、中国银行业监督管理委员会关于防范和打击电信网络诈骗犯罪的通告》

2016 年 9 月 23 日，最高人民法院、最高人民检察院、公安部、工业和信息化部、中国人民银行、中国银行业监督管理委员会六部门联合发布了《最高人民法院、最高人民检察院、公安部、工业和信息化部、中国人民银行、中国银行业监督管理委员会关于防范和打击电信网络诈骗犯罪的通告》（以下简称《通告》）。《通告》指出，自通告发布之日起至 2016 年 10 月 31 日，主动投案、如实供述自己罪行的，依法从轻或者减轻处罚，在此规定期限内拒不投案自首的，将依法从严惩处。公安机关、人民检察院、人民法院要坚决遏制电信网络诈骗犯罪发展蔓延势头，公安机关要主动出击，集中侦破案件、打掉犯罪团伙、整治重点地区，坚决拔掉地域性职业电信网络诈骗犯罪“钉子”。《通告》加强了对实名制的要求，电信企业要严格落实用户真实身份信息登记制度，开展一证多卡用户清理，对同一用户在同一家基础电信企业办理有效使用的电话卡达到 5 张的，该企业不得为其开办新的电话卡。要阻断改号软件网上传播、销售等渠道，严格规范国际通信业务出入口局主叫号码传送，加大网内和网间虚假主叫发现与拦截力度，严肃追究违规经营的网络电话业务、各级代理商的民事、行政责任；各商业银行要抓紧完成借记卡存量清理工作，严格落实“同一客户在同一商业银行开立借记卡原则上不得超

① 蔡长春：《网络社会治理能力持续提升》，载《法制日报》2017 年 2 月 14 日。

过4张”等规定。任何单位和个人不得出租、出借、出售银行账户（卡）和支付账户，构成犯罪的依法追究刑事责任。《通告》明确提出，电信企业要确保到2016年10月底前全部电话实名率达到96%，年底前达到100%。在规定时间内未完成真实身份信息登记的，一律予以停机。在信息保护方面，《通告》严禁任何单位和个人非法获取、出售、向他人提供公民个人信息，坚决依法打击泄露、买卖个人信息的违法犯罪行为，及时监控、封堵、删除互联网上发布的贩卖信息、软件、木马病毒，对相关网站和网络账号依法关停等。《通告》还强调，电信企业、银行、支付机构和银联，要切实履行主体责任，对责任落实不到位导致被不法分子用于实施电信网络诈骗犯罪的，要依法追究责任。各级行业主管部门要落实监管责任，对监管不到位的，要严肃问责。

根据这份《通告》，自2016年12月1日起，个人通过银行自助柜员机向非同名账户转账的，资金24小时后到账。这宝贵的24小时给受害者识别诈骗创造了机会，也争取了警方同犯罪分子斗争的时间。此份《通告》在投案自首、实名登记、银行转账、信息泄露等方面作了细化的规定，对于有效防范、精准打击电信网络诈骗犯罪，切实保障人民群众合法权益有重要意义。

2.《最高人民法院、最高人民检察院、公安部关于办理电信网络诈骗等刑事案件适用法律若干问题的意见》

2016年12月19日，最高人民法院、最高人民检察院、公安部印发《最高人民法院、最高人民检察院、公安部关于办理电信网络诈骗等刑事案件适用法律若干问题的意见》（以下简称《意见》）。该《意见》分总体要求、依法严惩电信网络诈骗犯罪、全面惩处关联犯罪、准确认定共同犯罪与主观故意、依法确定案件管辖、证据的收集和审查判断、涉案财物的处理7个部分。对审理电信网络诈骗犯罪提出了依法从严惩处的总体要求，这也是审理此类案件的基本原则之一。《意见》全面规范惩处关联犯罪，对于在电信网络诈骗实施过程中必不可少的一些手段、行为，比如，对于非法使用伪基站、黑广播等干扰无线网络通信，使用非法获取的公民信息、冒充国家机关工作人员实施诈骗，同时构成电信网络诈骗的，以扰乱无线电通讯管理秩序罪、招摇撞骗罪和诈骗罪中处罚重的追究刑事责任；对于电信诈骗的上游行为，例如，明知他人实施电信诈骗而提供信用卡、支付结算账户、改号软件、手机卡、制作销售木马程序、提供伪基站设备等行为以诈骗罪的共犯论处。

从批量办理银行卡到非法大量获取公民个人信息再到购买改号软件、伪基站，电信网络诈骗所涉及的众多犯罪行为环环相扣、紧密相连。若不治理电信网络诈骗案件所涉及的黑色产业链，就不能从源头上斩断电信网络诈骗的根基。该《意见》在对电信网络诈骗行为通常所构成的核心罪名进行规制之外，对诈骗行为的“周边行为”“边缘行为”的概括和提炼准确，严密规制了电信网络诈骗的边缘行为和上游行为，定罪标准明确、细致，科学构筑了电信网络犯罪的罪名体系，对于切断电信网络诈骗犯罪链条、精准打击电信网络诈骗关联犯罪具有重要意义。

3.《最高人民法院、最高人民检察院关于办理侵犯公民个人信息刑事案件适用法律若干问题的解释》

2017 年 5 月 8 日，最高人民法院和最高人民检察院联合发布了《最高人民法院、最高人民检察院关于办理侵犯公民个人信息刑事案件适用法律若干问题的解释》（以下简称《侵犯公民个人信息刑事案件的解释》），用于依法惩治侵犯公民个人信息的犯罪活动，保护公民个人信息安全和合法权益。该解释出台的背景是刑法修正案（九）中将出售、非法提供公民个人信息罪和非法获取公民个人信息罪整合为侵犯公民个人信息罪，扩大了犯罪主体和侵犯个人信息行为的范围。而在司法实践中，侵犯公民个人信息罪的具体定罪量刑标准尚不明确，一些法律适用问题存在争议，因此亟须通过司法解释予以明确。《侵犯公民个人信息刑事案件的解释》共 13 条，主要规定了以下 3 个方面的内容：公民个人信息的范围；侵犯公民个人信息罪的定罪量刑标准；侵犯公民个人信息犯罪所涉及的宽严相济、犯罪竞合、单位犯罪、数量计算等问题。进一步明晰了个人信息的定性与定罪量刑，有利于加强网络监管、打击电信网络诈骗等行为。

《侵犯公民个人信息刑事案件的解释》中明确了侵犯公民个人信息罪的定罪量刑标准，将公民个人信息分为敏感信息、重要信息和普通信息，相对应的如果侵犯公民个人信息数量分别达到 50 条、500 条、5000 条的标准，就可能构成犯罪。对“内部人”犯罪，则规定“减半计算”予以从重打击。由于侵犯公民个人信息犯罪处于高发态势，既严重侵犯了公民个人信息安全，又往往与电信诈骗等其他犯罪存在密切关联，社会危害日益突出，因此必须依法予以惩治。《侵犯公民个人信息刑事案件的解释》对侵犯公民个人信息刑事案件的量刑具有重要意义。

4.《检察机关办理电信网络诈骗案件指引》

最高人民检察院于 2018 年 11 月 9 日通过了《检察机关办理电信网络诈骗案件指引》（以下简称《指引》）。《指引》分为 3 个部分：审查证据的基本要求；需要特别注意的问题；社会危险性及羁押必要性审查。其中第一个需要特别注意的问题里规定了此罪与彼罪的区别，区分了定盗窃罪还是诈骗罪的关键是要审查犯罪嫌疑人取得财物是否基于被害人对财物的主动处分意识，对于审判工作具有指导意义。对于诈骗罪根据不同的行为又分为不同的罪名：如果窃取或者骗取的是他人信用卡资料，并通过互联网、通信终端等使用的，则可能构成信用卡诈骗罪；如果通过电信网络技术向不特定多数人发送诈骗信息后又转入接触式诈骗，或者为实现诈骗目的，线上线下并行同时进行接触式和非接触式诈骗，应当按照诈骗取财行为的本质定性，虽然使用电信网络技术但被害人基于接触被骗的，应当认定普通诈骗；如果出现电信网络诈骗和合同诈骗、保险诈骗等特殊诈骗罪名的竞合，应依据刑法有关规定定罪量刑。《指引》指出，办理电信网络诈骗案件除了要把握普通诈骗案件的基本要求，还要特别注意以下问题：一是电信网络诈骗犯罪的界定；二是犯罪形态的审查；三是诈骗数额及发送信息、拨打电话次数的认定；四是共同犯罪及主从犯责任的认定；五是关联犯罪事前通谋的审查；六是电子数据的审查；七是境外证据的审查。《指引》还规定了电信网络诈骗的追诉标准低于普通诈骗犯罪且无地域差别，强调了对电信网络诈骗的处罚力度必定重于普通诈骗。《指引》里对审查证据的详细规定也是一大亮点，分别规定了审查逮捕、审查起诉阶段的证据要求。既规定了证明客观行为的证据，也规定了证明主观故意的证据；既规定了言词证据，也规定了资金链条、信息链条证据及其他证据。十分详尽地列举了证据，完善了司法审判的依据，利于从严从快打击电信网络诈骗，对检察机关办理电信网络诈骗案件具有更为细致的引导作用。

5. 守护者计划

2016 年 4 月 1 日，腾讯联合反电信网络诈骗产业各方在北京发布守护者计划，同时宣布成立全国首个反诈骗实验室。该实验室专注于大数据在反电信网络诈骗上的运用和技术创新的研究机构。实验室包含三大反诈骗利器：反电信网络诈骗专家智库、腾讯安全云库、鹰眼智能反电话诈骗盒子。反电信网络诈骗专家智库集合了反诈骗领域不同行业的资深专家，囊括互联网技术专家、公安专家、运营商专家、银行风控专家等反诈骗战略智囊团，为反电信网络诈骗工作策略和技术研究献计献策。首批成员共 7 位。[①] 腾讯安全云

---

① 《腾讯发布“守护者计划”成立首个反诈骗实验室》，http：//sz. people. com. cn/n2/2016/0402/c202846-28067618. htmlhttp：//sz. people. com. cn/n2/2016/0402/c202846-28067618. htmlhttp：//sz. people. com. cn/n2/2016/0402/c202846-28067618. html，访问时间：2018 年 11 月 13 日。

库是全球最大的安全数据库，内容涵盖风险网址、诈骗电话、骚扰短信、银行账号黑名单、木马、安卓安装包（APK）等丰富的网络安全数据。而腾讯反诈骗联合实验室的首款大数据产品——鹰眼智能反电话诈骗盒子也同时发布。“盒子”依靠庞大的内置反诈骗数据库，建立诈骗模型，分析出需要防范打击的电信网络诈骗类型，然后通过智能引擎检测，向正在遭受诈骗的受害人发送提醒，有效遏制诈骗犯罪发生。2016 年 5 月 18 日的重庆市 1.1 特大伪基站案就是在守护者计划的帮助下告破的。在腾讯守护者计划安全团队的支持下，警方转战重庆、福建、四川、贵州、江西、广东等全国六大省市，通过腾讯手机管家及腾讯“麒麟”伪基站检测系统提供的线索，于 2016 年 3 月 17 日在广东韶关将犯罪核心组织“技术窝点”牢牢锁定，七地同时收网，成功破获以刘某为首的系列伪基站诈骗案。[①] 2017 年 8 月 4 日至 7 日，由国务院打击治理电信网络新型违法犯罪部际联席会议办公室指导、腾讯公司发起的 2017 守护者计划在全国六大城市举行了线下反诈骗公益活动。2018 年 8 月 6 日，守护者计划 2018 小程序上线，从感知预警、举报查询、即时提醒、网址禁封的防护感知系统，到线下打击、溯源追查、追踪拦截的打击犯罪，打通防范与打击网络传销的闭环。守护者计划在威胁源方面检测力度加大。基于腾讯 Wi-Fi 管家检测风险 Wi-Fi 情况，覆盖公共 Wi-Fi 从 2017 年的 3 亿多增加到 2018 年第一季度的 8 亿多。扩大对恶意网址、恶意文件的检测，恶意网址数量从去年第四季度的 792 万，增加到本季度的 4735 万。持续监测支付病毒情况，2018 年第一季度感染 141 万户，同比大幅下降 61.4%。此外，守护者计划还加大了 QQ、微信违法违规行为举报打击力度，本季度打击占比超过近一年来打击量的一半。[②]

腾讯“守护者计划”充分结合腾讯大数据及海量用户的优势，联合金融机构、运营商、互联网企业等社会力量，与执法机关共同对当前越演越烈的电信网络诈骗重拳出击，形成集用户教育、技术创新、行业联合、大数据共享在内的反诈骗体系，全力保障网民的合法权益。

（二）完善法律法规，从严打击犯罪

在网络世界，健康安全的环境除了技术的升级，还离不开权威法律的规范。随着网络技术的迅猛发展，相关法律规范也要及时跟进。我国虽然制定

① 《腾讯守护者计划协助渝中警方破获“1.1”特大伪基站案》，http://news.163.com/16/0519/10/BNE386TK00014JB6.html，访问时间：2018 年 11 月 13 日。

② 《〈反电信网络诈骗大数据报告〉：2018 年第一季度诈骗数量下降》，http://www.ec.com.cn/article/dssz/jchj/201805/28091_1.html，访问时间：2018 年 11 月 13 日。

了有关计算机系统安全、规范网络行为等相关法规，但面对复杂多变的网络犯罪，还是显得捉襟见肘，难以应对日益严重的网络犯罪问题的需要。① 面对猖獗的电信网络诈骗，许多犯罪分子因为处罚不重的原因而有恃无恐。因此，应从法律立法的角度出发，增加犯罪成本、震慑犯罪分子，方可更好地防治电信网络诈骗。

1. 电信网络诈骗案件在我国的罪名定性

以电信诈骗为关键词在中国裁判文书网查询2011年至今的刑事案件，从中筛选出462份判决书。如图9-4所示，统计462份判决书的判决（含数罪并罚）情况，诈骗罪（含未遂）仍是定罪最多的类型，有419例。然后是妨害信用卡管理罪和掩饰、隐瞒犯罪所得罪，这两项罪名涉及直接诈骗团伙的下游链条——收集办理非实名电话卡、银行卡，并用来提取赃款。非法获取公民个人信息罪的判决也有10例，这涉及直接诈骗团伙的上游链条——盗卖个人信息。公民个人信息泄露导致现在电信诈骗逐渐从“盲骗”走向“量身定制”，危险系数升级。2016年8月，清华大学教授被骗走1760万元一案中，这位教授刚卖掉一套房子，回到家立即就接到了诈骗电话，称他漏缴各种税款等，各种恐吓威逼，骗子甚至正确说出了网签合同编号，导致教授一步步中计，1760万元全部被骗走。

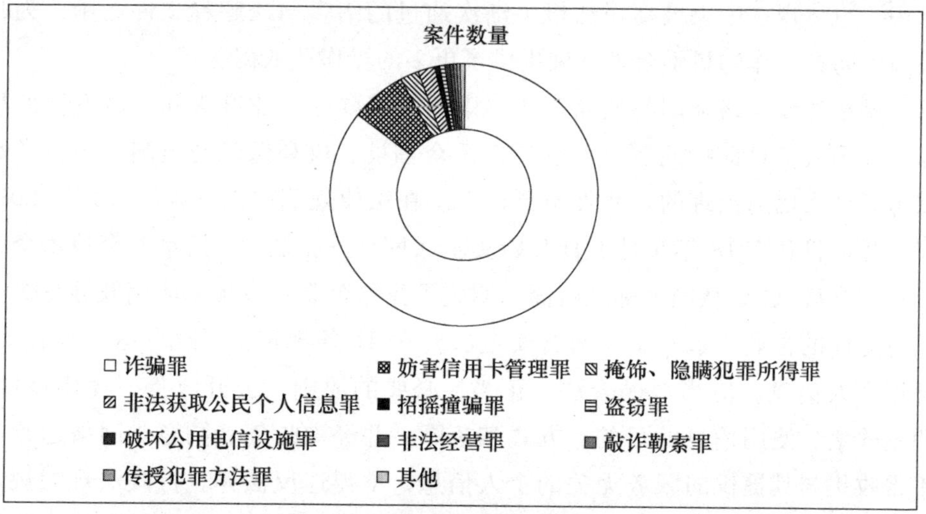

图9-4　电信诈骗判决罪名统计

① 李文积：《计算机网络犯罪对策探讨》，湖南大学2011年硕士学位论文。

如果直接在中国裁判文书网搜索“非法获取公民个人信息罪”，筛选出基层法院判决的刑事案件有467例。可是，如果继续向犯罪链条上游搜索，出售、非法提供公民个人信息罪在全国基层法院的一审判决只有21例。这说明，对于电信诈骗案件直接上下游的调查、起诉及定罪还相对合格，但是追根溯源地追究信息泄露环节力度却远远不够。2010年起，6年内北京1.6亿多条个人信息遭泄露，这样非法获取的个人信息正源源不断地供给着诈骗产业。[①] 而涉及个人信息保护类案件，近年来呈高发态势，从2016年到2018年9月，个人信息犯罪案件累计达3719件，涉案人员共8719人。

2. 我国目前个人信息保护相关立法情况

当下，我国有关个人信息保护与个人信息处理规制的整体框架总体反映在3个主干层面：第一，政策战略层面。自国务院2015年发布“互联网+”行动计划以来，党和国家涉及网络空间治理、个人信息治理的系列政策战略呈现明显的系统化建构的提速态势。第二，法律规范层面。随着《网络安全法》的全面施行，有关网络空间治理的制度设计有了更为体系化的全面建构，涉及个人信息治理的法律规范也日益丰富和充盈。第三，其他规范层面。不同部门、不同领域的涉及个人信息治理的其他规范建设工作也在近年来取得了长足的发展，既反映在国家网信部门的部门规章、规范性文件等制度安排之中，也体现在中央最高司法机关渐次通过的诸多司法解释文件之中，为相关风险防控工作的科学合理开展提供了更多的操作性依据。

基于建设网络强国的战略安排，中国不仅要在产业升级和经济发展的层面关注个人信息保护问题，而且要在民众福祉、权利保障乃至国家主权的高度考量个人信息治理的必要性与紧迫性。在法律规范层面，我国分别于2017年6月1日和2018年5月1日开始实施《网络安全法》《信息安全技术个人信息安全规范》。从国家标准层面，明确了我国企业在收集、使用及分享个人信息方面的合规要求。如《网络安全法》第41条规定：“网络运营者收集、使用个人信息，应当遵循合法、正当、必要的原则，公开收集、使用规则，明示收集、使用信息的目的、方式和范围，并经被收集者同意。网络运营者不得收集与其提供的服务无关的个人信息，不得违反法律、行政法规的规定和双方的约定收集、使用个人信息，并应当依照法律、行政法规的规定和与

① 《这五年电信诈骗案的套路，全在这462份判决书里》，http://news.youth.cn/sh/201609/t20160923_8688060.htm，访问时间：2018年11月13日。

用户的约定，处理其保存的个人信息。”尽管我国《网络安全法》对个人信息保护、数据安全问题应对等进行了框架性规定，但是，尚需要出台一系列配套的下位法及更为详细的制度规定、行业规范等来进一步细化个人信息保护的规定。因为在大数据时代，个人信息泄露情况极为复杂与普遍。根据 Trustwave 公司发布的 2018 年全球安全报告，在全球数据泄露事件中，违规事件发生率较高的行业包括：零售业（包括互联网电商）占 16.7%，金融与保险业占 13.1%，医疗机构占 11.9%。大数据时代下的个人信息保护，不仅需要提升技术，更需要完善的法律规范和监管体系。法律与科技携手，才可以在大数据时代下治理维护好网络世界。①

目前，“个人信息保护法”已经列入我国立法规划，通过加快推进立法工作，制定精细严密的法条，可以进一步加强对个人信息的保护。我国出台的有关法律法规对个人信息的收集、使用、保护规则以及侵害个人信息的处罚已作了规定，为完善我国个人信息保护的法律法规体系奠定了坚实基础，为依法保护个人信息安全提供了有力支撑。相信在不久的将来，“个人信息保护法”的出台将完善我国网络安全立法，有利于进一步推动大数据时代互联网行业的良性健康发展，进一步加强对个人信息的保护，增强国民信心与安全感，增强国家综合实力，推动我国建设成为富强民主文明和谐美丽的社会主义现代化强国。

（三）完善立案制度，避免相互推诿

由于网络诈骗犯罪涉及过多犯罪地，以至过多的地方公安机关拥有管辖权，会造成相互推诿的局面。为了提高案件办理效率，还须进一步解决管辖权问题。有观点认为，在规模化的网络诈骗案件中，行为人一般使用“环形拓扑”网络结构，那么，犯罪地可以被认为是主服务器所在地。因为，主服务器起到了控制、指挥的作用，对主服务器进行操作的人实际上就是网络诈骗犯罪的主犯。如果诈骗行为人使用了“环形拓扑”网络，各台服务器处于互补状态，那么，各台服务器的操作者都是诈骗行为的实施者，其所在地的公安机关都有管辖权。而对于单台服务器诈骗案件，应由服务器所在地公安机关立案。② 这种观点简化了犯罪地的确定问题，但是，这只考虑了犯罪行为

---

① 《浅议大数据时代下中国的个人信息保护问题》，https：//mp. weixin. qq. com/s/aawBgSK19eYs_ a_ k_ 0k0JA，访问时间：2018 年 11 月 13 日。

② 罗敏：《网络诈骗犯罪的立案困境及对策研究》，载《山西警官高等专科学校学报》2013 年第 2 期。

地，没有考虑犯罪结果地。按照刑法规定，犯罪地包括行为地和结果地，管辖权的确定排除犯罪结果地既不符合刑法规定，也不利于受害者报案。如果不是受害人向当地公安机关报案，公安机关很难发现诈骗犯罪事实。所以，实践中，主要还是犯罪结果地公安机关能够较早发现案件信息。

解决案件推诿问题应考虑以下方面：（1）建立网络犯罪信息共享以及联络制度。公安机关对电信网络诈骗案件推诿的原因在于，网络犯罪案件侦办难度大，如果立案而不能结案，会影响自己的业绩。如果建立网络犯罪信息共享以及联络制度，公安机关间互相配合和协助，案件就相对容易侦破，相关公安机关一般就会受理，涉及的证据也可以相互移送。（2）提高立案级别。在目前的状况下，我国基层公安机关的技术、装备等还处于较低水平，在侦破网络诈骗案时，往往力不从心，一旦犯罪人采用了更高的技术手段或是在国外遥控操作，公安机关在收集证据方面便会面临很大难题。基于此，可以考虑适当提高电信网络诈骗案件的立案级别，由技术水平较高、力量较强的地市级公安机关立案侦办，以便更有效地打击网络诈骗犯罪。（3）完善网络诈骗案件的管辖原则。在沿用传统地域管辖的基础上，完善指定管辖原则。在同一网络诈骗犯罪案件涉及多地，多个公安机关都具有管辖权时应灵活处理。例如，由最初受理的公安机关管辖，或者由主要犯罪地的公安机关管辖，以解决地域管辖的困境。但是，如果受理案件的公安机关缺乏高科技侦破力量和手段，或者存在其他客观原因不能有效承担复杂电信网络诈骗犯罪案件的侦查的，要由上级公安机关指定具有高科技侦破能力的公安机关进行侦查。①

（四）加强内外协作，促进司法互助

据公安部数据显示，境外电信诈骗犯罪主要是我国台湾地区的人员组织实施的，占大陆电信诈骗案件总数的20%，损失的50%。千万元以上的大案要案基本都是我国台湾地区电信诈骗集团实施的，案件还遍布印度尼西亚、俄罗斯、泰国、柬埔寨等国。2016年4月，肯尼亚向中方遣返首批77名涉案两岸嫌犯，并于8月8日将剩余40名涉案嫌犯包括5名我国台湾地区嫌犯全部遣返中国大陆。诈骗集团向境外扩散，但遣返的只是境外诈骗团伙的极小部分，打击电信诈骗更需要境内外、多部门的合作。“长安剑”采访一位17年警龄基层民警称，即使被害人迅速报案，正常的冻结手续在笔录、取证、

① 任彦君：《犯罪的网络异化与治理研究》，中国政法大学出版社2017年版。

立案后开展，而要说服银行冻结账户又可能面临跨地分行协调等问题。待民警到达开户行进行冻结时，钱可能早就到了境外了。[①]

如前所述，电信网络诈骗中占比很大的一种类型就是跨境电信网络诈骗，近年起源于我国台湾地区的电信诈骗窝点在受到我国台湾地区和大陆的联合打击之后，正在向东南亚以及非洲转移其犯罪集团，电信诈骗的犯罪方式也从如"无头苍蝇"般漫天撒网、误打误撞到利用非法获得的被害人信息精心布局、精准诈骗。跨境电信网络诈骗比境内难以打击的原因在于：（1）境外诈骗电话入网拦截不力。（2）司法互助不足，在主要行使刑事侦查权的公安机关对我国台湾地区联系窗口中，除福建省公安厅刑事侦查总队开辟了与我国台湾地区警方直接联系的窗口外，上海市、江苏省和广东省公安厅的联络窗口均设在相应的港澳台事务办公室，经其再将情报资讯转给刑侦总队查处，造成传递渠道不够畅通。而其他的省、自治区、直辖市则均未设联系窗口，必须通过公安部转请福建省公安厅刑侦总队与"我国台湾地区刑事局"联系的渠道，这其中环节较多、手续烦琐、效率不高、侦查困难以及证据规则差异导致难以惩治罪犯。[②]（3）司法体系中证据规则和定罪量刑规则差异使犯罪分子得不到有效惩治。根据《海峡两岸共同打击犯罪及司法互助协议》及相关通知的精神，大陆公安部门通常将捕获的涉台电信网络诈骗分子移交给我国台湾地区警方处理。由于两岸司法体系以及法律中关于诉讼证据要求、量刑定罪方面的规定不尽相同，一个案件中涉案的两个不同实施人——大陆涉案人员和我国台湾地区涉案人员，最后的法律惩处往往存在很大差异。

此外，在电信网络诈骗案件中，证据的收集需要很高的时效性。错过了时机，相应的数据、资料可能就被删除、损害以致证据无法提取、固定，这样会直接导致证据不力或者缺失。在证据的收集、使用上无法符合我国台湾地区刑事法律的规定，使得大部分涉台电信诈骗犯罪人员被带回我国台湾地区后因为证据不足而释放。针对跨境诈骗电话入网拦截不力的问题，工信部已经下发了通知，要求各大电信运营商有效拦截经过改号的国际虚假主叫电话。除拦截境外诈骗电话之外，跨境电信网络诈骗犯罪难以追责的症结在于电信诈骗分子利用了两地甚至三地司法衔接的不畅，这种不畅既有跨境取证

---

① 《这五年电信诈骗案的套路，全在这 462 份判决书里》，http：//news. youth. cn/sh/201609/t20160923_ 8688060. htm，访问时间：2018 年 11 月 13 日。

② 薛少林：《论两岸刑事司法协助机制——以〈海峡两岸共同打击犯罪及司法互助协议〉为框架》，载《社会科学》2010 年第 11 期。

的困难，也有各地各国司法制度的差异。因此，完善两岸共同打击机制的思路也应从加强司法互助入手，从侦查到证据规则乃至最后审判整个刑事诉讼程序建立无缝对接的协作模式。[①] 研究制定司法互助标准作业流程，形成统一通用的证据规则是加强打击跨境电信诈骗犯罪的关键，只有明确相对统一的互助标准作业流程，形成统一通用的证据规则，才能在打击跨境犯罪时形成合力，避免案件在进入司法程序后产生争议。同时，建立“P2P 警务合作模式，形成即时通联的快速反应机制”和“强化云端资料勘探技术，形成完善畅通的情报资讯交换机制”均是目前打击跨境犯罪急需建立的侦查机制模式，是打击跨境电信诈骗犯罪的前提。[②]

由此可见，打击电信诈骗不仅需要公安、银行、电信等多部门联动，还需要跨境合作。在部分地区，这样的合作已在开展，以上海市反电信网络诈骗中心平台为例，该中心平台投入试运行半年以来，已经冻结被骗资金折合人民币超过 8000 万元。由于电信网络诈骗牵涉到网络部门、行政执法部门、公检法等各个部门，犯罪涉及境内外多个不同区域。因此，在执法上需要多部门、境内外通力协作，将犯罪消灭在萌芽状态。在政法机关、行政执法部门、相关监督管理职能部门之间，应在当地党委政府的统一领导下，建立起长期的、行之有效的协作机制，合理分工、相互配合、信息共享、达成共识，形成打击合力，提高打击效率，形成从根本上遏制电信网络诈骗犯罪的猖獗势头；公安、电信、网络等监督部门加大巡查力度，及时发现电信网络诈骗的不法苗头、倾向，及时采取警告、限制和介入等手段，严防现代科技网络被不法利用，营造健康的电信网络环境。

（五）加强网络监管，落实各方责任

网络监管机制决定着网络的安全性。网络监管不仅是预防网络犯罪的基础，也是案件侦破的保障。要探索建立以安全监管为主线，包括资源、运营、内容以及终端等各方面监管的分层监管模式。对于国家制定的安全等级制度、互联网备案制度以及专用产品销售许可证等制度要认真严格地执行。对互联网审批的多部门管理进行梳理，分清权力和责任。另外，对于银行卡、电话卡的申办管理，要严格执行相关规定，堵塞漏洞、消除隐患，甚至探讨银行或者

① 向群、刘凌：《当前涉台电信诈骗犯罪打击困境及防范对策——以云南省为例》，载《云南大学学报（法学版）》2016 年第 5 期。

② 刘仁文：《两岸共同打击跨境电信诈骗犯罪中值得注意的几个问题》，载《中国应用法学》2017 年第 2 期。

电信部门的责任问题，以督导其认真负责、加强监管。根据网络发展情况，应加强专家立法，制定一系列新的监管制度，如软件设备购置审批制、定期检查与不定期抽查制度等，增强网络监管的针对性、系统性和可操作性。①

在进一步完善网络审查制度的同时，敦促搜索引擎、门户网站等互联网平台加强自律，特别是要切实担负起审查责任，将不法商家拒之“网”外。政府要积极引导、督促网络服务行业从维护网络安全、防范网络犯罪角度出发，制定相应的行业规范，对一些不利于网络安全健康发展甚至构成犯罪的行为，通过行业规范事先规制或约束。在网络诈骗犯罪中，诈骗信息和资金流转都需要依靠网络服务单位提供的有关服务，因此通过规范网络服务行为，特别是网上信息服务和金融服务，将会在追踪和制止网络诈骗犯罪方面发挥很大的作用。例如，针对网络诈骗过程中资金的不正常流动，银行、第三方支付机构等应对电子支付类型、金额和每日累计支付金额等方面作出一定的限制。如果发现异常现象，要及时核实或审查，制止犯罪的发生和损失的扩大。对于不尽监管责任的网络服务企业，还要探讨和规定相关互联网平台的连带责任（共犯或者民事赔偿责任）。这既是考虑罪责自负的需要，也是督促相关互联网平台认真负责、严格监管、预防犯罪的需要。

（六）加强防范意识，应对花样诈骗

通过前文对不同类型的电信网络诈骗案件的分类，防治电信网络诈骗应当对症下药，根据不同类型的诈骗案件的特点提出具有针对性的防控对策，提高被害人的防范能力。②

1. 针对冒充身份型电信网络诈骗。这类诈骗案件成功的关键在于犯罪人利用了被害人对特定身份的人如公检法机关、亲友、领导的信任与服从心理。在这种骗局当中，犯罪分子往往没有过多高明的行骗技术，但是会提及许多被害人较可能相信的细节信息，比如相关姓名或联系电话等，此时就要求被害人日常多关注类似诈骗案件，知晓通常的行骗套路，以及平时注意个人细节信息的保护等。

2. 针对传播虚假信息型电信网络诈骗案件。这类案件的犯罪分子一般会以低投入、高收入、高额奖品、发放补助金等利益性诱惑为诱饵引诱被害人，虽然这种骗局往往漏洞百出，不堪一击，但是却充分利用了人的侥幸心理或

① 李文积：《计算机网络犯罪对策探讨》，湖南大学 2011 年硕士学位论文。

② 李立丰、宫宇：《电信网络诈骗案件的特点及防控对策分析——以 2014 年至 2016 年全国范围内电信网络诈骗案件为分析样本》，载《净月学刊》2018 年第 1 期。

贪图便宜的心理。针对这样的案件，被害人应该做到不听、不看、不信，提高自身的防范意识，坚信“天上不会掉馅饼”。

3. 针对团伙配合实施的多线诈骗。多线诈骗往往由多人冒充不同身份进行电信诈骗，犯罪团伙通过转接电话制造出各方相互印证的假象，在这样的骗局当中，如果第一线没有被骗，则无法进行下一步，相反若一开始就“上钩”，则可能越陷越深。在这种情况下，被害人可以拒绝接听转接的所谓公安机关、检察机关的电话，应选择通过亲自向被提及机关或相关组织核实，核实时应当从可靠的官方网站或电话号码查询平台取得相关机构的联系方式，有条件的可以登录核实以鉴别信息的真伪，从而切断犯罪人的诈骗链条，防止财产等利益受损。

第十章

网络集资诈骗犯罪

第一节　网络集资诈骗犯罪的识别

一、网络集资诈骗犯罪概述

近年来，随着我国互联网行业的蓬勃发展，以 P2P 网络借贷等为代表的互联网金融新业态、新模式迅速发展。P2P 网贷等新业态以互联网行业的迅速发展为基础，以金融行业和互联网行业高度融合为手段，以完善传统金融行业的运行机制为主要内容，以实现社会上各类资金的高速流通、有效流通为主要目标。这些新业态、新模式的出现，打破了传统金融行业的信息壁垒，降低了传统金融行业的风险压力，拓宽了既有的各类融资渠道，实现了出借人、借款人低成本的、直接的投融资，同时对倒逼现有的单一垄断的金融体制的改革也具有重要意义。毫无疑问，P2P 网贷等互联网金融新业态、新模式具有极强的创新性、开放性，但是这些新业态、新模式的发展，在倒逼传统金融体制改革的同时，缺乏监管与野蛮发展交织所带来的风险也不可小觑。P2P 网贷等互联网金融新业态、新模式的发展不仅在一定程度上促进了我国传统金融行业的改革与发展，也在很大程度上提高了网络集资诈骗等一系列犯罪发生的可能性。

目前来看，P2P 网贷行业的野蛮生长已不可持续，“爆雷潮”不断，优易网被法院以集资诈骗罪盖棺定论，钱宝系的实际控制人张小雷被南京市警方以涉嫌集资诈骗罪移送检察机关审查起诉，唐小僧、联璧金融等平台被警方介入调查，甚至五星财富、钱妈妈、小金袋、咸鱼理财、卓金金服等国资系平台也进入清盘并待提供兑付方案的状态，还有大量平台出现跑路或兑付困难。部分 P2P 网贷平台违规违法经营，触犯包括集资诈骗罪在内的各种罪名，这些严峻事实不仅向互联网金融行业的从业人员敲响了警钟，也向监管者提出了更高的要求。我们必须推动 P2P 网贷平台企业切实履行主体责任，建立并完善对P2P网贷等互联网金融新业态、新模式的高效监管机制，明确刑法的适用，严守金融稳定和社会稳定的底线，激发金融领域的创新活力，引导和规范共享经济良性健康发展。

二、网络集资诈骗犯罪的发展

P2P网贷等互联网金融新业态、新模式具有千变万化的表现形式，我们必须清醒地认识到，适用于传统金融领域的各项法律法规在处理有关这些新业态、新模式的违法犯罪时存在一定难度，需要进一步明确其适用的条件、限制。从当前互联网金融行业的发展来分析，非法集资类的罪名在以P2P网贷为代表的互联网金融领域高发。根据第一网贷报告显示，截至2018年11月底，全国基本正常平台1367家，主动关闭、提现困难、失联跑路问题平台等累计4190家，占全国P2P网贷平台7684家的54.53%，“千顺”互联网金融现代统计和风险监测预警系统风险池的风险预警平台6549家，占全国P2P网贷平台7684家的85.23%。①

P2P网络借贷发源于欧美国家，在我国，自2011年以后，P2P网贷平台的数量开始大幅度增加。但是我国的情形与国外又有较大的不同，在我国，大量的P2P网贷平台已经背离了信息中介平台的定位，大量平台虚假信息、自融等问题不断，甚至有平台开展担保业务，变成实质上的担保公司。更有甚者，部分平台通过吸收资金，逐步异化成为一种类似于银行的金融机构。从监管的角度来看，这种向金融机构的逐步异化，已经严重脱离了传统意义上P2P网贷平台作为互联网金融信息中介的轨道，这种异化的平台潜在的实施非法集资等犯罪的风险极高。面对P2P野蛮生长的现实，面对这种复杂严峻的情况，仅仅依靠加强行业的自律和严格行政的监管已经不能有效解决问题，我们必须从刑法的角度对P2P网络借贷进行审视，划清红线，定分止争，才能有效解决P2P网贷平台的各种问题。

三、网络集资诈骗犯罪典型案例

（一）缪忠应、王永光犯集资诈骗罪一案②

缪忠应、王永光犯集资诈骗罪一案即优易网案，是我国司法机关对P2P

---

① 《2018年11月份全国P2P网贷行业大数据》，http：//www.sohu.com/a/279271101_351022，访问时间：2018年11月14日。

② （2015）通刑二终字第00074号。

网贷平台判处集资诈骗罪名的第一个案件。被告人缪忠应以优易公司名义开办优易网第三方在线借贷中介平台，是优易网的创始人和实际控制人。在2012年7月创办优易网后，缪忠应并未向优易网实际缴付任何出资。并且在2012年的下半年，在如皋市亿丰商城内，被告人缪忠应在未取得金融业务许可的前提下，编造优易公司系香港亿丰公司旗下成员，谎称亿丰商城商户需要借款，在优易网上发布“秒标”，承诺即时还本付息，公开利诱出借人。通过拍摄亿丰商城内商户的门面照片及汽车照片发布在网站上，发布虚假的“借款标”，以高额利率为诱饵，向网民冯某等45名被害人合计非法集资人民币2550万余元。

被告人王永光明知被告人缪忠应开设优易网采用诈骗手段非法集资，仍应缪忠应要求，为优易网出借人记账、担任优易网客服、为被告人缪忠应提供其本人银行账户进行资金转账，用于还款及将集资款项通过网银转账到南通三羊投资理财有限公司（以下简称三羊公司）顾某甲账户。

被告人缪忠应除了将集资的部分资金（378万元）以月息3%或免息借贷给周某甲、翁某乙等人之外（该款项均已归还），在借款人不知情且其无归还能力的情况下，将绝大部分集资款通过三羊公司配资投资期货（配资的利率为日万分之十八）、炒股，截至2012年12月21日，被告人缪忠应共计亏损12593730元。2012年12月20日，被告人缪忠应将期货市场账户内余额548127.27元提出。2012年12月21日，因没有款项用于被害人提某，被告人缪忠应在网上发布××商城停电，后二被告人于同日携带集资款54万余元逃匿。

被告人缪忠应逃匿以后，以宋某甲的名义继续通过杭州乾腾投资管理有限公司配资投资期货，自2013年1月9日至2013年4月10日，共计亏损20万余元。

经南通爱德信司法会计鉴定所司法鉴定，被告人缪忠应、王永光向冯某等45名被害人共计非法集资人民币25508001.1元，造成人民币15237987.94元无法归还。

最后法院判处缪忠应犯集资诈骗罪，判处有期徒刑13年，并处罚金人民币20万元；王永光犯集资诈骗罪，判处有期徒刑7年，并处罚金人民币10万元。

（二）丁宁、丁甸、张敏等26人犯集资诈骗、非法吸收公众存款一案

丁宁、丁甸、张敏等26人犯集资诈骗、非法吸收公众存款一案即（e租

宝网络非法集资案)。在e租宝网络非法集资案中，被告单位安徽钰诚控股集团、钰诚国际控股集团有限公司于2014年6月至2015年12月间，在不具有银行业金融机构资质的前提下，通过e租宝、芝麻金融两家互联网金融平台发布虚假的融资租赁债权项目及个人债权项目，包装成若干理财产品进行销售，并以承诺还本付息为诱饵对社会公开宣传，向社会公众非法吸纳巨额资金。其中，大部分集资款被用于返还集资本息、收购线下销售公司等平台运营支出，或用于违法犯罪活动被挥霍，造成大部分集资款损失。二被告单位及被告人丁宁、丁甸、张敏等10人将大部分集资款用于返还集资本息、收购线下销售公司等平台运营支出，或用于违法犯罪活动，造成大部分集资款损失的行为毫无疑问可以评价为以非法占有为目的，使用诈骗方法进行非法集资，构成集资诈骗罪。二被告单位以及丁宁、丁甸、张敏等26名被告人的非法集资行为，犯罪数额特别巨大，造成全国多地集资参与人巨额财产损失，严重扰乱国家金融管理制度，犯罪情节、后果特别严重，依法应当予以严惩。此外，法院还查明钰诚国际控股集团有限公司、丁宁等人犯走私贵重金属罪、非法持有枪支罪、偷越国境罪的事实。因此，法院对钰诚国际控股集团有限公司以集资诈骗罪、走私贵重金属罪判处罚金人民币18.03亿元；对安徽钰诚控股集团以集资诈骗罪判处罚金人民币1亿元；对丁宁以集资诈骗罪、走私贵重金属罪、非法持有枪支罪、偷越国境罪判处无期徒刑，剥夺政治权利终身，并处没收个人财产人民币50万元，罚金人民币1亿元；对丁甸以集资诈骗罪判处无期徒刑，剥夺政治权利终身，并处罚金人民币7000万元。

四、网络集资诈骗犯罪的基本特征

根据最高人民法院、最高人民检察院、公安部等部门的司法解释的规定，非法集资犯罪一般需要同时具备包括公开性、非法性、利诱性、社会性4个方面的法律特征。非法性，指集资业务应由相关部门依法批准，未经有关部门的依法批准，从事相关的集资等业务的构成非法集资。利诱性，则指从事非法集资的行为人通常会向被害人许诺，通过货币、实物等各种各样的方式向被害人予以投资回报。关于社会性和公开性的特点，依据各部门作出的司法解释的相关规定，行为人以手机短信、报纸、广告、推介会等各种方式向社会发布融资信息，均属于向社会公开宣传，且明知是为吸收资金而发布的信息，采取直接帮助或间接放任的方式予以扩散的，也属于向社会公开宣传。

P2P 网贷平台等互联网金融企业实施的集资诈骗犯罪与各种传统类型的集资诈骗等犯罪相比，P2P 网贷平台实施的网络集资诈骗等犯罪具有明显的特点，具体包括：

第一，受害者众多、地域分布极广。互联网与生俱来的虚拟性使得 P2P 网贷平台实际上突破了现实的物理的地域上的界限，这种独特的打破空间的特点在非法集资犯罪的领域也表现得淋漓尽致。从统计数据来看，传统的非法集资案件地域特色明显，集中在同一县级行政区的案件较多，嫌疑人的分布相对集中，根据统计，平均一个案件中户籍位于同一县级行政区的犯罪嫌疑人可占据犯罪嫌疑人总人数的 61%。但是互联网的虚拟性使得 P2P 网贷平台从根本上突破了这个规律，比如，在相对典型的乐贷网事件中，1000 多名受害人分布在 30 多个省市中。在 P2P 网贷平台的集资诈骗案件中，完全可以说受害人遍布全国，而且大量的案件，犯罪嫌疑人都身处境外，已然突破国界的限制，这种特点给相关犯罪的预防、打击带来了极大的困难。

第二，平台一旦注册，影响迅速增大，犯罪破坏性极大。比如注册于福建省的名为"福翔创投"的一家 P2P 网贷平台，自 2013 年 10 月 15 日上线以来，仅仅上线 18 日便关闭，老板不知所踪。P2P 网贷平台增大影响力的速度，给监管部门的有效监管带来了极大的挑战。据媒体统计，自 2013 年 10 月，每 3 天平均就要倒闭两家 P2P 网贷平台，当然，一家平台的倒闭并不意味着这家平台必然涉嫌非法集资犯罪，但 P2P 如此迅速的倒闭也表明，在对 P2P 网贷平台的规制中，必须建立快速反应的机制。与传统的非法集资的案件相比较，因为传统的非法集资犯罪是一种具有比较明显的过程性的犯罪。比如，传统的非法集资犯罪，在开始的时候，一般并不符合犯罪的构成要件，大部分都具有合法的形式来掩盖犯罪事实，因此，具有隐蔽性较强，在犯罪初期不易发现的特点。也正因如此，犯罪持续的时间较长是传统的非法集资犯罪的一个鲜明的特征。但是，由于互联网本质上的特性，互联网中各色信息具有明显的不可控性，这种不可控性，不仅表现在传播范围上，在传播速度上也同样具有不可控性这一特点。这种不可控性，不仅导致了网络集资诈骗犯罪的破坏性，也使得投资者在亦真亦假的信息的影响下，容易对整个行业产生不信任的情绪。这也是互联网集资诈骗犯罪具有极大的波及范围和影响深度的原因。

第三，在 P2P 网贷领域的集资诈骗犯罪中，行为人与受害人大多为陌生人。与此相反，在传统的不以互联网为工具的非法集资的案件中，大部分行为人具有比较稳定的工作，因为根据常理，具有稳定工作的人一般信誉较高，因此也更容易实施诈骗活动。在一些传统的非法集资的案件中，因为被害人迷信行为人的信誉与许诺的高回报，甚至出现为数不少的被害人为行为人求情，并向公诉机关施加压力的情况。但是由于互联网与生俱来的虚拟性，P2P网贷平台的集资诈骗犯罪不仅不具有行为人大多具有稳定的工作、被害人与行为人大多为熟人的特征，而且出现了被害人与行为人多为陌生人的新特征。

第四，共同犯罪大量减少。传统的非法集资案件大多发生在普通熟人中，根据数据，在传统的集资诈骗犯罪中，共同犯罪的比例可达67%。比如，在青岛市发生的东港系列非法吸收公众存款案中，全案共有犯罪嫌疑人89人，为此，法院甚至需要组成4个合议庭来审理这个案件。但是，从目前来看，与P2P网贷平台有关的非法集资行为则大部分不具备此特征。例如，在影响力相当大的郑旭东事件中，郑旭东自己就注册了包括上海锋逸信投、深圳中贷信创、杭州国临创投在内的3家P2P网络借贷公司，与传统的集资诈骗犯罪更不相同的是，郑旭东本人完全控制了3家公司的整个非法集资犯罪的全部过程。

五、P2P网贷平台实施集资诈骗犯罪的基本模式

从我国目前的情况来看，原则上，P2P网贷平台仅提供信息中介的服务，但出现问题的P2P网贷平台大多从事了吸收资金并发出资金的行为，从我国当前的刑事立法审视，这些P2P网贷平台的行为与集资诈骗犯罪具有紧密的联系，当然，网贷平台容易实施的犯罪除了集资诈骗犯罪以外，典型的还包括非法吸收公众存款等犯罪。我国是社会主义国家，在刑事立法上对各种金融活动都有严格的规制，对资金融通的方式也有着严格的规制。从刑法上看，未经有关部门批准向社会公众筹集资金就会触犯非法吸收公众存款罪。除了上述的两个罪名，由于P2P网贷平台从事借贷业务，本身还涉及各种金融管理规范，结合不同的P2P平台的业务模式，P2P平台容易涉及的罪名还有挪用资金罪、非法经营罪等。

央行、银监会等监管部门对P2P网贷平台的业务范围作了明确的限制，但还是有大量的P2P网贷平台铤而走险，实施非法集资犯罪行为。根据央行规定，目前主要有3种P2P网贷平台实施非法集资行为的表现，分别是设立资金池模式、不合格借款人模式和庞氏骗局模式。从近期的媒体报道而言，绝大多数P2P网贷平台实施的网络集资诈骗犯罪都可以被这3种模式概括。

具体而言：

第一，设立资金池模式。设立资金池模式是指P2P网贷平台开设收款账户，网贷平台为了获取更高的利润，将收到的钱款不直接与项目匹配，而是汇拢在网贷平台自己开设的账户内，由网贷平台根据平台的意愿，由平台进行资金与项目的匹配，以最终实现融资的目的，毫无疑问，这种模式已经超越了P2P网贷平台信息中介的定位。同时，我们必须注意的是，平台会以各种名义来汇集自己的资金池，在各个平台鱼龙混杂的项目中，投资者只有小心甄别，才有可能避免损失。从央行的规定和目前已有的实践内容中可以总结，设立资金池的P2P网贷平台又有3种主要的形式：

1. 网贷平台将平台上已有的各种融资的需求拆分转化为不同金额、期限的融资的标的，再通过平台自有的账户将投资者的资金汇集起来，最后由平台根据金额、期限等指标，将汇集的投资者的资金和已经转化后的融资的标的进行自主的匹配以在满足融资的基础上实现平台收益的最大化。目前来看，这种模式的平台占目前设立资金池平台的大多数。

2. 由网贷平台以各种名义直接发布不同的融资标的，并根据期限、金额等指标设定不同的存款利率，在出借人将钱款打到平台的账户后，再由平台在线下通过找借款人和融资项目来满足融资的需求，目前来看，这种模式平台直接向社会融资，可以说是典型的非法集资犯罪。

3. 由于部分融资的标的存在融资时间过长、融资数额过大等问题，因此融资的标的就不容易和投资相对接。各个平台为了最终实现融资的目的，便主动拆分融资的项目，将时间长、数额大的标的拆分成大量的短期、小额的标的，以达到融资期限和融资标的错配的目的，为平台经营提供方便。这种模式的主要特征为平台主动对大额融资标的进行拆分。

上文所述的3种模式都会形成平台控制的资金池。比如，重庆金融监管部门曾在2013年对多家P2P网贷平台发出要求整改的通知，其中重要的一项整改内容就是化解平台的自有资金池。这些平台的资金池多数是由平台通过销售一些具有固定收益率的所谓预付卡来形成的。这些平台的投资者的资金并未进入相关的需要融资的企业的账户，而是由平台的相关人员将投资者的资金转入平台自己开设的各种公司名下，甚至直接转入了实际控制人的账户，然后由平台根据各种融资项目的不同需要来进行放贷业务，这些平台涉及的资金金额达到了4000多万元。

第二，不合格借款人模式。部分网贷平台对借款人未能尽到审核义务和责任，或者怠于履行审核义务，导致借款人可以利用虚假身份在平台上发布虚构的融资项目的融资信息（在部分情况中，网贷平台甚至利用虚假的信息，自行发布各种虚假的融资标的进行融资），以最终实现向不特定的社会公众大量吸收资金的目的。从目前实践中的情况来看，这些利用虚假信息、虚构标的进行融资的借款人通常在获取资金后利用从平台上融得的相关资金进行房产投资、股票投资等高风险的投资活动，甚至有部分融资者将融得的资金用于购买其他网贷平台的高利率的理财产品来赚取利差，毫无疑问，风险极大。典型的案例比如，发生在衢州的中宝投资一案，中宝投资虚构借款人的信息，通过 P2P 网贷平台，发布各种虚假的融资用途，虚构融资标的。为了吸收更多的资金，中宝投资许以极高的利率，在全国的范围内，吸引了大量的出借人进行投资。再比如，在优易网一案中，P2P 网贷平台的负责人为了留住出借人，许以高额的利息，面对不断增大的利息支出，负责人不惜铤而走险，试图通过投资期货的收益来弥补平台的利息开支造成的漏洞。

第三，庞氏骗局模式。所谓庞氏骗局模式，即借款人通过以新还旧的方式防止资金链的断裂，在这个过程中，借款人不断发布各种虚假的借款信息以吸收资金。自融形式是庞氏骗局这种模式的典型形式。自融形式是指平台将吸收来的大量出借人的资金自用或者交给关联的公司来使用。典型的有，网赢天下的兑付危机，网赢天下公开的资料显示，网赢天下的实际控制者不仅控制着网赢天下这一平台，还是某公司的大股东，网赢天下平台的部分出借人资金没有进入借款人的账户，而是直接被打入了该公司的账户，由该公司使用。

六、P2P 平台实施集资诈骗犯罪成因分析

P2P 网贷平台的“爆雷潮”给我们敲响了警钟，对于 P2P 平台的监管，决不能单纯地停留在监管部门针对 P2P 网贷行业制定政策、划定红线、进行合规检查的层面。进一步提升对 P2P 网贷平台监管的有效性，还必须将监管放在防范化解金融风险，促进银行业安全稳健运行的大背景下进行思考，必须从国内金融行业的风险源头进行原因分析。

第一，小微企业融资困难。P2P 网贷平台的野蛮生长，从某种程度上来说，是对我国传统的金融服务行业问题的反映。我国传统的金融服务业在服务民营企业，尤其是服务中小微企业的领域存在体制、机制上的不足。大量的民营企业没有建立严格规范的现代公司财务制度，在银行、企业间存在信

息不透明的问题，此外，民营企业没有足够的资本，不仅抵御风险的能力相对较弱，而且缺乏足够的抵押财产，面对这部分高风险业务，大部分银行都采取了避而远之的态度。而民营企业尤其是小微企业的融资需求又十分旺盛，因此，对 P2P 网贷的需求十分强烈。

第二，投资者缺乏优质的投资方式。我国的银行利率远低于实际通胀率，导致民众有意愿选择其他的投资渠道，而我国存在大量的没有接受过金融教育的投资者。面对股票、期货市场的巨大风险，P2P 网贷平台开出的高额回报、保本付息的承诺无疑十分诱人，因此大量的投资者在没有仔细甄别的情况下，就盲目地对 P2P 平台进行投资。这种特殊的国情也为 P2P 网贷平台的野蛮生长提供了大量的空间。

第三，互联网的虚拟性。互联网与生俱来的虚拟性使得 P2P 网贷平台实际上突破了现实的、地域的、物理的界限，这种独特的打破空间的特点使得 P2P 平台具有病毒式传播的能力，给了行为人足够的想象空间，面对巨额的利润，部分人铤而走险，突破了法律的底线。

除了上述原因，在 P2P 平台刚刚出现的时候，较低的注册门槛、较弱的监管力度、较多的监管漏洞也使得 P2P 网贷平台的野蛮生长成为可能。

第二节　网络集资诈骗犯罪的防控

P2P 网贷平台，是传统的金融行业和新兴的互联网行业相融合所产生的新业态。P2P 网贷平台，以互联网为基础，开展包括信息咨询、资金中介在内的各项业务。我们有时也将 P2P 网贷平台称为网络版本的民间借贷，虽不准确，但也反映了 P2P 网贷平台的业务类型与我们所说的传统的民间借贷的共性，因此，P2P 这种网络借贷形式毫无疑问也是一种金融业务，金融监管部门必须将这种新业态纳入监管体系中去，使其受到我国的金融法律法规乃至刑法的规制。但 P2P 平台对互联网技术的运用是其鲜明的特点，这种特点不仅是一种突破创新，也为传统的金融监管体系带来了极大的挑战，因此，也必须提出新的监管思路、监管政策、监管手段。

一、明确以行政监管为先导基础，以刑事打击为后盾保障的监管思路

从当前我国在金融领域的立法现状来看，我国通过包括法律、法规、规

章在内的各种立法，已经初步形成了以行政法规为先导，以刑法为后盾的阶梯式的传统金融业务的监管规制体系。从实际的监管来看，对于金融机构在开展金融业务的过程中出现的一些常见的社会危害性不大、轻微、违法行为，一般不由司法机关处理，而是由央行与银、保监会等行政机关，依据相关的金融监管的行政法规对这些行为进行行政处罚。但是，当行为严重违法，对社会造成严重危害的，则由司法机关依据刑法，对这些行为进行严厉的打击和规制。既然在较长的时间内，我国对于传统的金融行业的监管，都是采用将行政管理和刑法处罚相结合的思路，那么对于 P2P 网贷这样一种新兴的金融业态，不应盲目地打击，还是应当坚持以行政管理和刑法处罚相结合的思路。而且，从目前暴露和呈现出来的问题来看，以行政管理为主的思路对这种以互联网为基础的新业态的发展、成熟具有重要意义。从目前的情况来看，央行等金融机关也在积极起草各类规章规范，对 P2P 平台进行规制，在这种背景下，刑法作为最严厉的保护和调整社会关系的手段，在介入这样一个新生领域的时候，需要格外谨慎，必须把握好程度的问题，明确一定的限度，避免盲目的刑事打击，同时努力发挥刑法引导的积极作用。综上，对于新兴的 P2P 网贷平台的监管，以行政监管为先导、刑事打击为后盾的监管思路应当是一种比较适宜的思路。同时，在监管的过程中，我们也要注意到法律、法规的滞后性和政府机构、司法机关因人力、财力资源的限制导致的监管力度不足、监管范围不全面等弊端，注意引导行业协会自律监管，注意发挥借贷双方的能动性，充分发挥行业协会和借贷双方的补充和缓冲作用，以实现对 P2P 网络借贷行业这一新兴行业充分全面的监管。基于以上所述，笔者认为，为了充分、高效地监管 P2P 网贷平台，必须确立这种以行政监管为先导基础，以刑事打击为后盾保障，充分发挥各种金融行业协会的自律监管能力和 P2P 网贷平台投资融资双方互相监督作用的、体系化的监管思路。

二、推行防范风险、鼓励创新并重的监管政策

对 P2P 网贷平台，在明确了监管思路之后，为了达到防范风险与鼓励创新的目标，监管力度又成为在行政监管和刑法规制实践中的另一个难题。从我国目前的情况来看，P2P 网贷平台在开展各项业务的过程中，不仅存在诸多传统金融机构面临的金融风险和刑事风险，而且由于互联网虚拟性的影响，使得网贷平台一旦出现金融问题，不仅会导致广大的投资者的利益受到损害，而且容易引发系统性的金融风险，严重的时候甚至可能导致全国的金融市场

受到强烈震荡。因此，面对巨大的风险，对 P2P 行业进行强有力的监管就显得极为重要。从国外的经验来看，在西方的大多数国家，尤其是欧美发达国家，这些国家不仅 P2P 网贷平台发展迅速，而且政府都对 P2P 网贷平台采取了谨慎、严格的监管政策。但我们同样需要注意的是，过于严厉的行政监管与刑法规制，对创新发展和行业进步也极有可能带来负面影响，甚至会遏制整个行业的发展。因此，我们必须努力寻找一个可以平衡加强监管和鼓励创新之间的矛盾，承受加强监管与鼓励创新两个方面张力的点，在防范风险的基础上，鼓励、支持、引导整个行业的创新发展。

三、建立层次、位阶配置合理高效的监管体系

从我国目前的情况来看，P2P 网贷的野蛮发展极有可能导致大规模的、系统性的金融风险的发生，对整个金融市场实现平稳有序运行的目标带来极大的压力，但是，我们也不能动辄通过刑法来规制，盲目的以刑法作为监管和规制的手段，不仅不能鼓励创新，努力发挥新业态的积极作用，倒逼目前的金融体系的改革，而且容易直接将这一业态扼杀。对此，笔者认为，对 P2P 网贷平台的监管，必须注重事中监管，加强事前预防，在运营过程中应采取措施，尽量减少不利后果的发生。因为刑法是对损害法益的行为进行打击，所以在一定程度上来说，我们只有在穷尽了所有的行政法律法规规范都不能对该行为进行合理评价的时候才能动用刑法，以实现监管体系的层次性，建立位阶配置合理高效的监管体系。

笔者认为，在行政监管方面，政府与其监管机构不仅有作为的义务，也有作为的能力。从事前预防的角度来说，除了加强对 P2P 平台登记注册的管理，也可以通过不同形式开展投资教育，着重引导社会公众树立投资风险的概念，努力强化社会公众谨慎投资的意识。毕竟，随着互联网行业的发展，我国金融行业和互联网行业的融合发展、金融行业的创新发展将会不断提速，类似 P2P 这种投资回报率高，吸引力极大的新业态将会不断发展，只有投资者真正树立谨慎投资、风险投资的意识，才能有效地避免风险。从历史的角度来看，因为我国社会主义国家的基本国情，我国的刑法规定了各种与集资有关的罪名，对于集资诈骗等行为进行严厉的打击，这种方式，从积极的方面来看，有利于打击犯罪，维护我国金融市场的稳定；但是，从消极的方面来看，这种立法也容易使部分出借人没有树立正确的投资风险的概念，甚至有小部分投资者不理智投资、盲目投资，相信最后总会有政府兜底处理，这

些观念为犯罪分子提供了极大的机会。除了政府以外，由行业成立的各种自律组织对P2P网贷平台的监管也有重要意义，尤其是在事前风险的防范方面这个层面，行业自律组织可以起到有效的作用，从我国P2P网贷平台的发展脉络来看，我国金融行业的自律组织对P2P平台的监管也是走在行政监管之前的。从效果来看，法律监管具有强度大、效力强的特点，良好的行业自律组织的监管可以与监管部门配合，起到缓冲、补充的作用，不仅有利于政策和法律的实施，在某些特殊情况下，还能起到弥补行政监管和法律监管漏洞的作用。

行政监管毫无疑问是整个监管体系的核心，各个行政机关对P2P网贷平台的管理、引导、支持是P2P网贷行业能够实现健康、高效、持续发展的重要保证。笔者认为，在行政监管这个层面上，有几个问题需要明确。首先需要明确的是监管主体，政出多门并不利于行业的发展，必须明确哪个监管机构对P2P网贷平台负有主要监管责任，根据需要出台相关的各类不同位阶的监管细则和意见。并依据这些规章和规范性文件，建立对防范P2P网贷平台金融风险具有重要意义的风险储备金制度、信息披露制度、资金托管制度等，通过制度的力量来实现保护出借人利益，规范网贷平台的目的。

刑事打击是规范P2P网贷平台健康有序发展的整个监管体系的后盾保障，可以说，这是保证网贷行业持续发展最强有力的监管手段，也是最后一种规制手段，也正是由于刑事制裁的严厉性，我们在动用刑事制裁的时候必须坚持其谦抑性。刑事制裁只有在发生对社会危害性极大、严重破坏金融秩序的违法犯罪活动的时候才能发动，使用刑事法律规范对相关的P2P网贷平台进行规制和打击，对相关的责任人进行处理，这也是依法治国，实现国家治理能力和治理体系现代化的要求。

笔者认为，P2P网贷平台起于网络、兴于网络，而互联网的一大特点便是透明，因此在选择对P2P网贷平台监管上，也应当考虑互联网行业的特点。依靠互联网这一手段，努力提高网贷平台的透明性，使投资方掌握更多的信息，增强投资方的主动权，依靠投资方的权利来约束P2P平台的业务，从而在促进P2P网贷平台发展的基础上，减小监管的难度和管理部门与P2P网贷行业之间的冲突，治理得高效、有序。

面对我国目前P2P行业的严峻形势，为了防范和规避各类风险，保证P2P网络借贷行业规范、有序的发展，我们必须建立层次、位阶配置合理高效的监管体系，这一点早已在经济学界和法学界达成共识。笔者认为，对

P2P 网贷行业的监管应当以事前的有效预防和事中的风险防控为主，事后进行的处罚，虽然必不可少，但是这种打击规制毕竟只是一种补救措施，而且也不应成为一种常态化的措施。鉴于此，笔者认为，对于 P2P 网贷平台的监管，应当形成在事前利用各种非法律的金融类规范进行预防；事中利用各种金融类的行政法律法规进行监管；事后通过司法程序，利用刑事法律规范进行刑法制裁的监管位阶。在这个位阶中，衔接好行业自律、行政监管、刑罚制裁之间的关系，充分发挥配置合理、高效的多个层次的法律规范对 P2P 网贷平台监管的联动作用。

面对严峻的形势，我们必须建立合理、有序的行政层面的监管，规范、引导互联网金融行业合规发展、有序发展；明确我国刑法规定的适用范围，对于部分互联网金融企业触犯刑法规定的行为，坚决引用刑法，以刑事处罚进行规制，严格规范各类互联网金融手段的发展，严格防控各种形式的网络集资诈骗等网络金融犯罪的发生。将 P2P 网络借贷等各类互联网金融新业态新模式也纳入我国的金融监管体系，坚决打击非法集资的网络化的趋势，进一步提升对 P2P 网贷平台监管的有效性，防范、化解金融风险，促进银行业安全稳健运行。

第十一章

网络诽谤犯罪

第一节 网络诽谤犯罪的识别

一、网络诽谤的概述

（一）网络诽谤的基本概念

根据汉语词汇释义：“诽”是背地议论，“谤”是公开指责，“诽谤”是以不实之词毁损他人。结合我国刑法第 246 条的规定可知，诽谤罪即捏造事实，故意散布虚假事实损害他人名誉，情节严重的行为。据此，网络诽谤是指借助互联网络这一媒介工具进行捏造事实，故意散布虚假事实损害他人名誉，情节严重的行为。

（二）网络诽谤的发展现状

根据笔者在中国裁判文书网上以“网络诽谤”和“一审”为关键词进行检索的 54 个结果中发现，自 2013 年 9 月《利用信息网络实施诽谤等刑事案件的解释》公布以来，网络诽谤得到广大网民的关注，人们的维权意识逐渐加强，网络诽谤民事侵权和刑事犯罪趋势在近几年里仍有上升趋势，该类案件在浙江省和广东省发生较多。如图 11－1、图 11－2 和图 11－3 所示。

（三）网络诽谤的典型案例

1. 秦志辉诽谤案

秦志辉诽谤案是《利用信息网络实施诽谤等刑事案件的解释》施行以来全国首例网络诽谤、寻衅滋事案件，也是 2014 年中国十大影响性诉讼之一。本文通过中国裁判文书网和北大法宝①检索出如下基本案情：

① 《秦志晖诽谤、寻衅滋事案——利用信息网络实施诽谤、寻衅滋事犯罪的司法认定》，http：//sclx. pkulaw. cn/case/pfnl_ 1970324841524167. html？ keywords = % E7% BD% 91% E7% BB% 9C% E8% AF% BD% E8% B0% A4&match = Exact，访问时间：2018 年 12 月 2 日。

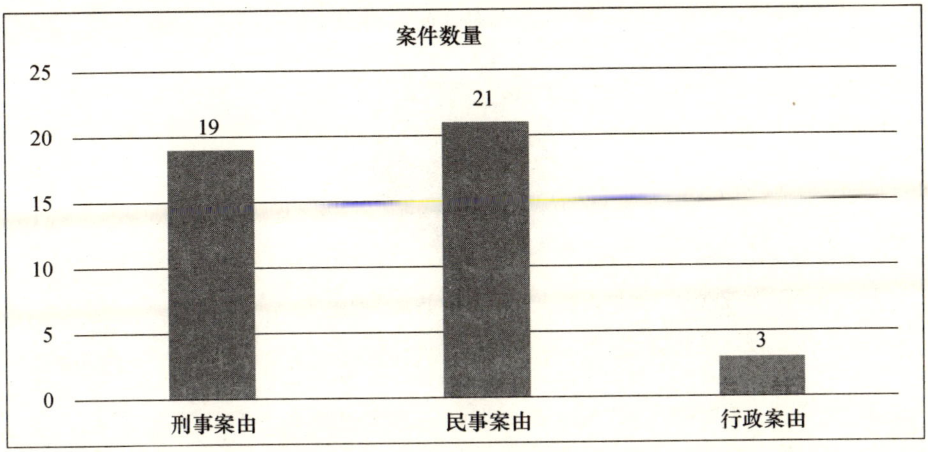

图 11－1 案件数量（单位：件）

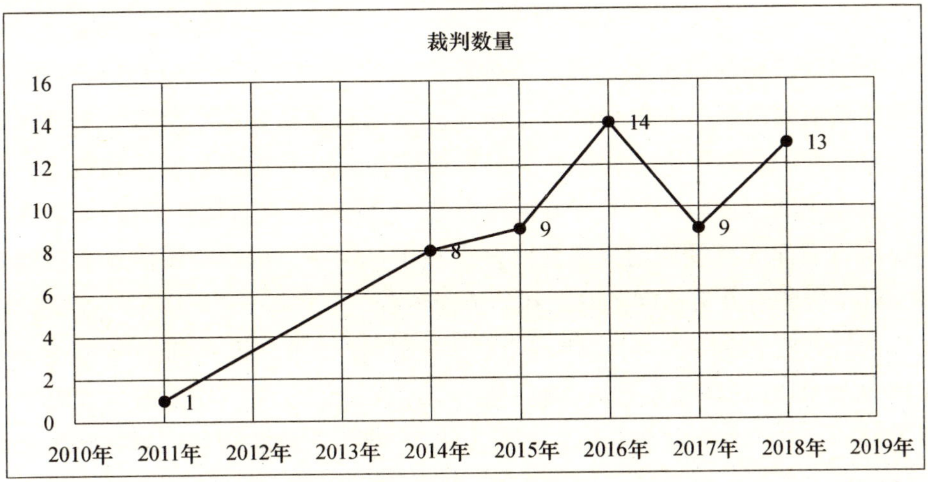

图 11－2 裁判数量（单位：件）

被告人秦志晖于 2012 年 11 月 27 日，使用新浪微博捏造“张海迪具有德国国籍”的事实并散布，后经网友举报，新浪公司判定上述信息为不实信息，张海迪亦于 2012 年 11 月 28 日通过微博发布澄清声明。被告人秦志晖又于 2012 年 12 月 31 日使用新浪微博再次发布有关上述信息的博文，在短时间内被转发 20 余次，引发网民对张海迪的负面评价。被告人秦志晖明知罗援系军人，于 2013 年 2 月 25 日使用新浪微博捏造“罗援之兄罗抗在德国西门子公司任职”的事实，无端质疑罗援及其家人搞“利益交换关系”，并在信息网络上散布。该信息被转发 2500 余次，引发大量网民对罗援的负面评价。被告人

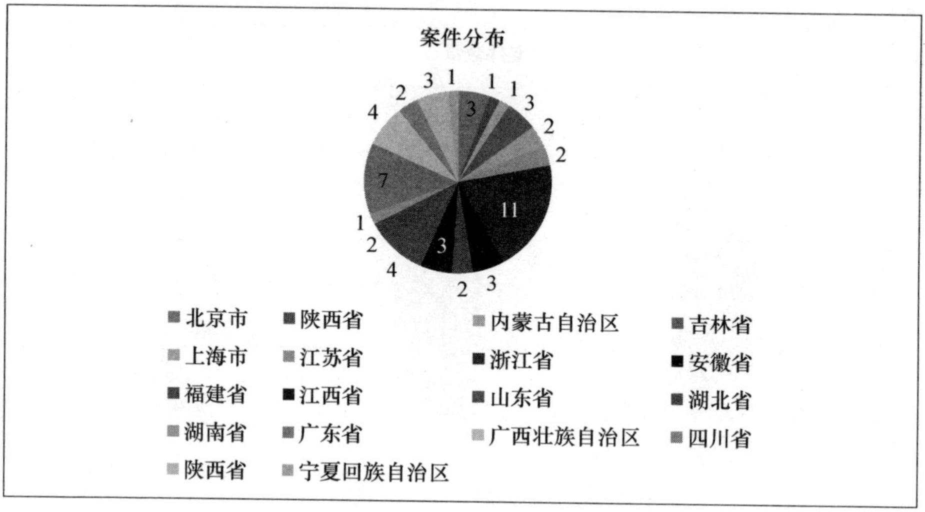

图11－3 案件分布（单位：件）

秦志晖明知“杨澜向希望工程虚假捐赠”系捏造的事实，于2013年7月15日使用新浪微博账户在信息网络上散布。该信息被转发700余次，引发大量网民对杨澜的负面评价。被告人秦志晖在信息网络上看到了“兰和被老女人包养”的不实信息后，将上述信息篡改为“兰和被老女人周某某包养”，并于2013年7月至8月间使用新浪微博多次在信息网络上散布。该信息累计被转发900余次，引发大量网民对兰和的负面评价。

被告人秦志晖为了利用热点事件进行自我炒作，提高网络关注度，于2011年8月20日使用新浪微博账户编造并散布虚假信息，称原铁道部向7.23甬温线动车事故中外籍遇难旅客支付3000万欧元高额赔偿金。该微博被转发1.1万次，评论3300余次，引发大量网民对国家机关公信力的质疑，原铁道部被迫于当夜辟谣。被告人秦志晖的行为对事故善后工作的开展造成了不良影响。

2014年4月17日，北京市朝阳区人民法院经审理认为本案涉及诽谤多人，造成了恶劣的社会影响，适用公诉程序追究被告人的刑事责任，其中诽谤多人，并不要求诽谤其中每一人的行为均单独构成诽谤罪。被告人秦志辉利用信息网络，以“捏造并散布”“篡改并散布”“明知虚假事实而散布”3种行为方式捏造事实诽谤他人，其中同一诽谤信息被转发次数达到500次以上的，系情节严重，构成诽谤罪，判处有期徒刑2年。被告人编造虚假信息，在信息网络上散布，起哄闹事，造成公共秩序严重混乱的，构成寻衅滋事罪，判处有期徒刑1年6个月。决定执行有期徒刑3年。

2. 容城艾滋女案

在最高人民法院、最高人民检察院对诽谤罪作出解释之前就已经发生过很多典型案例，其中得到广泛认可的属艾滋女案，该案反映了网络诽谤行为的社会危害性和对网络诽谤行为打击的紧迫性，本文通过新浪新闻①和北大法宝②检索出如下基本案情：

被告人杨勇猛与被害人闫某于2008年结识并恋爱同居，后2009年6月闫某提出分手。同年8月，杨勇猛心生恨意将两人同居期间的不雅照片和视频制成宣传单，以闫某的居住地为中心向周围进行散发，杨勇猛还以闫某名义多次向闫某的亲朋好友发送闫某的裸照及侮辱性语言文字等，公然泄露闫某的隐私，严重影响闫某及其家人的正常生活。同年10月，杨勇猛以闫某名义开通QQ、博客、撰写网帖，上传闫某裸照、视频截图和录像，还编造闫某被其继父强奸、在北京当“小姐”卖淫、患有艾滋病等虚假事实在互联网上进行散布，除此之外，杨勇猛还公布了自己掌握的282个手机号码，捏造其号码持有人为闫某的嫖客等信息，在互联网上进行传播，引发了网民的广泛关注，各类新闻媒体争相报道，各大门户网站纷纷转载，至2009年10月27日，公安机关通过百度搜索找到相关网页15.7万篇，相关新闻约6420篇，相关视频735个。这给闫某及其家人造成很大负面影响，同时也对他们造成严重的精神和经济损失，这不仅严重损毁了闫某的人格和名誉，也对社会秩序造成了恶劣影响，还给被公布手机号码的受害者带来了很多麻烦。2010年4月9日，河北省容城县人民法院经审理以侮辱罪判处被告人杨勇猛有期徒刑2年，以诽谤罪判处被告人杨勇猛有期徒刑2年，决定对被告人杨勇猛执行有期徒刑3年。

3. 王帅帖案

因为诽谤罪与人的言论和文字紧密相连，因而当检察机关以诽谤罪对行为人提起公诉时，会让人联想到古时候的文字狱，而王帅帖案实属典型的

---

① 《“艾滋女”案一审前男友获刑三年》，http：//news.sina.com.cn/c/2010-04-10/074317350578s.shtml，访问时间：2018年12月2日。

② 《“艾滋女事件”真相大白　前男友侮辱诽谤并罚》，http：//sclx.pkulaw.cn/case/pal_ 21110623253415874.html？keywords = %E8%89%BE%E6%BB%8B%E5%A5%B3&match = Exact，访问时间：2018年12月2日。

"当代文字狱"案，本文通过新浪河南检索①，总结出如下基本案情：

上海工作的王帅于2009年2月12日在网上发布《河南灵宝老农的抗旱绝招》一帖，披露老家河南灵宝非法征地。后网易、新浪、搜狐、雅虎等都将帖子放在首页。2009年3月6日，灵宝市刑警队员以王帅涉嫌诽谤为由，跨省追捕到上海，将王帅带回羁押拘留共8天，后因王帅家人与政府达成协议才获取保候审，于3月19日经批准而返回上海工作。之后，多家媒体、网络对王帅发帖事件进行报道，直到2009年4月15日后，灵宝市政府和公安局才承认跨省抓捕发帖反映问题者的错误，解除对王帅的取保候审、撤销案件，并派专人赴上海当面向王帅本人道歉，追究相关负责人的责任，同时按国家赔偿法对王帅予以赔偿。

二、网络诽谤的独有表征

（一）网络诽谤传播高效便捷

在网络出现之前，诽谤行为大都是通过口口相传、张贴海报、悬挂横幅等方式进行的，但由于各地域之间的实际距离较大，行为人对他人名誉进行诋毁的散布范围以及传播途径有限；由于不同地域之间的人信息交流不便，诽谤损害的效果只在亲人、朋友以及同事之间产生；由于传播效果需要经过一个过程，所以传播速度不高、影响不大。但网络诽谤却恰好弥补了传统诽谤的缺陷，网络因其无地域性，突破了空间与时间的限制，使每一条从网络上发布的信息在极短的时间内便可散布开来，每一个有网络覆盖的区域甚至国外都能收到，至此，诽谤信息的传播有了质的突破。尤其随着科技的发展，智能手机、平板电脑等可随身携带的电子产品的使用，使网民浏览信息更加便捷，行为人在网络上发布的诽谤信息可以被多人无时间、无地域限制地浏览和转发。

（二）网络诽谤主体隐蔽性强

传统诽谤犯罪基于传播方式的局限性，往往是在现实空间以大家所能感知的行为方式对他人的名誉进行损害，无论是通过口头沟通交流还是通过张贴海报、悬挂横幅的方式，其犯罪行为都有迹可循，能够被侦查机关甚至被害人本人较快地识别。但网络诽谤不同，其基于网络的虚拟性、匿名性以及

① 《王帅帖案》，http：//henan. sina. com. cn/news/2009-12-14/14339951. html，访问时间：2018年12月2日。

跨区域性，加之有些行为人具备高超的网络技术、缜密的逻辑思维和无限的想象力，使被害人和侦查机关都很难查出甚至无法查出具体实施诽谤的行为人。

（三）网络诽谤传播载体多、成本低

传统诽谤的传播载体多为纸质材料，也可通过报刊、电视等途径进行诽谤，但因为经过审核、校验成功率不高，其整个过程都需要耗费行为人一定的人力、物力和财力。而网络诽谤就不同了，其传播载体多种多样，可用于信息沟通交流的载体中既有 QQ、微信、微博等 APP 载体，又有贴吧、论坛、邮箱等网页载体。而且通过这些载体发出的言论大多不需要经过审核认定，行为人只需动动手指头便可将信息散布出去，进而使所有使用这些载体的人都有可能点击、浏览和转发。基于传统的链状传播和树状传播模式与网络所特有的放射状传播和“漩涡”型复式传播模式的共同作用，散布的消息以几何倍速向外传播，并以分秒计的时间到达分布在整个地球上的数亿网民①，进而使行为人在没有任何耗损的情况下便可对被害人的名誉造成严重损害。

（四）网络诽谤影响持久性长

传统诽谤基于地域限制而影响范围有限，受害人经过行为人或其他有公信力的组织、政府等的澄清后，基本可以消除对名誉损害的影响。但网络诽谤不同，基于互联网的普及率越来越高，社会各行各业都需要通过网络进行信息交流，当人们看到一条有吸引力的信息时也会有所猜测和质疑，但经过网民之间的沟通交流后，面对符合他们口味的错误事实，他们失去理智和冷静的思考模式，盲目地基于道德观念跟着行为人所期望的想法走，进而对被害人产生了固有的错误看法。加上网络的虚拟性、高效性等特点，通过网络对他人捏造的虚假事实传播的速度更快，散布的范围更广，对被害人名誉造成的损害也更加严重，即使经过澄清后，一时间可以消除一个散布源头，却很难清除所有转发者和评论者的信息，进而使网络诽谤的影响久久难以消除。

三、网络诽谤的成因分析

（一）网络自身的优势

网络是一张无边无际的网，信息内容繁杂多样，在这样一个信息量庞大

---

① 徐云峰、谢丽丽、贺滢睿、郑帅：《网络犯罪心理》，武汉大学出版社 2014 年版。

的平台中，网络的虚拟性弱化了网民自身的道德认知、法律约束和责任意识。人们沉浸在网络的世界里，只想到了自己拥有的言论自由权而忘了对他人、国家和社会利益的尊重；人们陷入科技带来的乐趣中，只看到了信息内容的部分事实就宣扬“正义”，却对事实的真实情况一无所知；人们享受着网络的方便快捷，只在一些违法伤人的方面动脑，却忘记了对网络秩序即社会秩序的维护。网络空间的隐匿性、高效性、技术性、跨区域性等特点，使得执法者对网络诽谤查处难、执行难，最终被认定犯罪的案件较少。并且，相关违法行为即使被查处，因处罚方式较轻，行为人还可能换个身份卷土重来。

（二）互联网平台的责任

网络服务提供者和自媒体都是向公众提供信息或向公众提供发表信息平台的相关组织，他们是网络信息的交流、传递和共享的中间者，对规范网络空间秩序有一定的先天优势。对此，网络服务提供者和自媒体有责任对网民在网络上发布的网络信息和活动，如文字、图片、视频、音频等进行监管和处理。但由于这些中间组织自身的责任感不强，怠于行使监管权，无视网络环境中出现的种种危害言论，任其在网络这一社会圈中四处散播，当危害言论备受关注成为热点事件的时候，便一发不可收拾，事外之人就算不想知道也不得不被头条信息而吸收进而关注。当某一虚假信息被网民中的“热心人士”认可时，他们打着“道德与正义”的旗号要替他们所谓“受害者”打抱不平、宣泄负面情绪，并凭借自己较强的网络技术进一步对被害人进行人肉搜索，在侵犯其名誉权的同时，其隐私权也跟着被无情损害，并进而使得身边亲朋好友的人身权受到不同程度的威胁。对此，2018 年 10 月，国家网信办会同有关部门，针对自媒体账号开展了集中清理整治专项行动，并对腾讯微信、新浪微博等自媒体平台的责任缺失、疏于管理等行为提出严重警告。

（三）法律法规的不完善

从当前我国的法律法规体系来看，我国对自然人名誉权保护的相关法律法规有宪法、民法、行政法以及刑法等，可见国家对名誉权保护的重视。但既然有这么多法律加以规制，为何还是有这么多案例频频发生呢？通过对这些法律法规的学习、对比、钻研和讨论可以发现，由于法律的稳定性和滞后性，其对名誉权的保护多基于传统犯罪，随着网络科技的迅速发展，这些法律很多已不能完全适用于诽谤犯罪。虽然现在最高人民法院、最高人民检察院对网络诽谤行为构成诽谤罪进行了司法解释，但是仍存在很多不确定的法律问题和争议，如本文下文所提到的犯罪主体中单位犯罪的缺失问题，故意犯罪是否包括间接故意，网络诽谤与言论自由的界限等问题，可见法律完善工作仍须进行。

（四）网民盲目的从众心理

从众心理是我们众多人所共有的一种社会心理现象，即当某个人面对选择做与不做，如何做时所表现出的放弃个人思考分析和判断的独立性，而直接跟随多数人的行为方式。学者阿希曾进行过从众心理实验，结果在测试人群中仅有1/4—1/3的被试者没有发生过从众行为，保持了独立性。同样，基于这种共有的社会心理现象，当网民在网络上看到一条吸引人的信息时，会自动放弃独立思考，直接加入知道真实情况的发表者的队伍中，潜移默化地受这些观点主导者的影响，默默地加强了这种言论观点的影响作用，进而使虚假事实变得更模糊、更有"真实性"，进而加深对受害者名誉权的损害。

（五）犯罪动机的利益化

传统的诽谤主体以个人为主，他们多是基于对被害人的仇恨、报复或嫉妒心理而对其进行语言攻击。但网络诽谤却有了单位的参与，他们可能是为了商业之间的竞争关系而对另一单位或其单位主要人物进行诽谤；可能是基于网络诽谤的可发展性而瞄准商机进而以营利为目的替他人实施诽谤，这种单位目前以"公关公司"为典型。从这点来看，单位主体的加入，无论是从对竞争单位的诋毁还是从对"合同相对人"指定的对象进行诋毁，不考虑构成什么具体罪名的情况下，我们都可以确定其主要以获得自身利益为犯罪动机。由于单位诽谤参与的主体多，使得对被害人的加害范围更广、速度更快、影响更大，其危害程度往往要比传统犯罪更强，被害人受到精神、道德等方面的压迫更严重。

第二节　网络诽谤犯罪的防控

一、网络诽谤的现行刑法规制及争议

网络诽谤与传统诽谤相比有着鲜明的不同之处，其独有的特性使被害人和社会秩序受到的损害更加严重且持久，因此有学者建议应单独设立网络诽谤罪，以加大对其犯罪的打击力度。但网络诽谤与传统诽谤相比，只是实施

诽谤行为的过程中多了网络这一传播工具，其本质并没有改变。因此，通过法律修正案和司法解释来完善现行法律法规，依然是对诽谤犯罪行为规制的最佳选择。根据我国刑法第246条以及《利用信息网络实施诽谤等刑事案件的解释》前3条规定，得出网络诽谤之诽谤罪应具备以下构成要件。

（一）网络诽谤的行为主体

1. 网络诽谤行为主体的一般认定

根据我国现行刑法的规定，诽谤罪是一般性质犯罪，其犯罪主体适用于一般主体，即凡是年满16周岁的，具有刑事责任能力的自然人都可以成为本罪的犯罪主体。对于单位犯罪，我国刑法明文规定只有在刑法具体的法律条文中明确规定其犯罪主体有单位时，才对单位的该犯罪行为进行规制，在诽谤罪的法律条文中并没有提到，因而诽谤罪的行为主体只有自然人。

2. 网络诽谤行为主体的法律争议

基于网络的种种优势，以及人们贪爱财物的普遍心理，再加上一定的市场需求基础，单位早已按捺不住加入网络诽谤的行业中来，传统的诽谤罪主体已无法囊括诽谤的所有行为主体了。当前涉及网络诽谤的单位主体主要是公关公司，其原本是为特定的社会组织提供与公共关系相关的服务性机构。但随着网络打手和网络水军这种新兴网络主体的出现，公关公司的行为变得扭曲化，其看中以雇佣大量人群的方式来为客户提供新的服务方式，即针对客户的特定要求对某一特定对象进行集中式的诽谤攻击的利益市场。从现行刑法条文中看，诽谤罪不对单位的诽谤行为进行规制，被害人不能以诽谤罪对单位起诉，这一法律漏洞成为加害人对被害人进行名誉侵权但依然不用承担法律责任的捷径。从“没有买卖就没有伤害”来看，对单位这类营利主体加以规制，可以使其不敢接受客户的这类需求，进而减少诽谤案件的发生。基于此，笔者认为在诽谤罪的原有犯罪主体上增加单位主体是合理的。

（二）网络诽谤的主观方面

1. 网络诽谤主观方面的一般认定

对于诽谤罪的主观要件，我国通说认为是直接故意，即行为人故意捏造、篡改损害他人名誉的事实并采取积极的行动将其散布于众，对他人的名誉能够造成损害结果持有希望的心理。而这种观点是基于传统诽谤危害性的局限性所规定的，与现在网络诽谤相比，传统诽谤的散布范围有限，危害影响不大，澄清事实并消除影响较为容易。

2. 网络诽谤主观方面的法律争议

网络诽谤虽与传统诽谤的犯罪性质一样，但基于网络空间的信息共享性和传播高效性，网民的一个无心之举也可能导致诽谤信息的广泛传播，进而加大对受害者名誉的侵害，因此，本文认为，法律对诽谤罪主观方面的间接故意，即对他人的名誉能够造成损害结果持有放任的心理进行认定是合理的。

（三）网络诽谤的客体

诽谤罪的客体是自然人的名誉权。在这里我们要注意的是：第一，诽谤罪的对象是他人，即自然人。首先，这里的他人是特定的人，即通过行为人的诽谤内容可以锁定的具体的某个人，而不是某一类人。其次，既不包括自然人以外的法人及其他社会组织，也不包括政府机关。第二，诽谤罪的真正客体是名誉权，既不是社会秩序也不是国家利益。在司法实践中，执法机关、司法机关曾多次错误地理解和适用法律，将对诽谤罪提起公诉的标准即严重危害社会秩序和国家利益视为诽谤罪的客体，进而造成河南灵宝王帅帖案、重庆彭水诗案等错案。第三，诽谤罪的客体只有名誉权，很多学者认为诽谤罪的客体是自然人的人格权和名誉权。但实际上，人格权分为一般人格权和具体人格权，其中一般人格权中除了名誉权这一具体人格权外还包括生命权、身体权、健康权、姓名权、肖像权等具体人格权。虽然诽谤行为也会对他人的其他具体人格权造成侵害，但该侵害是在本罪的严重情节认定中所考虑的，如果将人格权也归为诽谤罪的客体，将扩大犯罪范围，这不是诽谤罪所能规范的，所以应注意诽谤罪所侵犯的客体只有名誉权一个具体人格权。

（四）网络诽谤行为的客观方面

1. 网络诽谤行为客观方面的一般认定

《利用信息网络实施诽谤等刑事案件的解释》中对诽谤罪的客观行为，即捏造事实诽谤他人和情节严重均作了具体的解释。

首先，对捏造事实诽谤他人的认定，《利用信息网络实施诽谤等刑事案件的解释》中包含3种情形：第一，捏造损害他人名誉的事实，在信息网络上散布，或者组织、指使人员在信息网络上散布的；第二，将信息网络上涉及他人的原始信息内容篡改为损害他人名誉的事实，在信息网络上散布，或者组织、指使人员在信息网络上散布的；第三，明知是捏造的损害他人名誉的事实，在信息网络上散布，情节恶劣的，以捏造事实诽谤他人论。

其次，对于“情节严重”的认定，《利用信息网络实施诽谤等刑事案件的解释》中也包含3种情形：第一，同一诽谤信息实际被点击、浏览次数达到5000次以上，或者被转发次数达到500次以上的；第二，造成被害人或者其近亲属精神失常、自残、自杀等严重后果的；第三，两年内曾因诽谤受过行政处罚，又诽谤他人的。

2. 网络诽谤行为客观方面的法律争议

(1) 捏造事实诽谤他人之第三种情况的法律争议

对于上文中提到的捏造事实诽谤他人的前两种情形的行为人均是虚假事实的制造者和散布者，但第三种情形的行为人只是虚假事实的散布者，且这种情形并没有以该解释的第三项将其规定，而是在第二项的后半部分列出。因此学术界对明知而散布的行为是否应纳入捏造事实诽谤他人中有不小的争议。

有学者认为，这种解释超出了立法的本意，将明知而散布行为纳入客观方面，一方面，扩大了犯罪主体；另一方面，违背了罪刑法定原则和禁止类推原则。但另有学者如张明楷教授认为，捏造事实诽谤可以解释为利用捏造的事实诽谤他人或者以捏造的事实诽谤他人，这种解释属于平义解释，而非类推解释。[①] 本文更倾向于张明楷教授的观点，因为从诽谤的本意来看，其主要是指对特定的自然人进行诋毁，当我们将其捏造虚假事实与散布虚假事实行为分开时，我们会发现散布行为的危害要比捏造行为的危害更大。因此，在这里我们需要肯定该条法律的本意是出于对自然人名誉权的保护，其行为方式没有用捏造虚假事实并散布该捏造的虚假事实诽谤他人加以描述，是没有强调其只能是复行为；而以捏造事实诽谤加以描述是为了和侮辱罪区别开来，进而强调了诽谤罪是基于事实的虚假以及从无到有。

因此，法律在赋予公民言论自由权的同时也强调网民在行使权利的同时不能侵害他人、国家和社会的利益。网络不是法外之地，广大网民应当认清网络与现实社会没有差别。任何言论在有理有据的情况下，单纯主观的没有恶意的散布者法律不会追究其责任，但如果基于普通群众的智识和辨认能力能判断出信息的虚假性，且被害人有足够证据证明内容确有虚假性，也有足够证据证明行为人的散布出于恶意，即故意时，该散布行为就会被考虑是否

① 张明楷：《网络诽谤的争议问题探究》，载《中国法学》2015年第3期。

入罪。

（2）情节严重之第一种情况的法律争议

对于上文中提到的情节严重的第一种情形，有学者认为以点击量，浏览量和转发量来确定他人的诽谤行为是否达到严重情节，不仅不合理，也不符合法的基本原则。首先，其不合理之处在于这些数量的规定笼统中又过于确定化，认为《利用信息网络实施诽谤等刑事案件的解释》中的规定对数量的标准缺少具体的计数方法，所以因欠缺考虑而笼统，又因其数字太过具体化，使得少一个也不能认定为情节严重而过于确定化。其次，其不符合法的基本原则之处在于这一情形的规定加上了“他人的行为”对成立诽谤罪的影响。进而认为这种以他人的行为决定行为人的行为是否构成诽谤罪，不仅违反了犯罪构成的基本原理，也违反了罪行相当、罪责自负和主客观相统一原则。①

对于这种情节严重的认定，本文认为是合法且合理的。首先，对于数量的不合理问题，针对诽谤罪而确定的数量标准是经过实证研究和专业论证而得出的。其实在此之前，最高人民法院、最高人民检察院就针对其他网络犯罪的情节严重作过类似的情形规定，如网络制作、复制、出版、贩卖、传播淫秽电子信息的点击量规定和网络传播他人作品的点击量规定，而且这一规定在实践运用中的法律效果十分显著。可见，诽谤罪中的数量规定也是在之前的相关文件基础上反复斟酌和实验而作出的。

其次，对于数据的重复问题，张明楷教授以行为人主观间接故意也是故意说，认为行为人在网络上发布有损他人名誉的虚假事实，且明知可能会有多人点击、浏览或转发还对其危害结果听之任之，这种对虚假事实的放任实际上已经达到了客观行为的要求。至于行为人散布的信息被谁点击、浏览或者转发，以及同一人是否可能多次点击、浏览或者转发，并不是诽谤罪的故意认识内容。② 其实对这种数量的规定一方面是对普遍现象的概括总结，另一方面也包含了即使实际没有那么多人，但其反复被浏览、点击和转发却反映了信息内容的被关注度以及造成严重危害的可能性。也就是说，即使诽谤内容只被少数人关注也有可能对被害人的名誉造成损害。

最后，虽然情节严重的规定明显介入了他人的行为，但是网络诽谤不就是需要他人，即广大的网民看到和关注，进而引发大量舆论以对被害人造成

---

① 高铭暄、张海梅：《网络诽谤构成诽谤罪之要件——兼评“两高”关于利用信息网络诽谤的解释》，载《国家检察官学院学报》2015 年第 4 期。

② 张明楷：《网络诽谤的争议问题探究》，载《中国法学》2015 年第 3 期。

名誉和精神上的损害吗？因此，由他人的行为认定为情节严重是网络犯罪结果表现的新形式。

（五）网络诽谤对象之公众人物

公众人物，即在某一特定区域或领域中被较多人熟知，有较强的影响力，其行为与社会公共利益相关联的人，典型的如领导人和影视明星等。由于公众人物的身份比普通民众更具有代表性，其影响力较强，法律对公众人物的名誉权的保护相对普通民众而言有一定的限制，即他们无权阻止他人对他们的监督权，他们对一些带有偏激的、无理的甚至带有讽刺的言论有一定的容忍义务。这样一方面是为了鼓励公民对公众人物积极进行监督，另一方面也是为了促使公众人物做好榜样代表，不要做失职的或有损形象的事。

当然，降低对公众人物的名誉权保护并不是说不保护他们的名誉权，只是基于公众人物所处的优势地位，当遭到群众的一些不真实言论时，他们可以借助自己现有的权力和公信力，通过新闻媒体、报刊等途径快速有效地澄清事实，且基于自身较好的影响力，他们遭到的名誉权损害不会太大，负面影响也不会很持久。但若经过当事人的澄清和声明后，行为人还是执意实施诽谤行为且造成严重后果，被侵害的公众人物进行维权的，行为人应当承担其相应的法律责任。在这里我们还须强调的是，对公众人物名誉权的限制保护仅限于与公共利益相关联的部分，公众人物对涉及其家人或其他与公共利益无关的，属于私人领域的名誉权与普通民众一样完整享有。再者，对其与公共利益相关的名誉权保护的限制并非绝对的，当行为人明知事实真相还恶意对公众人物进行诽谤的应无限制地承担相应的法律责任。

二、网络诽谤犯罪之刑事诉讼程序法律争议

（一）自诉与公诉的衔接机制争议

诽谤罪是一种亲告罪，即法律赋予受害人及其近亲属对行为人的诽谤行为是否进行控告的选择权。基于我国刑事诉讼法第 211 条的规定，对网络诽谤提出自诉的当事人需要有足够的证据证明案件事实。但由于当事人的能力有限，加之使用网络人员的匿名性和较强的计算机科学技术能力，单靠受害人自身很难甚至无法查明具体被告人身份和对相关证据进行良好的保存。笔者通过在中国裁判文书网上以“诽谤罪”进行检索，发现近年来依然有很多诽谤刑事自诉案件都因自诉人的证据不足而被裁定不予受理，即使上诉也会

以同样的理由维持原裁定，而不是要求公安机关为当事人提供协助。

因此，有学者建议法律完善自诉与公诉的衔接机制：在被害人同意的情况下，或者说是基于被害人自己对司法机关的请求，即使行为人的诽谤行为没有严重危害社会秩序和国家利益，也应对司法机关对行为人提起的公诉予以认可。当然这种公诉的前提是被害人同意或者自己主动请求，对此依然保留被害人的告诉权，即当没有达到危害国家安全或公共安全的标准时，人民检察院不能对行为人以诽谤罪提起公诉。

（二）重复诉讼争议

民法和刑法都保护自然人的名誉权。但相关的两部程序法对被害人先提起民事诉讼，后又提起刑事自诉是否违背一事不再理均没有作出明确规定。但民法与刑法属于不同的部门法，其立法目的不同，民法是为了保护私人利益，而对行为人要求进行损害赔偿；刑法是为了保护公共利益，而对行为人要求进行相应的刑事处罚。又基于刑事诉讼法关于对附带民事诉讼的相关规定，被害人由于被告人的犯罪行为而遭受物质损失的，在刑事诉讼过程中，有权提起附带民事诉讼。这个规定主要是给予了被害人一定的选择权，被害人可以选择在刑事诉讼程序中附带审理民事赔偿问题，也可以在刑事诉讼程序后单独提起民事诉讼。因此，既然可以对同一行为人的同一犯罪事实先进行刑事诉讼，后进行民事诉讼。那么反过来是否也可以先进行民事诉讼后进行刑事诉讼？因而有学者建议立法机关应对此类问题作出明确规定，以确保公民的权利得到充分的保护。

三、网络诽谤与其他相关法律规制

根据我国各个法律文件对自然人人格权保护的规定，行为人对特定的自然人进行诽谤，并符合刑法对诽谤罪规定的所有犯罪构成要件时，可以诽谤罪定罪；如果该诽谤行为不构成刑事犯罪但对被害人还是造成了一定侵害时，基于被害人的诉讼请求，行为人应当承担相应的民事责任或行政责任。

（一）网络诽谤与言论自由之宪法

根据我国《中华人民共和国宪法》第 35 条规定："中华人民共和国公民有言论、出版、集会、结社、游行、示威的自由。"第 41 条规定："中华人民共和国公民对于任何国家机关和国家工作人员，有提出批评和建议的权利；对于任何国家机关和国家工作人员的违法失职行为，有向有关国家机关提出申诉、控告或者检举的权利，但是不得捏造或者歪曲事实进行诬告陷害。对于公民的申诉、控告或者检举，有关国家机关必须查清事实，负责处理。任何人不得压制和打击报复。由于国家机关和国家工作人员侵犯公民权利而受到损失的人，有依照法律规定取得赔偿的权利。”可知，我国公民均享有言论自由权和对国家机关及其国家工作人员的监督权。同时根据《中华人民共和国宪法》第38条规定：“中华人民共和国公民的人格尊严不受侵犯。禁止用任何方法对公民进行侮辱、诽谤和诬告陷害。”第51条规定：“中华人民共和国公民在行使自由和权利的时候，不得损害国家的、社会的、集体的利益和其他公民的合法的自由和权利。”可知，我国在赋予公民言论自由权和监督权的同时也对其行使权利的范围作了相应的界定。

所以，当诽谤行为与言论自由发生冲突时，应对其诽谤内容进行合理的判断和分析。首先，应看其内容是否与真正的事实情况相一致或其言论内容是否有可靠或合理的依据。其次，要看其内容是否对他人的名誉权造成了损害或对国家安全、公共秩序造成了损害。如果同时符合这两个条件且主观方面为故意，则行为人须根据具体情况承担相应的民事责任、行政责任或刑事责任。

（二）一般的诽谤侵权行为之法律规制

1. 网络诽谤之民法法律适用

《中华人民共和国民法总则》第109条规定：“自然人的人身自由、人格尊严受法律保护。”第110条规定：“自然人享有生命权、身体权、健康权、姓名权、肖像权、名誉权、荣誉权、隐私权、婚姻自主权等权利。”由此可知，我国民法也赋予并保护自然人的名誉权。民法号称赋权法，在赋予公民和法人相应权利的同时也特别强调权利义务的一致，要求行使权利必须不得损害他人权利，不得违反法律和公序良俗。[①]

根据《中华人民共和国侵权责任法》第2条的规定，侵害民事权益，应当依照侵权责任法承担侵权责任。侵权责任法所称民事权益，包括生命权、健康权、姓名权、名誉权、荣誉权等人身、财产权益。第6条规定：“行为人因过错侵害他人民事权益，应当承担侵权责任。根据法律规定推定行为人有过错，行为人不能证明自己没有过错的，应当承担侵权责任。”我国对行使民事权利过程中侵犯他人名誉权且有过错的行为人要求承担侵权责任。第15条

① 卢建平：《网络空间言论的法律边界》，载《人民法院报》2017年12月6日。

规定，承担侵权责任的方式主要有：(1) 停止侵害；(2) 排除妨碍；(3) 消除危险；(4) 返还财产；(5) 恢复原状；(6) 赔偿损失；(7) 赔礼道歉；(8) 消除影响、恢复名誉。以上承担侵权责任的方式，可以单独适用，也可以合并适用。可知，公民对因损害他人名誉权而承担侵权责任的方式有多种且可以合并适用。

2. 网络诽谤之行政法法律适用

为保护我国网络空间的公共秩序，《网络安全法》第 12 条规定，任何个人和组织不得利用网络侵害他人名誉。第 70 条和第 74 条是对行为人违反法律应承担相应法律责任的规定。《中华人民共和国治安管理处罚法》第 42 条规定，对行为人公然侮辱他人或者捏造事实诽谤他人的可处 5 日以下拘留或者 500 元以下罚款；情节较重的，处 5 日以上 10 日以下拘留，可以并处 500 元以下罚款。

四、网络诽谤多元化的防控治理对策

网络诽谤是传统诽谤同步异化的结果，基于互联网是一把双刃剑，在为网民行使言论自由权提供众多自由平台的同时，也应从多方面加强巩固防控网罩，避免给犯罪分子实施犯罪提供更多盾牌，从而让犯罪分子有罪可行有盾可掩。在网络社会中，我们可以通过积极使用宪法、民法、行政法甚至刑法来捍卫自己的名誉权，但法律并不是万能的，一味用法律惩罚实施诽谤者只能起到有限的警戒作用，对网络诽谤的治理还需要从多方面入手，比如从实施网络诽谤的源头入手从多方面对网络诽谤进行防控治理。

(一) 网络诽谤之教育预防

教育一直以来是普遍有效的防控手段，无论是未成年人还是成年人都需要不间断地接受教育。教育的内容是多方面的，而我们这里说的是对如何合法有效的行使言论自由权，即对言论自由权与诽谤侵权行为的界限的把控问题进行教育。教育的方式是多样的，可以通过学校的政治思想教育来指导学生，通过法治宣传来规范成年人，也可以通过举办各种公益活动来支持引导相关教育活动。通过教育可以使公民认识到网络不是法外之地，我们在互联网中的一言一行同样受到法律的监控，因而，不能在没有弄清事实真相的情况下盲目从众，进而妄加揣测、批评和谩骂他人。通过教育可以增强网民的自身素养和法律意识，并强化其责任感和自律性，进而减少网民的犯罪率。

（二）网络诽谤之网络服务提供者的监控

网络服务提供者是互联网中的各个小平台提供者和主要监管者，因而对自己的平台秩序管理有先天优势，与普通网民相比，他们有权对发表在自己平台的所有内容进行删除和置顶，因而他们有一定的法律责任，网络服务提供者在自己管控的平台中没有尽责地将承担相应的法律责任，如我国侵权责任法和刑法都对其责任予以明确规定。因而其应明确自身职责，做好相应的管控机制，对侵权或构成犯罪的言论及时进行整治，避免危害的进一步扩散，定期清理平台的内容，以保证干净整洁的网络空间环境。

（三）网络诽谤之各部门合力打击

网络诽谤是人类社会进入网络时代的产物，与网络时代的经济社会发展不可分割，由于实施网络犯罪的行为人大多拥有较高明的科学信息技术技能，网络犯罪年龄向低龄化趋势发展，加上诽谤主体犯罪目的利益化，不法分子开始以团队合作式、分工式、跨平台、跨区域的方式采取多种隐蔽技术掩饰自己的身份，进而使得传统的侦查模式已无法破解这种多样化、复杂化的诽谤线索，因而需要联合公安、互联网企业乃至社会力量，形成全方位的高技术手段侦查体系。各部门之间既要分工合作、各司其职，又要互相配合、通力合作，以使每一环节都让违法者无路可循、无计可施。

（四）侦查机关侦查能力之高要求

网络诽谤较之传统诽谤最大的隐患之处，就在于行为人利用网络的特点并结合自身的电子信息技术来遮掩犯罪痕迹，进而使得被害人甚至侦查机关对证据的收集面临挑战。随着时代的发展，科学技术的更新换代和快步发展，相关犯罪证据的收集对侦查人员提出了高要求，需要公安司法人员掌握电子数据和网络诽谤的特点，积极主动地探索对认定案件事实有利的证据收集方式，在认定案件证据时，应确保证据的客观性、关联性与合法性，不能仅仅因为此类证据的特殊性而降低或者放弃对证据的基本要求。

第十二章

拒不履行信息网络安全管理义务犯罪

第一节　对拒不履行网络安全管理义务罪的分析

近年来，伴随着我国改革开放的进程，互联网逐渐成为国民日常生活必不可少的一部分，深刻影响了人们的生产生活方式、政府的管理模式以及社会的发展模式。截至 2018 年 12 月，我国网民规模达 8.29 亿，互联网普及率为 59.6%；IPv6 地址数量为 41079 块/32，年增长率为 75.3%；域名总数为 3792.8 万个，其中“.CN”域名总数为 2124.3 万个，占域名总数的 56.0%；我国网络购物用户规模达 6.1 亿，年增长率为 14.4%，网民使用率为 73.6%；手机网络支付用户规模达 5.83 亿，年增长率为 10.7%，手机网民使用率达 71.4%，线下网络支付使用习惯持续巩固，网民在线下消费时使用手机网络支付的比例由 2017 年年底的 65.5% 提升至 67.2%；网络视频、网络音乐和网络游戏的用户规模分别为 6.12 亿、5.76 亿和 4.84 亿，使用率分别为 73.9%、69.5% 和 58.4%，各大网络视频平台注重节目内容质量提升，自制内容走向精品化，网络音乐企业版权合作不断加深，数字音乐版权的正版化进程显著加快，越来越多的游戏公司开始侧重海外业务，国产游戏在海外市场的影响力进一步扩大；短视频用户规模达 6.48 亿，用户使用率为 78.2%，在线政务服务用户规模达 3.94 亿，占整体网民的 47.5%。2018 年，我国在基础资源、5G、量子信息、人工智能、云计算、大数据、区块链、虚拟现实、物联网标识、超级计算等领域发展势头向好。① 网络已经充斥于各个行业领域，极大地提高了社会各个领域的方便性，但与此同时，也为不法分子实施不法行为提供了一个更为隐秘的平台，极大地增加了社会管理的负担。要建造一个良好的网络安全环境，需要刑法作出相应的改变，刑法仍然承担着保护网络安全

① 数据来源：中国互联网络信息中心（CNNIC）第 43 次《中国互联网络发展状况统计报告》。

的重任。为此，刑法修正案（九）专门规定了拒不履行信息网络安全管理义务罪等纯正网络犯罪的构成要件与法定刑。

一、罪名

刑法第286条之一规定："网络服务提供者不履行法律、行政法规规定的信息网络安全管理义务，经监管部门责令采取改正措施而拒不改正，有下列情形之一的，处三年以下有期徒刑、拘役或者管制，并处或者单处罚金：（一）致使违法信息大量传播的；（二）致使用户信息泄露，造成严重后果的；（三）致使刑事案件证据灭失，情节严重的；（四）有其他严重情节的。单位犯前款罪的，对单位判处罚金，并对其直接负责的主管人员和其他直接责任人员，依照前款的规定处罚。有前两款行为，同时构成其他犯罪的，依照处罚较重的规定定罪处罚。"

二、构成要件的分析

（一）构成要件之主体分析

本罪的主体网络服务提供者，既可以是单位，也可以是个人，对其应当进行限制解释，可以解释为不制作内容，不以自己名义发布内容的利用互联网应用、传播技术，传播他人制作的网络内容或者为他人提供网络通信服务的网络服务提供者，包括网络接入服务提供者、网络平台服务提供者，不包括网络内容及产品服务的提供者。在网络内容传播过程中，网络服务提供者只是提供了一个平台或者说一个工具，通过让网络主体进行使用、浏览而获利。在此过程中，犯罪分子利用该平台传播黄赌毒等违法内容，或者通过使用该工具实施盗窃、诈骗等犯罪行为，而此时网络服务提供者不履行其应尽的管理义务，或者不完全履行其应尽的监督义务，导致违法犯罪行为的顺利实施，这就是本罪所要规范的对象，因此应将主体限制为网络服务提供者。在法律实践中，需要严格区分网络服务提供者和网络内容及产品服务的提供者，二者是不同案件的主体，实施了两种不同的犯罪行为。

（二）构成要件之主观的分析

本罪属于纯正的不作为犯，网络服务提供者有其相应的管理监督义务，这些作为义务大多来自其他法律、行政法规的规定。当犯罪行为在其平台或者通过其工具传播的过程中，网络服务提供者不进行监督管理，导致产生严重的危害后果，网络服务提供者也应为其不作为行为承担相应的责任。

本罪的主观方面应当为过失，在网络信息迅速膨胀的时代背景下，网络服务提供者由于其自身设施、技术落后等原因，不能切实履行监督管理义务，并非出于其故意。我国刑法中规定其客观要件是，“经监管部门责令采取改正措施而拒不改正”，这条规定仅仅是说行为主体对于违反法律、行政法规规定的信息网络安全管理义务、拒不改正的态度是故意，也就是说行为人明知其应当履行法律、行政法规所要求的安全管理义务，仍然不采取措施切实履行，导致了危害结果的发生。这种态度与行为人违反交通法规驾驶机动车闯红灯时的态度极为相似，但是通说认为交通肇事罪的主观态度是过失。我们区分行为人的主观态度，关键点在于行为人对于其不履行义务所导致的危害结果的发生是否持有故意或者放任的心理。根据我国刑法条文之间的逻辑关系，结合现实中网络服务提供者触犯本罪的情形来看，本罪主体对于所发生的后果，存在着过于自信，轻信能够避免以及没有预见的心理状态，因此，本罪中犯罪主体的主观心理定为过失，更符合我国刑法的立法目的。若网络服务提供者对于犯罪信息在其平台上的传播所持心态为故意或者放任，则应当按照相关犯罪的帮助犯或者行为犯进行处理，不应认定为拒不履行网络安全管理义务罪。正如我国刑法修正案（九）中所增设的帮助信息网络犯罪活动罪规定：明知他人利用信息网络实施犯罪，为其犯罪提供互联网接入、服务器托管、网络存储、通讯传输等技术支持，或者提供广告推广、支付结算等帮助，情节严重的，处3年以下有期徒刑或者拘役，并处或者单处罚金。

（三）关于本罪客观层面的分析

我们应当对本罪的犯罪客观行为作出严格的限定，其中最重要的是对行为人拒不改正的认定。如何认定行为人拒不改正？应当从以下几个步骤进行：第一，确认行为人已经收到管理部门的改正责令；第二，确认行为人具备改正行为、执行责令的能力；第三，应当给予行为人合理的改正期间；第四，当行为人对监管部门的责令提出异议，不可以直接认定为行为人拒不改正，应当在行为人申请复议或提出诉讼后，若最终结果仍需行为人做出改正，而此时行为人依然不予履行，方可认定为拒不改正。

2015年10月14日，微博微信等社交渠道流传某易邮箱在该日被全面暴力破解，以某易邮箱注册或者与其关联的任何账号都受到安全威胁，包括苹果Apple ID、微博、支付宝、百度云盘、游戏等。某易公司紧急辟谣，声称经排查，网络谣传并不属实，某易邮箱数据库不存在被攻击和泄露的情况。

2015 年 10 月 19 日，某漏洞报告平台发布某易用户数据库疑似泄露，影响到某易邮箱过亿数据泄露，泄露信息包括用户名、密码、登录 IP 以及用户生日等。该日，某易公司才正面回应，此次事件系不法分子用其他网站泄露的账号密码“撞库”登录某易邮箱所造成。本案当时引起的争议很大，争议的焦点在于某易公司是否构成犯罪，如果构成，构成何罪？如果不构成，其该承担什么责任？我们对此案进行相关分析：某易邮箱过亿用户信息遭泄露，反映了我国网络安全正面临巨大挑战，信息安全保护成为当下一个亟待解决的问题。根据刑法修正案（九）第 286 条之一的规定可以看出，该罪的客观构成要件，除了满足四种情形之一外，还须存在网络服务提供者不履行法律、行政法规规定的信息网络安全管理义务，经监管部门责令采取改正措施而拒不改正的行为。本案虽然存在“用户信息泄露，造成严重后果”的情形，甚至存在网络服务提供者不履行法律、行政法规规定的信息网络安全管理义务，但其并不存在经监管部门责令采取改正措施而拒不改正的行为。因此，其不符合该罪的客观构成要件，不构成该罪。但是，某易公司于 2015 年 10 月 14 日就已得知大量用户信息泄露，但其不仅未及时正面回应，而且竟谎称是网络谣传，直到 10 月 19 日，才正面予以承认，但声称系不法分子原因。期间长达 5 日。某易公司依法负有信息网络安全管理义务，并有义务防止损害进一步扩大，然而其不仅未采取积极措施防范，而且故意隐瞒泄露事实，从而导致用户信息泄露及损害的进一步扩大。它对损害扩大部分存在过错，根据侵权责任法第 6 条的规定，其应承担民事侵权责任。

三、司法实践中其他相关问题的分析

（一）网络服务提供者相关义务的分析

网络服务提供者应履行的管理义务都有哪些呢？我国法律对此并无明确的规定，因此应当结合其他法律、行政法规来理解，但不可对其义务来源无限扩张。网络服务提供者对涉及信息网络安全管理的内外部控制措施均可以成为本罪作为义务的审查对象，进而作出刑法规范性评价。根据《中华人民共和国电子商务法》《互联网安全决定》《中华人民共和国计算机信息安全保护条例》《网络安全法》《网络信息保护决定》等一系列相关法律法规，对于网络服务提供者的管理义务按时间先后可以分为事前审查批准义务，事中实时监管义务，事后报告、删除义务三类。按照义务种类可以划分为以下几点：（1）正当合法地收集、使用信息，保护隐私、保障信息安全的义务。如 2019

年1月1日生效的《中华人民共和国电子商务法》第23条规定："电子商务经营者收集、使用其用户的个人信息，应当遵守法律、行政法规有关个人信息保护的规定。"第24条第1款规定："电子商务经营者应当明示用户信息查询、更正、删除以及用户注销的方式、程序，不得对用户信息查询、更正、删除以及用户注销设置不合理条件。"（2）信息审查、监管、保管及协助调查的义务。如《网络信息保护决定》第5条要求网络服务提供者加强对其用户发布的信息进行管理，如果发现法律、法规禁止发布或者传输的信息，应当立即停止传输该信息，采取消除等处置措施。《中华人民共和国电子商务法》第25条中规定："有关主管部门依照法律、行政法规的规定要求电子商务经营者提供有关电子商务数据信息的，电子商务经营者应当提供。"（3）发布警告提示信息的义务。例如，网络服务提供者应当在其网站、系统、应用中开设布告栏系统，对其用户发布提示注意安全的相关公告，或者在布告栏中发布近期违法信息的处理，对用户进行警告提醒；面向未来，对于相同违法行为作出防范管理。（4）及时更新主机设施设备系统、确保运营环境安全的义务。网络服务提供者不仅需要按照法律法规的相关规定配置其硬件、软件，而且应当按照运营需求配置与其运营规模相适应的设施设备，维护其运营环境的安全，做好相应的防范管理和预警系统。

（二）入罪门槛焦点——"严重情节"的分析

那么如何理解本罪所要求的"严重情节"？从目前的网络发展现状来看，网络信息膨胀，涉及隐私的各种信息充斥于整个网络空间，如果给予网络服务提供者过于细致的要求，会给其过大压力，导致矫枉过正，不利于网络的发展，因此行为人若要构成本罪，需要因为其不作为行为导致了严重后果的发生。对于本罪，刑法条文在最后还规定了"其他严重情节"，这就体现了一种立法技术，网络技术、信息交流等发展迅速，法律所列规定往往跟不上其变化的速度，因此不能单纯采取列举式去规定相应情节，必须通过设置"其他严重情节"这一条规定来防止法律漏洞。当然，此规定可能给予法官较大的解释空间，增强了其自由裁量权，一旦使用不当，会严重侵犯当事人合法权益。因此，"其他严重情节"不应作扩大解释，其所规定的情形，应当与前三项情形的危险性相当。

四、典型案例快播案分析

深圳市快播科技有限公司自2007年12月成立以来，基于流媒体播放技术，通过向国际互联网发布免费的快播媒体服务安装程序和快播播放软件的方式，为网络用户提供网络视频服务。其间，快播公司及直接负责的主管人员王欣、吴铭、张克东、刘文举以牟利为目的，在明知上述 QVOD（快播）媒体服务器安装程序及快播播放器被网络用户用于发布、搜索、下载、播放淫秽视频时，仍予以放任，导致大量淫秽视频在国际互联网上传播。

北京市海淀区人民法院于 2016 年 9 月 13 日对被告单位快播公司及其直接负责的主管人员王欣、吴铭、张克东、牛文举犯传播淫秽物品牟利罪一案作出一审有罪判决，认定上述被告人以牟利为目的，在明知媒体服务器安装程序及快播播放器被网络用户用于发布、搜索、下载、播放淫秽视频的情况下，仍予以放任，导致大量淫秽视频在国际互联网上传播；有关部门查获快播公司托管的服务器 4 台，从中提取了近 3 万个缓存视频文件进行鉴定，认定其中 70% 的文件属于淫秽视频。法院由此认定被告人构成传播淫秽物品牟利罪。判决理由的论证逻辑是：从客观上看，快播公司负有网络视频信息服务提供者应当承担的网络安全管理义务，且具备承担网络安全管理义务的现实可能但拒不履行网络安全管理义务；从主观上看，快播公司及各被告人均明知快播网络系统内大量存在淫秽视频并介入了淫秽视频传播活动，仍放任其网络服务系统大量传播淫秽视频这一结果的发生。一审宣判后，部分被告人不服提出上诉。2016 年 12 月 15 日，北京市第一中级人民法院作出驳回上诉、维持原判的二审判决。

我们先从犯罪构成的角度来讨论本案：首先，本案的行为主体是快播公司，快播公司通过免费提供 QSI 软件（QVOD 资源服务器程序）和 QVOD-Player 软件（快播播放器程序）的方式，为网络用户提供网络视频服务。任何人（被快播公司称为“站长”）均可通过 QSI 发布自己所拥有的视频资源。快播公司的中心调度服务器在站长与用户、用户与用户之间搭建了一个视频文件传输的平台。从快播公司的运营模式可以看出，快播公司属于本罪所规定的主体，即网络服务提供者。

其次，2012 年 8 月，深圳市公安局公安信息网络安全监察分局对快播公司给予行政警告处罚，并责令整改。随后，快播公司成立了网络安全监控小组，开展了不到一周的突击工作，于 8 月 8 日投入使用“110”不良信息管理平台，截至 9 月 26 日共报送色情过滤类别的不良信息 15836 个。但在深圳网监验收合格后，网络安全监控小组原有 4 名成员或离职或调到其他部门，“110”平台工作基本搁置，检查屏蔽工作未再有效进行。2013 年 8 月 5 日，深圳市南山区广播电视局执法人员对快播公司开展调查，执法人员登录快播网站很快便找到了可播放的淫秽视频。但快播公司随后仅提交了一份整改报告，其“110”平台工作依然搁置，检查屏蔽工作依然没有有效落实。快播公司直接负责的主管人员王欣、吴铭、张克东、牛文举，在明知快播公司擅自从事互联网视听节目服务、提供的视听节目含有色情等内容的情况下，未履行监管职责，放任淫秽视频在快播公司控制和管理的缓存服务器内存储并被下载，导致大量淫秽视频在网上传播。快播公司在监管部门要求改正后，仅在查验期间组织了监管工作，在查验期间结束后，又再次解散监管小组，阳奉阴违，以作为的形式掩盖其不作为的实质，具有明显的拒不履行网络安全管理义务的特征。快播公司的不作为行为符合本罪所规定的客观要件，即经监管部门责令采取改正措施而拒不改正。

最后，快播公司在经过行政处罚后拒不改正，为获取巨额非法利益，继续放任自己控制的缓存服务器被他人利用而介入淫秽视频传播，放任其网络平台大量传播淫秽视频，污染网络环境，尤其对青少年身心健康带来巨大损害，非法牟利数额巨大，造成严重的社会危害性。快播公司行为的后果符合刑法关于本罪所规定的“严重情节”。

综上所述，快播公司的行为完全符合本罪规定，可以认定其行为构成拒不履行信息网络安全管理义务罪。

关于快播一案，陈兴良教授认为，本案属于拒不履行信息网络安全管理义务罪与传播淫秽物品牟利罪的想象竞合，应当按照较重的规定定罪处罚，因此本案定为传播淫秽物品牟利罪。① 本文主要探讨快播一案中，行为人拒不履行信息网络安全管理的不作为行为。快播一案的判决反映出当时我国互联网管控重心开始由网络用户向网络服务提供者转移，这赋予了网络服务提供者一定范围内的信息网络安全管理义务，并使得对网络服务提供者的定性带上了浓厚的先入罪后确定罪名的色彩。② 快播案的判决也是在极力证明作为服务方的快播公司具有管理上的义务，进而完成有罪定性的。该案一审法院认为，快播公司作为互联网信息服务的提供者，作为视听节目的提供者，必须遵守相关法律法规的规定，对其网络信息服务内容履行网络安全管理义务。考虑到公民言论自由、互联网技术发展和被害人权利保护三者的平衡，一般

---

① 陈兴良：《快播案一审判决的刑法教义学评判》，载《中外法学》2017 年第 1 期。

② 刘艳红：《无罪的快播与有罪的思维——“快播案”有罪论之反思与批判》，载《政治与法律》2016 年第 12 期。

认为网络服务提供者应当在合理的范围内承担网络管理这一法定义务。[①]

第二节 关于拒不履行网络安全管理义务罪的行政前置的理解

一、行政前置的原因

刑法是维护网络安全的最后一道防线，但关于本罪，刑法的规定较为笼统，因此需要通过其他法律来细化实施。在本罪中，网络服务提供者的监督管理义务、运营注意事项大多来自法律法规的规定，评价其运营行为是否合法、是否存在监管监察失职，均需要按照法律法规进行判断。从刑法第286条也可以看出，将其行为评价为犯罪，要求其承担刑事责任的前提是有行政违法行为和行政责任的存在。也就是说，在经过行政部门进行行政处理之后，网络服务提供者仍然不履行其应尽义务，方可认定其构成犯罪，应当承担相应的刑事责任。这就说明，认定本罪必须遵循行政前置这一原则。例如：根据《计算机信息网络国际联网安全保护管理办法》第23条规定：“违反本办法第十一条、第十二条规定，不履行备案职责的，由公安机关给予警告或者停机整顿不超过6个月的处罚。”这就是通过行政法规的规制，对网络服务者提出了备案义务，规定了相应的行政责任。

二、行政前置的目的

行政前置的主要目的是维持刑法扩张化与谦抑性的平衡，缓解刑法抽象化与明确化的冲突。首先，通过行政机关的监督管理行为，可以使网络服务提供者明确认识到其所应履行的运营管理义务，符合刑法规定明确性的要求。其次，通过设置行政前置，细化刑法入罪规定，提高入罪门槛，防止刑罚滥用，保持刑法的谦抑性。最后，设置行政前置，可以大幅节约司法资源，减轻刑侦审判等环节的压力，提高司法效率。虽然行政前置给予刑法实施很多便利，但同时也存在着隐患，当前网络技术迅速发展、数据信息高速膨胀，网络犯罪手段、方法层出不穷，网络犯罪分子行事猖獗，面对这种环境，结

① 涂龙科：《网络内容管理义务与网络服务提供者的刑事责任》，载《法学评论》2016年第3期。

合我国刑事立法的目的，设立行政前置，可能会扩大行政监管部门的权力，同时处罚过细，也有可能发生矫枉过正的情形，限制被监管者的权利，降低其市场活跃性，不利于我国网络建设的发展。而且，给予行政机关评价界定网络服务提供者是否履行义务的权力，以及对其进行处罚责令的权力，会导致行政机关责任的加大，降低其效率。

三、行政前置原则对判断本罪提出的要求

由于本罪关于行为人的义务规定过于笼统模糊，网络服务提供者在经营过程中，需要通过行政规章制度，对自己的经营管理行为所可能造成的后果进行预测，对自身的权利义务有相对明确的了解，否则会大大降低其创造性，使其在经营过程中畏手畏脚，不利于营造良好的网络管理氛围。基于此类原因，行政前置原则对于本罪的判断提出了如下要求：首先，在对行为人的行为作出刑事违法性判断前，应先判断其是否具有行政违法性，如果不存在行政违法性，也没有相应的行政法规规制，就不可将其行为认定为具有刑事违法性，也就不得要求其承担相应的刑事法律后果。其次，在有充分理由认定行为人的行为违反了行政法规规定，构成行政违法性的情况下，司法机关要认定其具有刑事违法性还要进行二次论证，严格谨慎地判断其违法行为，避免刑罚适用错误，加重行为人的责任。这就给司法机关提出了以下要求：（1）要严格审慎评价网络服务提供者未履行安全管理行为所造成的危害性，不仅要评价其行政及刑事双重违法性，而且要对其所造成的社会危害性进行考量。（2）要具体案件具体分析，酌情适用法律，在条件允许的情况下，优先适用刑法第 13 条“但书”规定，结合立法目的，尽可能排除该行为犯罪化，使判决更加符合情理，达到个案公正合理，实现刑法的谦抑性。（3）若确定该行为违反刑法规定，需要判决行为人承担相应的法律责任，结合案件情况，尽可能适用刑事责任中的非刑罚形式，如训诫、责令赔偿等处罚形式。因为本罪本身就是过失犯罪，对其所判处的刑罚应当与其主观恶性、社会危险性相适应，这样做可以避免重刑主义，提高司法公信力。

四、避风港原则与红旗原则

（一）避风港原则

关于本罪行政前置的适用，可以联想到美国 1998 年制定的《数字千年版

权法案》（DMCA）中的避风港条款。避风港原则是指在发生著作权侵权案件时，网络服务提供商只提供空间服务，并不制作网页内容，如果网络服务提供商被告知侵权，则有删除的义务，否则就被视为侵权；如果侵权内容既不在网络服务提供商的服务器上存储，又没有被告知哪些内容应该删除，则网络服务提供商不承担侵权责任。避风港原则包括两部分，通知 + 移除（notice-take down procedure）。避风港原则最早适用于著作权领域，后来由于网络中介服务商没有能力进行事先内容审查，一般事先对侵权信息的存在不知情。所以，采取通知 + 移除规则，是对网络中介服务商间接侵权责任的限制。大意即网络服务提供者使用信息定位工具。包括目录、索引、超文本链接、在线存储网站，如果由于其链接、存储的相关内容涉嫌侵权，在其能够证明自己并无恶意，并且及时删除侵权链接或者内容的情况下，网络服务提供者不承担赔偿责任。实际上该原则就是为网络服务提供者提供了一个相应的免责条款，提高了入罪门槛，极大地适应了信息网络的发展潮流。我国也在 2006 年 7 月 1 日起施行的《信息网络传播权保护条例》[①] 中也规定了相关条文，但这些规定仅仅适用于著作权领域，降低了网络服务提供者在此方面承担法律责任的概率。同时也不难发现，我国对网络服务提供者的相关保护并没有在相应的法律条文中作出系统规定，大部分还是通过行政法规作出规定，这就使在出现相应案件的情况下，存在了大量的自由裁量，界限模糊，使行政处罚与司法裁判二者不可合理有效地衔接适用。结合本罪的立法目的、立法背景，为了使本罪更好地适用于实际情况，通过修订法律，对网络服务提供者的相关义务作出明确系统的规定需要尽快提上议程。

（二）红旗原则

红旗原则是避风港原则的例外适用，是指如果侵犯信息网络传播权的事实是显而易见的，就像红旗一样飘扬，网络服务者就不能装作看不见，或以不知道侵权的理由来推脱责任，如果在这样的情况下，不移除链接的话，就算权利人没有发出过通知，我们也应该认定这个设链者知道第三方是侵权的。如果把避风港原则看作一种消极原则，或者把红旗原则看作一种被动原则，而没有意识到互联网络服务提供者首先应当承担信息审查的义务，那么，就会放任互联网络使用者肆无忌惮地损害他人的著作权。因此在通过设定避风港原则与其他相关提高网络服务提供者入罪门槛的基础上，通过设定红旗原

① http：//www. gov. cn/fwxx/bw/gjgbdydszj/content_ 2263007. htm，访问时间：2018 年 12 月1 日。

则等相关规定，以此避免网络服务提供者通过避风港原则等类似规定逃避处罚，提高其监督管理意识，以降低其网络服务使用者通过其平台实施犯罪行为，从而降低网络犯罪率，营造良好的网络环境。需要注意的一点是，在避风港原则与红旗原则二者的优先使用顺序上，当前主流的观点还是以红旗原则为首，法院在判定网络侵权，准备使用避风港原则之前，应首先考虑红旗原则。[①]

五、行政前置处罚案例

浙江省网信办2017年8月17日发布消息称，经核查，淘宝网部分店铺存在售卖破坏计算机信息系统工具、售卖违禁管制物品、贩卖非法虚拟专用网络（VPN）工具、贩卖网络账号等突出问题；同花顺金融网、配音秀网存在导向不正、低俗恶搞等有害信息；蘑菇街互动网、虾米音乐网存在违法违规账号注册等问题。浙江省网信办表示，上述平台和网站未能切实履行网上信息内容管理主体责任，未能对用户发布的禁止性信息尽到监管义务，违反了《网络安全法》《互联网信息服务管理办法》《互联网用户账号名称管理规定》等法律法规的规定。浙江省网信办责令5家网站立即开展自查自纠，全面清理有害信息，关闭相应违规账号，要求网站尽快健全信息审核、应急处置、技术支撑等方面的制度机制并限期提交整改报告。同时，对淘宝网提出警告，责令其举一反三，全面整改，下架违法违规商品，对违法违规店铺进行严肃处理；责令同花顺金融网全面开展专项检查，暂停有关系统运行，追究有关人员责任；责令蘑菇街互动网、虾米音乐网暂停新用户注册7天。[②]

本案的执法机构是浙江省网信办。处罚行为（对象）是淘宝网部分店铺售卖破坏计算机信息系统的工具、售卖违禁管制物品、贩卖非法虚拟专用网络（VPN）工具、贩卖网络账号；同花顺金融网、配音秀网存在导向不正、低俗恶搞等有害信息；蘑菇街互动网、虾米音乐网存在违法违规账号注册等问题。处罚措施是对淘宝网提出警告并责令其改正；责令同花顺金融网开展专项检查，暂停相关业务，追究有关人员责任；责令蘑菇街互动网、虾米音乐网暂停新用户注册7天。本案处罚的法律依据主要是：对淘宝网的处罚依据为《网络安全法》第47条、第68条；对同花顺金融网、配音秀网的处罚

---

① http：//www. donews. com/original/200912/525450a6141842d3bd5abe8a24967701. shtm，访问时间：2018年12月2日。

② http：//news. xinhuanet. com/2017-08/17/c_ 1121500651. htm，访问时间：2018年11月30日。

依据为《网络安全法》第 47 条、第 68 条；《互联网信息服务管理办法》第 16 条；对蘑菇街互动网、虾米音乐网的处罚依据为《互联网用户账号名称管理规定》第 4 条至第 8 条，《网络安全法》第 24 条、第 61 条。本案是典型的网络服务提供者不履行信息网络安全管理义务，由行政机关给予相应处罚，即本书所述的行政前置处罚。

六、后续思考——本罪行政前置处罚与刑事责任判定之间如何衔接

（一）立法

要解决本罪行政前置处罚与刑事责任判定的衔接问题，立法是根本。目前，我国对于二者的衔接方面的立法重视不足，现有立法内容仅能解决两种处罚衔接实践中的部分问题，而没有发挥真正意义上的规范和指导作用。对于本罪来说，二者的衔接适用依然是个疑难问题。在具体立法实践过程中，可以制定专门规定衔接二者的法律，对衔接问题的各个方面再集中统一作出规定，同时对相关细小、具体的问题进行细化规定，由此才能为行政处罚与刑罚的衔接工作提供充足的法律依据。可以从以下几个方面着手深化相关内容：

首先，制定程序规则。在完善本罪行政处罚与刑罚衔接规定时，可以参考侦查、起诉、审判这一套程序在时间衔接上作出系统的规定，同时细化相关工作程序和内容，明确案件移送的对象、移送程序、移送期间、对接部门、司法机关接收案件后的审查即反馈程序；让行政执法和刑事司法的衔接每一步都有法可依有据可查，也能够使各部门、人员协调配合，确保行政处罚与刑罚在程序上无缝衔接。

其次，完善相关法律的适用规则。在法律原则和实践惯例存在冲突和矛盾的情况下，需要更进一步强调刑罚优先原则的重要地位，将原则落实为具体规定并使之在法律法规的条款中成为多数，从而调整大部分衔接问题。对于例外情况也要做周全的考虑，进一步细化相关法律法规，使原则和例外规定共同发挥规范作用，让行政处罚与刑罚的适用衔接先后有序，科学合理。

最后，要在行政法律中规定相应的刑罚适用标准。目前，最新的行政法律法规经过修订，一般将“构成犯罪的，依法追究刑事责任”等相关表述放在总则或最后的责任与声明部分，使刑法能够发挥其应有的保障和兜底作用。但是，若在相应行政法律法规中，或是其配套实施细则中，增加与刑法及其解释相统一的构成犯罪的情形或标准，可以使对违法行为是否涉嫌犯罪的判

断依据更加直观，建立刑法与其他行政法律法规之间的良性互动。

（二）完善衔接机制

首先，设置专门部门进行对接配合。设立专门的部门，确定专门的人员负责相应的衔接工作，无疑能够使行政处罚与刑罚的衔接从案件移送到执行都能够更流畅。

其次，要加强相关人员的培训和交流。行政执法人员是行政执法与刑事司法的衔接工作的关键。行政违法行为是否构成犯罪，是否需要移送司法，以及移送操作都需要行政执法人员判断、启动并完成。案件交由司法机关处理后，可能还需要行政执法人员跟踪案件进展，结案后继续对违法责任人处以相应的行政处罚。因此打造行政执法专业化队伍就显得十分必要。通过定期组织专业培训，开展学习活动，加强行政执法人员与司法人员的沟通交流，可以促进相关执法人员熟练运用执法所需法律法规。行政执法及刑事司法人员及时更新掌握法律法规最新动态，有助于更高质高效地完成行政处罚与刑罚的衔接工作。

最后，应当设置相应的衔接配套设施。在高度信息化的大环境下，行政、司法机关全部实行网上办案，将案件信息录入电子信息平台，案件进展的每一个程序都能够在系统中留下痕迹。在跨单位、部门的案件对接中，案件移交形式也应该与时俱进，不能还停留在单纯转交纸质卷宗的传统方式上。采用技术手段将电子信息系统完成跨单位联合，在一定公开范围内实现全面的信息共享，不仅可以使案件移送置于信息化监督中，更能使目标案件在移送的每一个环节上都能得到及时处理，提升衔接效率，进而实现行政处罚与刑罚在案件移送程序方面的全方位对接。

（三）设置监督和责任机制

首先，现有的监督部门应当坚持发挥其职能。负有监督职责的机关、部门应该充分发挥相应监督职能，促进行政执法人员依照法律、法规相关规定严格、规范执法。（1）政府监督。政府应该对行政执法单位的执法工作进行主动有效的监督，可以定期采用抽查的方式对是否处理得当，是否存在以罚代刑等情况以及其他有关行政执法案件办理质量和效果进行检查和监督。（2）人大监督。人民代表大会及其常委会也应行使监督职权，对影响较大的、群众较关注的案件，根据公众提出的意见或争议焦点采取听取汇报、查阅卷宗等方式监督案件的办理和执行；发现问题的，及时予以纠正。（3）检察监督。人民检察院应当全面发挥监督职能，主动履行监督职责，对行政执法案件定期、分类实施监督，对违法、违规案件及时发现，及时处理；对构成犯罪应该移送而未移送的，及时指导纠正。（4）监察委员会监督。监察委员会应当充分发挥法律赋予的监察职能，对各部门人员的行为进行监督检查，严格责任到人。

其次，建立科学的考评机制。行政执法人员是行政处罚与刑罚的衔接工作的关键。因此，应建立相应的考评机制，鼓励、促进行政执法人员主动依法办案、涉嫌犯罪案件积极移送，并形成良性循环。

最后，建立严格的责任追究制度。对行政执法人员责任的追究不应该仅仅依赖刑法中渎职及其他行政法律法规中的相关规定，对既不能构成渎职犯罪又不够予以行政处分的行政执法人员实施其他方式的惩罚，例如，按比例扣除部分或全部奖金的惩罚办法。合理的奖惩办法，可以提高行政执法人员对行政处罚与刑罚衔接工作的重视和办案质效，使行政处罚与刑罚的衔接更加顺畅。

伴随着我国信息网络技术的不断成熟与高速发展，各种网络犯罪手段技术也层出不穷，基于此，对于网络服务提供者所作出的要求也逐步提高，防范网络新型犯罪，不仅需要公检法以及其他相关行政部门的努力，更需要网络服务提供者的通力协作。本罪的制定，目的并不是给网络服务提供者添加其义务，而是保护其利益以及维护健康的网络发展环境。通过将行政处罚与刑事处罚相衔接的途径去预防本罪的发生，降低网络犯罪率，还需要更多的实践与改革。

第十三章

帮助信息网络犯罪活动罪

第一节　帮助信息网络犯罪活动罪的概述

帮助信息网络犯罪活动罪是在刑法修正案（九）中正式规定的。作为网络犯罪中的一个较新的罪名，厘清这种犯罪活动的概念、特点和危害，对于法条的适用和认定有着重要的作用。

一、帮助信息网络犯罪活动罪的概念

帮助信息网络犯罪活动是指当事人明知他人利用信息网络实施犯罪活动，但仍然为犯罪人提供互联网接入、服务器托管、网络存储、通讯传输等技术支持，或者提供广告推广、支付结算等帮助活动。帮助信息网络犯罪活动罪成立的前提是信息网络犯罪活动本身。基于信息网络共同犯罪谈立法必要性，传统共同犯罪理论不利于共同犯罪的认定。立法机关以传统共同犯罪理论为根据，增设帮助信息网络犯罪活动罪。依据传统共犯理论难以实现对网络帮助行为严重社会危害性及其较高独立性的充分评价。在网络犯罪产业链态势下，技术支持和帮助行为具有明显的产业化行为特征，往往并非为帮助某一个具体下游犯罪而单独存在，而是为了谋求巨额经济利益为众多下游网络犯罪提供服务，具有不同于帮助犯的独立性，这种比所谓实行行为更严重的社会危害性已经远远超出从属性行为的评价范畴。刑法第287条之二的规定具有明显的兜底性，可以与帮助犯的归责模式相互补充适用。以技术帮助行为的真实地位为判断基准，对技术支持和帮助行为作出客观的真实的评价，对在犯罪产业链活动中起主要或核心作用的犯罪行为独立成罪，进行刑事责任的独立评价。

虽然刑法修正案（九）中将为信息网络犯罪提供技术帮助的行为单独入罪，但是这并不意味着，只要被告人实施了此类行为，就必须按照帮助信息

网络犯罪活动罪定罪处罚。这是因为，根据刑法的有关规定，行为人为他人实施网络犯罪提供技术支持，既可能构成相关犯罪，如诈骗罪、开设赌场罪等的共犯，还可能构成提供侵入、非法控制计算机信息系统的程序、工具罪或其他罪名。对于后一种情形，应当依据刑法修正案（九）中的有关规定，按照从一重原理选择刑罚较重的罪名定罪处罚，即如果帮助信息网络犯罪活动罪的法定刑高于其他罪名，应当按照帮助信息网络犯罪活动罪定罪处罚；如果其他罪名的法定刑高于帮助信息网络犯罪活动罪，应当按照其他罪名定罪处罚。[①]

二、帮助信息网络犯罪活动罪的基本特征

（一）灵活性

帮助信息网络犯罪活动罪的犯罪成本低、收益高、传播迅速且传播范围广；信息网络技术滥用行为的载体往往只是一台有网络的计算机或手机和一个调制解调器，然后再利用互联网覆盖范围大的特点来隐藏自己的犯罪行为。所以他们的违法行为实行起来极为方便，且成本低廉，但利用信息网络技术传播的速度非常快，传播范围非常广，且普通网络用户们极易受到影响。

（二）隐蔽性

帮助信息网络犯罪活动很难被发现，证据容易销毁，因网络是一个虚拟空间，其作案时间不受限制。同时，行为人的作案地点也几乎没有限制，只要有联网计算机或手机掌上电脑的地方都可以实施犯罪行为，受害者与行为人之间并不会构成实际联系。由于各种数据的数字化和透明性特点，也就使得这些犯罪行为很难被发现、被找到。但是，我们又常说，互联网是有记忆的，任何数据和互联网行为都会在服务器上留下数据，所以我们在侦查犯罪行为的时候，一定要多关注这些数据信息，它们都是重要的证据，同时也要小心犯罪分子对数据进行毁灭，从而达到消除证据的目的。

（三）复杂性

跨度大，形势复杂，后果严重。因为信息网络是没有边界的，行为人可

---

① 徐持：《网络信息技术黑产刑事司法问题研究》，网络技术黑产暨网络犯罪典型案例研讨会报告，2018 年。

以在任何地点任何时间，向提供网络信息服务的企业或任何公共服务机构的电脑信息系统投放电脑病毒或者篡改系统数据，或是实施利用其他网络技术对其系统信息造成损害甚至销毁的行为。同时，我们的网络技术一直在持续发展，我们生活的种种方面都离不开它，而各种社会系统对信息技术的运用也越来越深入和广泛。所以当帮助信息网络犯罪行为发生的时候，造成的损失远远不是普通犯罪可比的，这样的损失和危害绝对是无比巨大的。

三、帮助信息网络犯罪活动罪的现实危害

信息网络技术的发展和电子产品的更新换代，让大家普遍习惯了“一机走天下”的生活，享受着信息网络带来的便捷；但与此同时我们也要付出代价，因为帮助信息网络犯罪活动的犯罪成本低、隐蔽性强且传播时间快、传播范围广，且获利极高，所以我们在使用便利的信息网络技术平台时，稍有不慎就会成为牺牲品，不仅会有经济损失，甚至可能影响到我们社会的生活秩序。其主要危害有以下几点：

（一）对于普通人民群众的危害

帮助信息网络犯罪活动的行为往往都伴随着对公民个人隐私信息的侵犯。例如，经常会被使用为帮助网络诈骗的网络跳转技术。网络跳转技术就是网站运营商在给搞诈骗的客户申请开户时，先使用网络跳转技术冒用他人的合法资质，此时，负责审核的网站不能发现非法的信息，网站就会成功申请；而将账户和密码交给客户时，诈骗网站就会被推广到门户网站上，大众点击时，网站就会直接跳转到诈骗分子要求的诈骗网站上去，接着就会出现需要填写公民个人信息的页面，如果大众填写保存，诈骗网站就能获取公民的个人信息，而公民们有可能直接被出卖个人信息，也很可能会直接被骗。相信门户网站的公众就这样在不知不觉中被泄露了个人信息。而在这种情况下，用户除了通过对门户网站的账号进行安全升级，将密码设为高强度复杂密码来提高账户安全性之外，无计可施。这样的事情并非偶然，它们每天都在大量上演着，只是大家并不知道，这些被盗取的信息很可能在某一天会给个人和家庭带来巨大的危害。

（二）对企业的危害

信息网络技术对犯罪的帮助行为对企业造成的危害不仅仅是在经济方面，还包括对企业声誉的影响，其中，电商平台受害尤为严重。从 2011 年的淘宝

错价门[①]开始，到2017年11月小米有品的错价门，各大电商平台都发生过类似事件，使得民众印象深刻。这类事件的发生不仅给消费者带来很大麻烦，也给各大电商平台带来了巨大的损失。比如有一次，某款电子产品突然之间价格大跳水，原价上千上万的产品突然以不到百元的价格出售，引发了消费者的大量哄抢，给当事公司造成了无比巨大的损失；公司无力承担后果只能声明道歉，让消费者非常不满。很明显，这就是一起网络犯罪案件，而其中网络技术对它提供的帮助作用不言而喻。虽然很多时候官方没有一个具体的答案来解释错价门事件发生的原因，但是笔者认为这不能排除人为入侵的可能。这样的犯罪一旦发生，对企业很可能产生毁灭性的打击，甚至会导致相关企业的破产。

（三）对社会的危害

对信息网络犯罪的帮助行为往往涉及网络涉毒涉赌涉枪涉恐等危害社会安定、妨害社会管理秩序的犯罪。犯罪分子往往利用网络进行上下游的联络，买卖双方甚至可以在不见面、不知道对方真实信息的情况下，通过电子商务平台或网站交易链接来完成不法交易。目前，网络涉毒涉赌涉枪涉恐等犯罪往往呈现出犯罪产业链的态势，因此帮助行为并不仅仅是对一项具体犯罪形成帮助，而是此类犯罪产业链的上游犯罪行为，一个网络服务商往往对不同的犯罪人甚至不同种类的网络犯罪提供帮助。例如，一个帮助者制作一个“木马病毒”，此病毒可以破坏电脑功能或数据、影响电脑使用以及自我复制的指令或者程序代码。犯罪人会通过对此病毒进行伪装，并通过网络平台吸引网民下载安装，而此时，犯罪分子就可以实施不同种类的犯罪行为：一是通过伪基站群发带有“木马病毒”短信，获取个人信息并转卖；二是利用购买的“木马病毒”，通过添加社交软件好友的方式发送木马病毒，盗取对方密码，进而进行“画皮”诈骗；三是通过“木马病毒”非法侵入、控制他人计算机信息系统，盗取游戏币等出售牟利；四是冒充银行工作人员，发送“银行业务办理协议”的木马病毒短信，促使被害人在木马病毒生成的仿冒银行网站上，填写姓名、身份证号、验证码等信息，通过网络终端操作将被害人卡中的钱转走；五是采用“SQL（结构化查询语言）注入法”“弱口令侵入”

① 2011年，淘宝网曾经出现了将团购商品标价1元出售的事件。2017年11月，国内口腔护理品牌欧可林陷入错价门，其在小米米家有品商城上18点限时购的活动中，Oclean One电动牙刷情侣装（2支装）原价698元错标为单支装的价格349元，一时间遭用户疯抢。事件信息均来自官方声明。

等黑客手段扫描漏洞网站植入“木马病毒”，获取公民个人信息并转卖。①

第二节　我国帮助信息网络犯罪活动罪司法审判实践及主要争议问题

一、帮助信息网络犯罪活动罪的司法审判实践

自刑法修正案（九）颁布到2018年12月10日止，通过中国裁判文书网全文检索“帮助信息网络犯罪活动罪”，共得到检索结果135个，其中判决结果为“帮助信息网络犯罪活动罪”的98个，具体数据如下图所示：

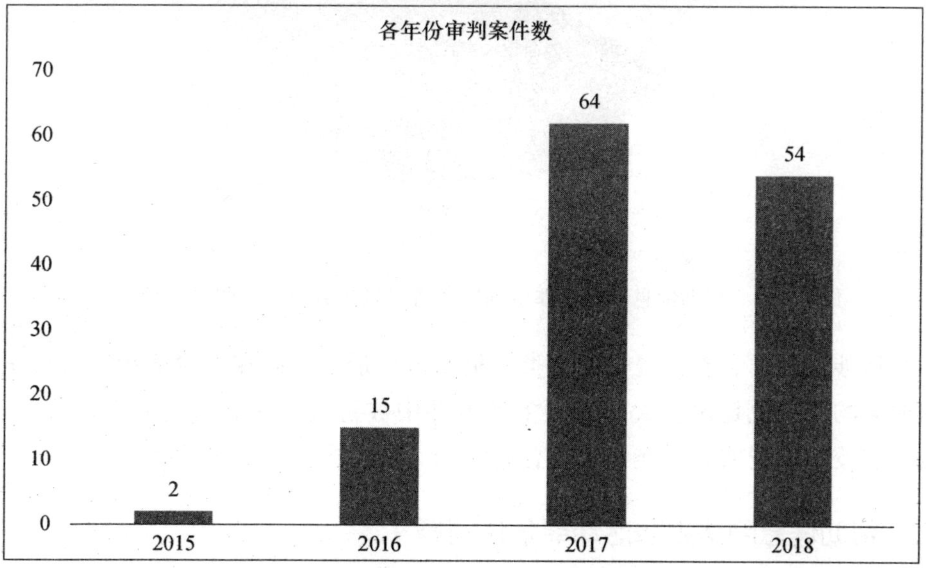

图13－1　帮助信息网络犯罪活动罪各年份审判案件数柱状图（单位：件）

通过对各年份以“帮助信息网络犯罪活动罪”为罪名的审判案件数柱状图的分析，我们可以发现，此罪名自2015年规定以来，随年份的增长，案件数也基本呈现上升的趋势，说明这一罪名能够有效应用于司法裁判实践中。

通过各省判决数量饼状图来分析，可以发现东南沿海等发达地区的判决

① 徐持：《网络信息技术黑产刑事司法问题研究》，网络技术黑产暨网络犯罪典型案例研讨会报告，2018年。

数量相对多一些，可能主要有以下原因：第一，东南沿海地区经济相对发达，涉及侵犯财产类的犯罪活动发生频率较高，作为帮助犯罪活动的犯罪行为发生也会相对增加；第二，东南沿海地区信息网络技术较为发达，提供互联网接入、服务器托管等技术支持的网络服务商比较多，也更容易引发此类犯罪。

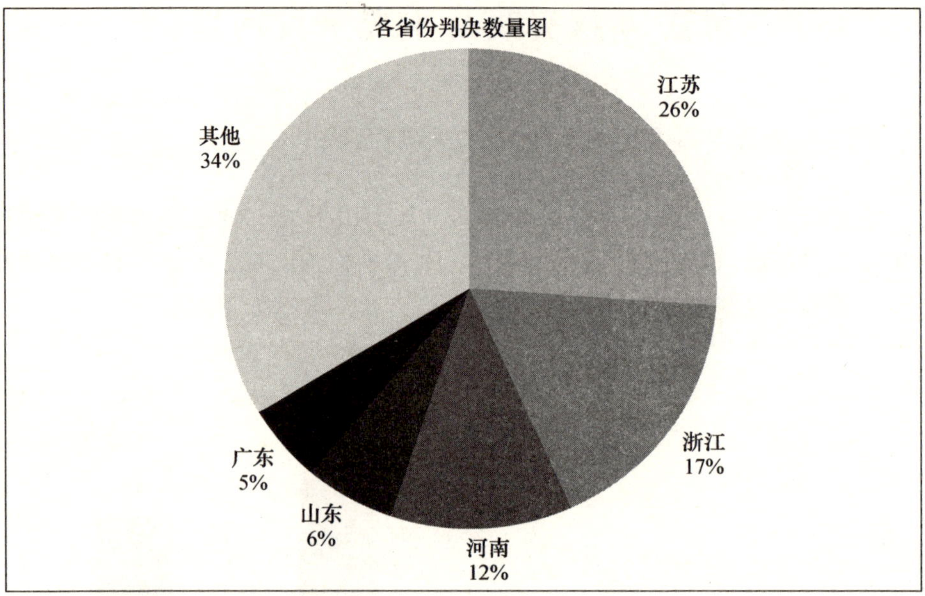

图 13-2 帮助信息网络犯罪活动罪各省份判决数量饼状图（单位:%）

从涉及的罪名看，侵犯财产类的犯罪占比最多。而在法律适用的过程中，对罪名的争议也是比较大的，大多数案件中被告人辩称其行为系帮助罪，法院也多按照共犯或者牵连犯、竞合犯定罪。

二、帮助信息网络犯罪活动罪争议问题

（一）此罪名设立是否为帮助犯的正犯化

早在刑法修正案（九）起草过程中，我国学者就对这一罪名的增设争论不休。有学者认为，将帮助信息网络犯罪活动罪单独成罪，是把中立的帮助行为定性为了刑法的主犯，并加以处罚，这是不合理的。提供互联网接入、服务器托管、网络存储、通讯传输、提供广告推广、支付结算是网络服务商的日常服务行为，使用者众多，提供网络服务者未必能一一审查其使用目的，因此很难故意与网络技术使用者进行通谋实行犯罪行为，因此提供网络服务的行为是典型的中立帮助行为。而帮助行为本身不应该被处罚；也有学者否

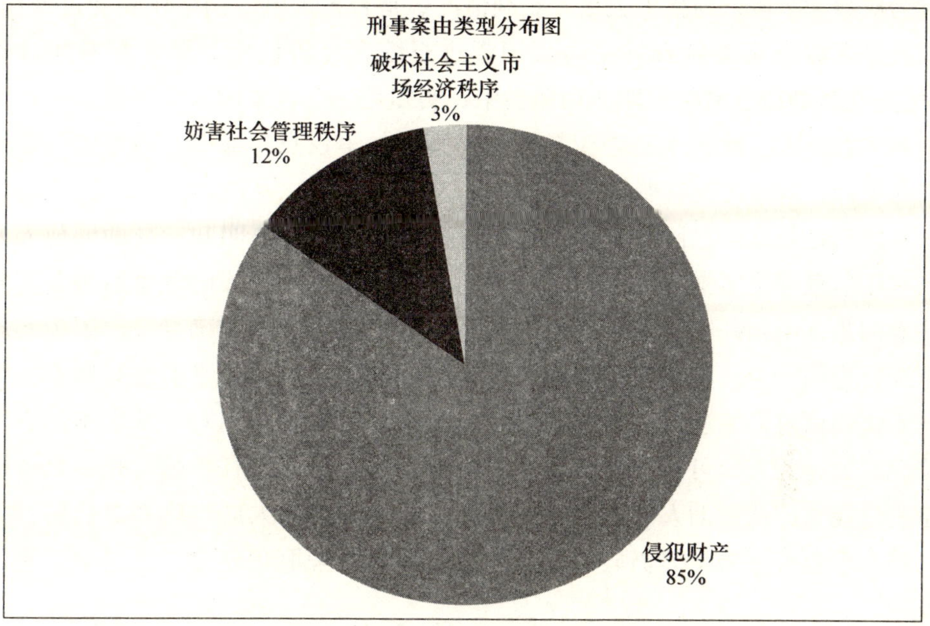

图 13－3　帮助信息网络犯罪活动罪刑事案由类型分布饼状图（单位:%）

认这一条款是对帮助犯的正犯化，因为条款当中将情节严重作为成立条件，限制了对中立的帮助行为的处罚范围，对网络服务商基于业务行为所实施的中立的帮助行为，原则上不能以该罪论处。

对于这一条款是否为帮助犯的正犯化，应当从这三个检验标准来考察：第一，从定罪角度来说，成立帮助犯不需要以正犯实施构成要件行为为前提，只要帮助犯实施了帮助行为，即可定罪；第二，从量刑角度看，正犯化的帮助犯不应享有刑法总则共同犯罪中从犯应当从轻、减轻或者免除处罚的利益，直接按照帮助罪的相关规定定罪量刑；第三，对正犯化帮助行为的教唆、帮助也应成立共同犯罪。①

（二）帮助人是否为明知

在刑法修正案（九）第 287 条之二的表述中，行为人的明知体现在两个方面：第一，明知他人是利用信息网络实施犯罪；第二，明知自己在为他人犯罪提供帮助。最高人民法院、最高人民检察院和公安部《意见》中提到了明知他人实施电信网络诈骗犯罪，应当结合被告人的认知能力、既往经历、

① 张明楷：《论帮助信息网络犯罪活动罪》，载《政治与法律》2016 年第 2 期。

行为次数和手段、与他人关系、获利情况、是否曾因电信网络诈骗受过处罚，以及是否故意规避调查等主客观因素进行综合分析认定。那么参考此《意见》，在帮助信息网络犯罪活动罪当中，明知是一个重要的入罪要件。在司法审判实践当中，被告人是否明知往往是案件的争议点。那么，如果要认定被告人明知，应该讨论其明知的程度。

既然是帮助信息网络犯罪，那么行为人在认识上要明知所帮助的他人是在利用信息网络实施犯罪，同时也要明知其行为可能造成的危害后果。需要注意的是，明知并不要求帮助者和被帮助者知晓对方的准确身份，因为实施帮助行为的行为人和实施犯罪的行为人往往都是通过网络平台进行联系，彼此不需要面对面地进行沟通和联络，因此只要帮助者明知对方是实施信息网络犯罪的行为人即可，不需要知道对方是否达到刑事责任年龄、是否具备刑事责任能力。从帮助人的主观意志方面来讨论，行为人应当明知自己的行为可能产生危害后果，但仍放任结果的发生，甚至采取积极方式去追求结果的发生。

在司法实践当中，可以发现，当提供互联网接入、服务器托管等技术服务的网络服务商在实施帮助行为的过程中，可能并不能明确地知道对方的具体犯罪行为，但是他们可以通过对方提出的要求、具体的操作流程及业务经验来判断对方的行为是否具有不法目的。例如，在很多网络诈骗案例中，被帮助人往往要求网络服务商在网站中提供多级分销、返利和提成等违规功能，此时，帮助者完全可以判断出此网站是用于犯罪活动的，但帮助者仍然因为牟取经济利益的原因而满足被帮助人的要求。因此，对帮助人的明知程度，不要求其明确知晓对方的具体身份和具体犯罪行为，但如果有可能知晓被帮助人是施行网络犯罪行为仍然为其提供帮助，放任可能的危害结果的发生，就符合犯罪的明知要件。

（三）被帮助人的犯罪争议

刑法修正案（九）第 287 条之二中的表述明知他人利用信息网络实施犯罪，其中犯罪，是指被帮助人的行为符合其行为罪名的构成要件，需要承担刑事责任，还是其行为造成侵害法益的不利后果，也是争议问题之一。如果被帮助人没有达到刑事责任年龄，本身不必承担刑事责任，那么帮助人是否还能成立帮助信息网络犯罪活动罪？

对此问题的讨论还是需要从立法目的出发，正如前文所提到的，增设此罪名是基于信息网络共同犯罪。因为在传统的共同犯罪理论下，对网络犯罪帮助犯的评价很难与帮助犯实际造成的危害结果相匹配。在当前的网络犯罪产业链状态中，提供技术支持和其他帮助行为的网络服务商不仅仅是在帮助单一的下游犯罪，而是在同时帮助众多网络犯罪行为。我国刑法理论没有具体讨论帮助犯的性质，根据共犯从属性原则，正犯是构成要件符合性与违法性意义上的正犯，而不要求是有责意义上的正犯。所以对帮助的正犯，此时所成立犯罪的限度应当为其着手实施了犯罪行为，客观上造成法益侵害结果，并且结果和行为具有因果关系即可。

（四）行为人的帮助功能

刑法修正案（九）第 287 条之二表述“明知……，为其犯罪提供互联网接入、服务器托管、网络存储、通讯传输等技术支持，或者提供广告推广、支付结算等帮助”，其中对于帮助的认定，列举了一些可能的行为，但是并不意味着当帮助人在提供这些帮助时就构成此罪或者说应当以此罪名来审判。对于帮助行为的评价，仍然需要看具体是什么条件。在司法审判当中，由于此帮助罪名有时往往能获得较轻的量刑，刑事辩护往往就会以此为突破口，从而掩盖犯罪行为人的故意目的，将共同犯罪的正犯变为帮助犯。这显然是不符合此罪名立法目的的。在评判行为人的行为是否构成帮助功能时，不仅要看行为的外观，还需要考虑行为是否符合正犯罪名的构成要件。在许多网络犯罪案件当中，共同犯罪人各有分工，有人负责开设网站，有人负责设计跳转技术，有人负责网络平台推广宣传，但都是出于犯罪目的。此时，行为人提供信息网络技术或服务并不是出于帮助目的，而是为了犯罪服务。所以提供网络存储、通讯传输等技术支持，或者提供广告推广、支付结算等帮助，并不意味着就构成了对信息网络犯罪的帮助行为，在行为人完全符合共同犯罪的成立条件时，就可以直接认定行为人是具体犯罪的共同正犯。

（五）定罪量刑的适用原则

刑法修正案（九）第 287 条之二表述“……情节严重的，处三年以下有期徒刑或者拘役，并处或者单处罚金。单位犯前款罪的，对单位判处罚金，并对其直接负责的主管人员和其他直接责任人员，依照第一款的规定处罚。有前两款行为，同时构成其他犯罪的，依照处罚较重的规定定罪处罚”。但是自 2015 年施行以来，在审判实践当中，往往会出现一些适用不当的问题。有时犯罪人的行为在构成了具体犯罪的共同犯罪的同时也符合帮助信息网络犯罪活动罪的构成要件，法院就根据从旧兼从轻原则，以帮助信息网络犯罪活动罪对该行为定罪处罚。但是依据法条中的规定，是要择重罪处罚。

但择重罪处罚的过程中也有可能涉及违背罪刑相适应原则。例如当行为人的行为同时满足帮助信息网络犯罪活动罪，也满足具体犯罪的构成要件，但共同犯罪罪名的量刑低于帮助信息网络犯罪的量刑，如果按照择重罪处罚，就要按照帮助信息网络犯罪定罪，但这么定罪就违背了罪刑相适应原则，并不合理。因此，在对此罪进行定罪量刑时，择重罪论处应当限制于法定刑高于此罪的犯罪，应当排除法定刑低于此罪的犯罪。

第三节　帮助信息网络犯罪活动罪典型案例分析

一、宗圆、陈峥侵犯公民个人信息案①

2014 年 8 月至 2015 年 12 月期间，宗圆在互联网上租用服务器注册网站并创建“中国社会工程学联盟论坛”，后伙同被告人陈峥在互联网上对网站进行管理、维护，通过收取人民币 20 元的邀请码及购买金币积分充值等方式牟取利益，并多次通过会员上传或者下载大量公民个人信息。2015 年 8 月 6 日，宗圆因犯非法获取公民个人信息罪，被常熟市人民法院判处有期徒刑 1 年，缓刑 1 年，并处罚金人民币 2 万元。但宗圆在 2015 年 11 月 5 日至同年 12 月 3 日，即缓刑期间，又开设网站，有偿吸纳会员，并与被告人陈峥共同对该网站进行管理、维护，此期间该网站发布的公民个人信息总计 1218636 条。宗圆、陈铮被法院判决构成帮助网络犯罪活动罪，且系共同犯罪。

在此案例中，争议焦点如下：第一，宗圆是否明知他人在其开办的网站论坛内上传或下载公民个人信息；第二，宗圆是否对开办网站进行管理维护。经过调查，宗圆在 2015 年 8 月就因开设非法获取公民信息的网站论坛而获罪，因此，其明知在网站论坛内存在会员上传或下载公民个人信息的行为是违法犯罪活动，但仍然重新租用境外服务器，更改网络域名后缀，再次开设同类型的网站论坛，并拉拢原网站论坛骨干会员发布公民个人身份信息积聚人气。通过陈峥的供词能够发现，在宗圆被取保候审期间，陈铮因论坛涉及黑色产业链告诫过宗圆，但宗圆仍一意孤行开设了新网站，登录并浏览过该

① 《宗圆、陈峥侵犯公民个人信息罪二审刑事判决书》，http：//wenshu. court. gov. cn/content/content？ DocID =4b02f324-c431-4966-a51b-a74300f3d8f6，访问时间：2019 年 3 月 12 日。

网站。因此宗圆对网站内涉及大量公民个人信息应当明知。

而根据宗圆本人的供述，自2015年1月至同年11月，他都承担着新网站日常服务器维护、版块设置、命名和删帖等管理工作；证人刘某也有证言证明其受宗圆之邀在新论坛上发布网站账号、邮箱等数据帖，还受宗圆指示行使论坛的管理工作，宗圆还将其发布的公告帖置顶；证人王某的证言证实在2015年11月22日，因为网站服务器遭到攻击，宗圆还曾通过QQ与其联系解决事宜。因此宗圆长期间接通过他人或本人直接对该网站论坛进行了管理。

刑法修正案（九）自2015年11月1日起生效，而宗圆、陈铮在2015年11月5日至同年12月3日期间，通过网站发布的公民个人信息高达1218636条之多，信息量巨大，且客观上有偿提供了网络平台和管理服务，帮助他人实施了网络犯罪活动，故应适用帮助信息网络犯罪活动罪。

二、何仲颖、姚嘉浩帮助信息网络犯罪活动罪案①

王某、赵某某等人分别在广东省东莞市东城区立新社区金汇工业区A栋303号成立东莞问蔻信息科技有限公司等，而何仲颖、姚嘉浩、刘文颖是东莞问蔻信息科技有限公司的程序员。从2016年12月开始，王某、赵某某等人计划运营“开鑫牧场”游戏诈骗他人财物，指令何仲颖、姚嘉浩、刘文颖等技术人员负责游戏程序的开发和维护。“开鑫牧场”游戏规则的设计存在多级分销，很可能被用于违法犯罪。自2017年1月11日开始，王志琴等人对外假称东莞问蔻信息科技有限公司受厦门市鑫高电子商务有限公司委托运营“开鑫牧场”微信公众号，并以“开鑫牧场”游戏作为工具，通过游戏中现金充值兑换鑫豆，购买虚拟动物产蛋赚取鑫豆，再用鑫豆兑换等额现金的形式，利用高额回报诱骗吴某某等被害人参与开鑫牧场游戏并进行充值，充值资金最终通过西丽网络销售有限公司转入邱某等人的个人账户。2017年3月中旬，王某等人对外以游戏平台受到木马攻击为由停止对游戏玩家进行鑫豆返利，并让赵某等人将游戏相关数据及玩家资料全部删除，后赵某指令何仲颖、刘文颖、姚嘉浩等技术人员将公司电脑的数据删除。

在此案中，有以下几点争议：第一，何仲颖、姚嘉浩是否明知“开鑫牧场”游戏是以诈骗为目的开发的；第二，何仲颖、姚嘉浩是否应定为诈骗罪

① 《何仲颖、姚嘉浩帮助信息网络犯一审刑事判决书》，http://wenshu.court.gov.cn/content/content?DocID=c2c0ed1b-0045-4f15-be75-a93d00e78323，访问时间：2019年3月12日。

的共犯。经过调查，王某让赵某某负责开发“开鑫牧场”游戏，并在游戏中增加了多级分销和返利提成等功能，而“开鑫牧场”游戏的开发和修改是由何仲颖、姚嘉浩、刘文颖等人共同完成的，何仲颖及姚嘉浩均供述，证实在开发和修改涉案游戏的过程中，技术部工作人员讨论过游戏中存在的问题，认为该游戏存在多级分销，存在违法或违规的情况，但赵某让他们照做。同时，何仲颖、姚嘉浩等均有权限登录游戏的服务器，可以看到游戏后台的数据，包括用户姓名、手机号码、积分兑换记录等信息。因此，何仲颖、姚嘉浩、刘文颖直接对游戏实施了设计、修改、维护工作，并且在明知赵某某等公司管理层要求游戏增加多级分销及返利、提成功能涉嫌违法违规的情况下，仍然予以配合，并继续为游戏运行提供维护服务，应当为明知。

针对第二点，经查明，何仲颖、姚嘉浩等是涉案公司的普通员工，只是负责开发、修改或维护游戏，没有被明确告知会通过游戏实施诈骗或传销等违法犯罪的情况，且3人除了领取工资和开发游戏的补贴，也并未从犯罪所得中领取不合理的报酬。因此，3名被告人只是明知涉案游戏被用于犯罪却依然提供技术支持，主观上并没有和王某等人诈骗或者组织、领导传销的共谋，因此应当以帮助信息网络犯罪活动罪追究刑事责任。

三、张力荣、刘迪毅开设赌场案①

张力荣自2010年年初开始，以汕头市荣嘉数码科技公司为依托，雇佣被告人杨定正等技术人员开发、建立六合彩、时时彩等类型的赌博网站，提供给他人组织赌博，牟取非法利益。2011年，张力荣将该公司15%的股份给予被告人刘迪毅。张力荣等人在广东省汕头市金平区金燕花园6幢201房设立办公地点，负责公司日常运营、赌博网站开发等工作，同时为逃避公安机关打击，在泰国佛统府一农庄设立维护点，为赌博网站提供技术支持服务。被告人温晓亮在明知张力荣等人提供赌博网站供他人组织赌博的情况下，仍为其提供服务器租赁、托管服务。一审判决中，法院认定犯罪事实清楚、证据充分，以开设赌场罪判处张力荣、温晓亮等人有期徒刑。温晓亮以一审判决认定事实和定性错误以及适用法律错误提出上诉。二审法院审理后认定，温晓亮明知张力荣等人利用信息网络实施犯罪，仍为其提供服务器租

① 《张力荣、刘迪毅开设赌场二审刑事判决书》，http：//wenshu. court. gov. cn/content/content? DocID = 99d30ff1-ed19-4647-a1d6-a82300a38ec4，访问时间：2019年3月12日。

赁、托管服务，情节严重，行为构成帮助信息网络犯罪活动罪。且其到案后如实供述自己罪行，协助警方搜集存储在涉案服务器内的数据，依法应对其从轻处罚。

在此仅对温晓亮的罪名改判进行讨论。主要有以下几点争议：第一，温晓亮是否有与张力荣等人密谋的主观故意；第二，温晓亮是否具有量刑的从轻情节。经调查，温晓亮并未参与建立、研发、出租赌博网站，也没有证据证明温晓亮是出于主观故意与张力荣一同密谋开设赌场。温晓亮在怀疑张力荣等人是利用互联网开设赌场后，仍然为其经营互联网服务器租赁、托管业务，符合刑法第287条之二明知的条件，因此温晓亮的行为应构成帮助信息网络犯罪活动罪。一审判决将温晓亮出租、托管服务器的行为定性为开设赌场罪，定性错误。而针对第二点，温晓亮在上诉人到案后如实供述自己罪行，协助警方搜集存储在涉案服务器内的数据，其自行垫付了大量涉案服务器的托管费用数十万元，确保涉案服务器保持原状，所以依法应对其从轻处罚。

第十四章

侵犯公民个人信息罪——人肉搜索刑法规制的理性思考

第一节　人肉搜索的运作

一、人肉搜索的运作机理

与百度、谷歌的搜索引擎通过机器自动算法获得结果的搜索机制不同，人肉搜索由人工参与解答而非搜索引擎通过机器自动算法获得结果。人肉搜索过程体现网络传播模式的自由循环趋向，其传播过程是对施拉姆与奥斯古德循环模式的体现。该模式的传播双方都作为传播行为的主体，通过讯息的授受处于你来我往的相互作用之中。该模式中传播双方在传播过程的不同阶段都同时扮演译码者、解释者和编码者，并相互交替着这些角色①。

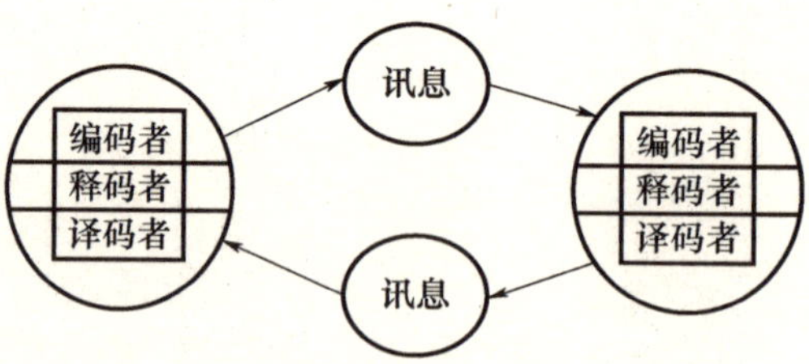

图 14－1　施拉姆与奥斯古德循环模式

人肉搜索的传播过程体现出了这一循环模式的对等性。网民在平台上提出相关的问题，由人工参与解答而非搜索引擎通过机器自动算法获得结果，

① 许培瑾：《“人肉搜索”现象浅析》，载《法制与社会》2008 年第 36 期。

通过其他人来搜索自己搜不到的东西，与知识搜索的概念差不多，只是更强调搜索过程的互动而已。通俗来说，就是通过广聚五湖四海的网友力量，每个遇到困难的人提出问题，而有这方面知识或者线索的人就对其解答、分析。百度知道、新浪爱问、雅虎知识堂从本质上说都是人肉搜索引擎，也是应用这种针对性搜索对象的人工参与方式。

二、人肉搜索的特点

（一）人肉搜索参与者的多样性

据《第22次中国互联网络发展状况统计报告》统计数据显示，截至2008年12月，我国网民规模达8.29亿人，普及率达59.6%，全年新增网民5653万人。中国网民的搜索引擎使用率为69.2%，为中国第五大网络应用。[①] 从几例典型的人肉搜索案例中，我们可以看出，人肉搜索的参加者是各式各样的网民，当然有所谓正义之士，也不乏唯恐天下不乱的看客，或者通过网络发泄心中不满的无聊网民，更不缺少运用语言暴力侮辱诽谤他人的所谓网络暴民。当然，他们按照类型又可以细分为网站人肉搜索的发起者，即网络上的赏金猎人，以及人肉搜索的跟帖者，与如前所述的施拉姆与奥斯古德循环模式一样，发起人和跟帖者在人肉搜索中可以不断循环，接受人肉搜索发起者信息的受传者，也在搜索过程中成为人际传播中新的传播者。由于网民形形色色，其道德水平和法律意识不一，因此呈现出多样性的特点。

（二）信息发布者的主观性和匿名性

互联网本质上是一个信息传播的渠道，其所有功能都是围绕信息的收集、开发和利用设计的，所有成功的互联网应用模式也都是因为其在信息的收集、开发、利用上有其独到之处。离开信息，互联网什么都不是，而信息的源头来自互联网的参与者的发布。互联网的参与者是近3亿的网民，且很多人都注册不同账号，混匿于多个论坛，主体分散，难以发现责任人，取证非常困难且成本高。互联网为人们提供了可以畅所欲言的交流平台，由于许多网站匿名可以登录，因此网民可以随意发帖，发表自己的言论，毫不吝啬地使用各种各样风格各异的词汇表达自己的观点，甚至是不满和怨恨。由于发帖者

---

① 许培瑾：《“人肉搜索”现象浅析》，载《法制与社会》2008年第36期。

各有各的知识面与性格类型，这就造成回答问题时必然带有一定的非理性因素，甚至过于情绪化的回答者以相当粗暴的方式去攻击讨论的对象。因此发帖者言论主观随意性比较强，不尊重客观事实，适当的指责是应该的，但失去理智的辱骂已偏离了正当的理性。这种非理性因素，给被搜索人造成了极大的伤害，甚至侵犯了其应有的正当性人身权利。但由于网络匿名性，发帖者却不用承担任何法律和道义上的责任。

（三）信息内容的广泛性

人肉搜索集合了网民的力量，搜索的信息内容既广泛，又具有较强针对性；针对具体事件或某一方面信息发起的搜索，往往在很短时间内就可以得到有效的回复信息。在著名的“女子虐猫”事件中，仅 6 天时间，虐猫视频中的 3 个嫌疑人就被锁定，随后当事人的相关信息被陆续公布。信息内容收集之全面性和更新速度之快都体现了人肉搜索的极大威力。①

（四）信息管理的无序性

人肉搜索过程使个人信息公开化、透明化，一方面使社会不规范现象公之于众，能够唤起社会普遍谴责，将违反者置于强大的社会压力之下，从而起到强制社会规范的作用。另一方面，当事人的个人信息在网络世界被最大化公开，其隐私权和生活遭受极大的侵害，而这方面又没有统一有效的行业自律准则和相关法律来规范，单纯依靠道德自律很难约束网民，因此造成人肉搜索无序，侵犯他人隐私、侮辱他人的现象越演越烈。最典型的案例就是很黄很暴力事件，其为 2008 年年初国内最受关注的网络事件。仅仅因为在接受央视采访时说了一句“很黄很暴力”，北京一名 13 岁的中学生成为人肉搜索的受害者之一，她的个人信息在极短的时间内被全部曝光。网上还出现了大量恶搞其个人形象的视频片段，更为可恨的是各大 BBS 论坛竞相链接……尚未成年的孩子在遭遇了人肉搜索的无妄之灾后，身心严重受伤。

（五）人肉搜索的自力救济性

人肉搜索可以作为一种自力救济方式。因为人肉搜索的广泛性，其可以作为一种意见评价机制。网络中挑战人们道德底线的言行因人肉搜索的出现而能够揭开匿名、虚拟的面纱，使网络言行不当者在现实社会中接受公众的监督与道德评判，为其言行承担应有的责任。在公权力不够发达或公权力不

---

① 许培瑾：《“人肉搜索”现象浅析》，载《法制与社会》2008 年第 36 期。

作为时，公权力救济不必完全排斥自力救济，尤其是在我国案件多、司法资源相对匮乏的背景下，合理限度内的自力救济不仅可以使当事人的合法权利得到及时救助，还提高了违法者的违法成本和机会成本，节约了稀缺公共资源，达到对社会资源的有效利用，在整个社会范围内达到帕累托最优。①

三、人肉搜索典型案例

（一）女子虐猫事件

2006年2月28日，网民“碎玻璃渣子”在网上公布了一组虐猫视频截图。不久，网友“12ookie_ hz”把有关“踩猫”事件的网址放在猫扑网，网友“黑暗执政官”在“天涯社区”上贴出了踩猫女人的照片，做成一张“宇宙通缉令”，让天下网友举报。不少网友发愿捐出猫币、人民币悬赏捉拿凶手，连猫扑网官方也将赏金从1000元涨到5000元。2006年3月2日上午10点20分，网友“我不是沙漠天使”在猫扑上发帖：“这个女人是在黑龙江的一个小城……”，他的帖子让事件出现关键性转变。3月4日中午12点，虐猫事件的3个嫌疑人基本确定，距离“碎玻璃渣子”在网上贴虐猫组图不过6天时间，效率之高可能不亚于警方的办案速度。并迅速挖出了踩猫者，一位离婚的中年护士。尽管并没有触犯法律，该护士仍然被单位开除，同时个人的生活安宁受到了极大的破坏。

（二）铜须门事件

2006年4月13日，猫扑网旗下“魔兽世界中国”主题论坛，一男子发帖称妻子沉迷“魔兽世界”，并在一次玩家聚会后与网名为铜须的男子发生一夜情。悲情丈夫的帖子引来网友同情和对“第三者”的声讨，他们利用网络工具，搜寻铜须在现实中的资料。此帖在猫扑网、天涯等引起强烈反响，网友纷纷跟帖声讨铜须。4月15日至17日，网友们集中搜索铜须的资料。搜到铜须曾在河北获奖的经历后，有网友找到了他的真实姓名。随后，网友又在铜须QQ的个人空间找到了他的昵称“稀帅”。并找到了铜须的照片。网友也在追查“幽月儿”的信息，有网友称查到她的年龄、姓名，并有网友公布“幽月儿”的照片。与此同时，有网友很快调查出郑某（即铜须）的身份，网友还将郑某的求职简历、家庭电话、手机号、学校电话，以及郑某和事件女主

① 朱娟：《作为自发秩序的“人肉搜索”——哈耶克二元社会秩序观的进路》，载《法律科学（西北政法大学学报）》2009年第1期。

人公“幽月儿”的照片都公布在了网上。还有网友发布“江湖追杀令”，呼吁社会封杀铜须。由此，一场网络事件，终于演变成一场大规模的社会讨伐。郑某被公开身份后，个人生活和学习遭到严重的干扰，他所在的燕山大学的招生也受到了严重影响，网友甚至怀疑学校的教育能力。郑某在视频里否认了偷情事件，“在这里我告诉大家，这件事根本就没有发生过，不知道是哪位朋友，也不知道他是怎么想的，来编这个故事诽谤我”。

（三）功夫少女色情照片

2006 年 8 月，一组未成年武术少女身着比基尼的色情照片，引发了中国网友的狂热追查。有网友高调倡议：“希望再次看到人肉搜索引擎，希望能像虐猫事件一样全员行动——因为人的尊严比猫的更重要！”行动一开始，网友就翻译出了这个译名为“比基尼功夫网站”的首页说明，而且帖子发出当天即被管理员推荐置顶，网友的回复迅速突破千帖大关，BBS 上还衍生了数个与此帖有关的姐妹帖。随后，网友发出 2 号“宇宙通缉令”，并通过各种网络搜索技术，在三天内锁定了“嫌疑学校”。同时得出结论：佛罗里达某太极拳协会会长颜和该境外网站的运营者 Yan 是同一人。

（四）华南虎事件

2007 年 10 月 3 日，陕西农民周正龙称在巴山拍到华南虎照片；同月 12 日，陕西省林业厅召开发布会展示华南虎照片。数小时后，质疑“虎照”真伪的帖子即出现在“色影无忌”论坛，此后网民不断从光线、拍摄角度、现实年画搜索等角度提出质疑。2007 年 11 月 15 日，网民“攀枝花 xydz”称虎照中的虎和自家所挂年画极其相似；此后几天，全国各地网民不断报告发现“年画虎”，遂引发了虎照真假的网上讨论，认为造假的声音逐渐占据了上风。曾在虐猫事件中发挥重要作用的“西方不败”，通过百度“华南虎吧”仔细分辨了年画照片左下角的商标，并分辨出一个繁体的“龙”字。纸是包不住火的，在 2008 年 6 月 29 日，所谓“华南虎照片”终于被认定为假照片，拍照人周正龙因涉嫌诈骗罪被逮捕。

（五）很黄很暴力事件

2007 年 12 月 27 日，CCTV 播出一则新闻“净化网络视听环境迫在眉睫”，报道中提到，“截至目前，我国提供视听节目服务的网站已达 6 万多家，在传播健康思想文化的同时，一些低俗不健康的内容也在蔓延”“主要问题有：淫秽色情节目泛滥；暴力视频日渐增长；恶搞泛滥等”。此处，正好采访了北京市学生张殊凡，张殊凡在镜头里说道："上次我查资料，突然蹦出一个窗口，很黄很暴力，我赶快给关了。"不过是短短几秒的出镜，张殊凡自己可能也没想到，会引起轩然大波。新闻一经播出，猫扑网站随即出现了多个帖子来攻击"很黄很暴力"这5个字，还有人像张殊凡父母信中提到的那样，制作了色情漫画来影射张殊凡。这造成张殊凡的生活被曝光，尚未成年的孩子在遭遇了人肉搜索的无妄之灾后，其身心受到极大的伤害。

（六）死亡博客事件——人肉搜索第一案

2008年1月9日，"天涯论坛"一位网友在浏览到姜岩的MSN空间后，在天涯论坛义愤发帖，标题为"看到一个MM自杀前的博客因为小三……她从24楼跳下去了好惨"，帖子全文转载了姜岩自杀前的博文。1月10日晚，一个自称姜岩的朋友的朋友的网友发了题为"哀莫大于心死，从24楼跳下自杀的MM最后的BLOG日记"的帖子。帖子中写到，"从张美然3377事件，到年底张斌胡紫薇事件，再到自杀的姜岩，小三的话题一次一次出现在视野里。而我们，除了谴责之外，其他，再也无能为力"。2008年的第一场网络风暴由此展开。网友在漫骂、谴责之后，动用了所谓人肉搜索。公布了姜岩丈夫王菲和第三者的详细资料，在网上号召其所在行业驱逐他们，激动的网友甚至找到了王菲父母的家，在其门口用油漆写下了"逼死贤妻"等字样。很多网友将此事闹到王菲的单位，王菲因此遭到辞退，其他单位一接到王菲求职也退避三舍。王菲父母的住宅被人多次骚扰，门口被贴满诬陷恐吓的标语。王菲请求法院判令大旗网、天涯社区、北飞的候鸟3家网站停止侵害自己的名誉权，消除不良影响，公开赔礼道歉，并承担自己的工资损失、精神损失共计13.5万元。

第二节　人肉搜索的刑法规制

通过上述对人肉搜索的运作机制和相关案例的分析可以看出，人肉搜索已演化成"网上通缉""网上追捕"等代名词。人肉搜索泄露公民姓名、家庭住址、个人电话等基本信息，严重侵犯公民基本权益的行为，造成的危害甚至比出售公民个人信息更为严重，因此2008年8月25日，部分全国人大常委会组成人员在分组审议刑法修正案（七）的草案时，讨论侵犯公民隐私权的人肉搜索行为，应该纳入刑法予以规范；认为保护公民个人信息，需要追究网络人肉搜索者的刑事责任。全国人大常委会委员朱志刚提出建议将人肉搜索行为在刑法中予以规范。提出了人肉搜索的犯罪化，同样是严重侵犯公民基本权益的行为，将人肉搜索行为在刑法中予以规范未尝不可，然而最终人肉搜索行为的犯罪化并未在刑法修正案（七）中得到实现。其原因复杂，既有现实社会因素的考虑，也有受立法技术制约的无奈。现实条件下暂缓将其入罪，笔者以为，是刑法谦抑性原则的体现，同时也是刑法审慎的应有之义。笔者不太赞同那种当社会上出现某种特殊危害行为就要求刑法设置新罪名的倾向，例如，见死不救行为多发时就要求设置见死不救罪，袭警案件频发时就要求设置袭警罪。为此，刑事立法将某种行为犯罪化一定要有充足的法理依据和实践基础。下面笔者从宏观刑事政策视野和微观的犯罪构成两个向度对人肉搜索入刑作一浅拙分析。

一、刑事政策视野下人肉搜索入刑

（一）人肉搜索入罪违背刑法的谦抑原则

德国著名刑法学者耶林指出：刑罚如同双刃之剑，用之不当，则国家与个人两受其害。刑法的谦抑性，是指立法者应当力求以最小的支出——少用甚至不用刑罚（而用其他刑罚替代措施），获取最大的社会效益——有效地预防和控制犯罪。[①] 即使刑罚侵害或威胁了他人的生活利益，也不是必须直接动用刑法。只有在其他社会统制手段不充分时，或者其他社会统制手段（如私刑）过于强烈、有代之以刑罚的必要时，才可以动用刑法。可见，刑法的谦抑性蕴含了这样一种理念：对于某种危害社会的行为，国家只有在运用民事的、行政的法律手段和措施，仍不足以抗制时，才能运用刑法的方法，在全部手段中，刑法甚至只是应当最后予以考虑的保护手段，亦即通过刑事立法将其规定为犯罪，处以一定的刑罚，并进而通过相应的刑事司法活动加以解决。因此刑法的谦抑性要求刑法机制的运作要同时具有有效性、不可替代性以及经济性。不可否认，某些人肉搜索行为的确有可能会侵犯公民的私权利，公民的隐私权当然要保护，但那毕竟是公民个人的私权利，对于人肉搜索危害行为的规制，应当首先从思想方面加以教育，如果无法达到应有的效果，则应给予道德谴责，倡导行业自律和技术升级规避。当社会道德机制失灵，

① 转引自陈兴良：《本体刑法学》，商务印书馆2001年版。

就应上升到由法律对该行为加以抗制。而在法律的抗制中，应该首先由民法等私法规范调整，而后适用行政法律规范调整，只有当这些社会控制机制和手段的应用无法产生足够的效果时，才应该动用刑法规范对危害行为加以调整和抗制。但是就人肉搜索而言，已经有网站联合进行行业自律，在网站自律无效的情况下，还可以由民法调整，通过民事赔偿与民事制裁的方法来解决。此外，还可以通过行政法规从完善网络管理制度入手，特别是加强对那些提供人肉搜索功能的网站的规范管理，使其承担起保护公民隐私权的相应责任。我们国家目前还没有相应的行政法规来对此进行规制，因此作为最后手段的刑法理应保持其谦抑性，从而节约相对稀缺的刑法资源。

（二）人肉搜索入罪的可操作性不强，取证困难

人肉搜索之所以难以查处，就在于其主要在网上发生，责任主体分散，难以发现责任人，取证成本高。如果由个人进行调查取证，大概很难进行有效打击。但是，目前诽谤罪、侮辱罪都是自诉案件，是“告诉的才处理，但是严重危害社会秩序和国家利益的除外”，如果对人肉搜索侵犯隐私也规定为自诉案件，根据前述人肉搜索的运作机制，人肉搜索的参与人包括：发帖者也即是发起搜索人，跟帖者包括提供搜索对象真实信息的人、提供虚假信息以及对搜索对象语言评价（包括善意的和恶意的评价）的人，还有就是虚拟讨论空间的提供者网站平台。发帖者和跟帖者循环跟进，发帖者同时也可能是跟帖者，除了网络平台有迹可循之外，其他各种不同的发帖者很难判定各人在整个搜索过程中所起的作用。互联网为人们提供了可以畅所欲言的交流平台，许多网站可以匿名登录，因此网民可以随意发帖，发表自己的言论，他们毫不吝啬地使用各种各样风格各异的词汇表达自己的观点，甚至是不满和怨恨。一个人肉搜索主题往往有成千上万的人跟进，在具体案件中，很难判定哪个跟帖者在搜索过程中起了至关重要的作用，事实上，每个参与者都起了作用。如果要追究刑事责任，是单独追究发起人、提供信息的人还是追究任何参与者？除了责任上难以区分轻重之外，对于参与人的身份界定更为复杂，由于我们国家没有实行网络实名制，很多人都注册不同 ID，随时更换网站和论坛，混匿于多个论坛，主体分散，难以发现实际的责任人，取证非常困难且成本高。其实，将人肉搜索纳入刑法约束范畴，会在具体的司法实践中遭遇现实操作的障碍。倘若强行通过立法追究人肉搜索者的刑事责任，那也只能是纸上立法，难以得到切实有效的执行。刑法适用的结果是严厉的制裁，这就要求对犯罪行为能采取客观的技术规定和可以实际操作的标准，

从而使司法人员能够客观地认定犯罪，并能公正处罚，否则，就容易使司法人员无实际的标准和尺度可以操作，过度地自由裁量，违背罪刑法定原则。

（三）将人肉搜索入罪并不具有一般预防或特殊预防的机能

运用刑法处罚某种行为必须符合刑事责任的目的，即具有预防或抑制该行为的效果。否则，该种行为便不应该使用刑法处罚，刑罚的功能是刑罚对人们产生的作用。所谓对人们产生的作用，意思是不仅对犯罪人，而且对被害人以及社会上其他人产生的作用。刑罚是对犯罪人适用的，当然会对犯罪人产生一定的作用，这个我们称为刑罚的特殊预防；但是刑罚不仅直接影响犯罪人，而且对犯罪人以外的人也会发生一定的作用，就是指犯罪的一般预防。这里所说的犯罪人以外的人，首先，社会上的不稳定分子或者说潜在的犯罪人，他们在思想上存在犯罪的倾向，对犯罪分子判处刑罚，自然会在这些人的思想上产生反映。其次，社会上的广大人民群众，他们奉公守法，痛恨犯罪分子，对犯罪分子判处刑罚，也可能在这些人的心理上产生作用。最后，被害人及其家属身受犯罪分子之害，对犯罪分子判处刑罚，不能不在他们心理上产生影响。[①] 所以考察它，不能只限于考察刑罚对犯罪分子本身的作用，而应从整个社会的角度，即从对整个社会的作用来考察，才能对刑罚的功能有全面了解、恰当评价。此外刑罚的功能是刑罚可能产生的积极作用。这意味着刑罚在客观上具有产生相应积极作用的可能性，这种可能性在刑罚本身有其存在的根据，而不是人们主观臆造的。人肉搜索在某种意义上，是公民行使监督权、批评权的体现。事实上，人肉搜索在某种程度上，也是公民行使监督权、批评权的体现。网民将涉嫌违法、违纪或道德败坏的人和事及其相关信息公布在网上，进行评判，如果行使得当，有利于社会进步，也有利于社会公共利益的实现。近十几年来，网络监督显示出强大的力量，汶川地震中对抗震救灾英雄妻子的人肉搜索营救、南京的天价烟事件的被查处、云南的躲猫猫事件等，无不是在网络强大民意的推动下促使此类事件得到迅速有效的解决。人肉搜索在相当程度上体现了网络监督，对于这种新生事物，急需的是规范、引导，而非简单的压制、禁止。法律需要惩治的是那种打着人肉搜索旗号，行侵犯他人人身权利之实的违法犯罪行为。将其规定为犯罪会使人误以为网上的监督行为可能构成犯罪，从而打消了公众利用网络媒

① 何秉松主编：《刑法教科书》，中国法制出版社 1997 年版。

体进行监督的积极性，丧失了预防犯罪的本意。在此情况下，人肉搜索入罪不仅不能产生公众对规范的维护意识，相反会产生一种抵触情绪。如此，刑罚一般预防的功能就消失了，这与刑事责任的目的相违背。

二、人肉搜索的拟设犯罪构成分析

犯罪构成理论在刑法学中占有十分重要的地位。它是我国刑法理论的基础和核心，贯穿在整个刑法学体系中。刑法中的许多理论问题，都与犯罪构成的基本理论息息相关。犯罪构成就是确定某种行为是否犯罪的规格和标准，是行为人对自己行为负刑事责任的法律依据。行为只有具备了犯罪构成，才能构成犯罪，进而决定刑事责任的有无和程度。犯罪构成要件按照传统的犯罪构成要件理论可以分为犯罪主体、犯罪主观方面、犯罪客体、犯罪客观方面。这些要件构成了犯罪构成理论体系。总之，犯罪构成是区分罪与非罪、此罪与彼罪以及正确裁量刑罚的法律标准，我们在判定人肉搜索是否应该入罪，应当借鉴犯罪构成理论来对有可能构成人肉搜索犯罪罪名进行分析，假设人肉搜索犯罪构成法律拟定，对其预设构成要件逐一分析，据此判断人肉搜索入罪是否具有立法上的可能性和司法实践的可操作性。

（一）犯罪客体方面无法界定

犯罪客体是指为我国刑法所保护的社会主义法律关系，按照不同的标准分为直接客体、间接客体、一般客体等。人肉搜索入罪后，我们来假设以下人肉搜索犯罪所侵害的犯罪客体，前文所述，人肉搜索侵犯的是个人信息，也就是我们所说的侵犯别人的隐私权。隐私权是指自然人享有的私人生活安宁与私人信息秘密依法受到保护，不被他人非法侵扰、知悉、收集、利用和公开的一种人格权，而且权利主体对他人在何种程度上可以介入自己的私生活，对自己是否向他人公开隐私以及公开的范围和程度等具有决定权。王利明教授在其主编的《人格权法新论》一书中认为：隐私权是自然人享有的对其个人的与公共利益无关的个人信息、私人活动和私有领域进行支配的一种人格权。[①] 这种观点已被不少学者所认可，并被许多论文和著作所引用。网络隐私权是指公民在网上享有的个人私事不受公开宣扬、私人生活不受干扰与私人信息受到保护，不被他人非法侵扰、知悉、搜集、利用和公开等的一种人格权。网络隐私权表现为一种集人格权与财产权于一体的复合型权利。在

---

① 王利明主编：《人格权法新论》，吉林人民出版社 1994 年版。

网络环境中，隐私权遭受侵害，不仅会使当事人精神痛苦，还会导致其财产上的损失；此种痛苦一旦遭受也很难恢复，将会严重影响当事人的心理状态；另外，网络隐私权较一般隐私权在客体的范围上有所扩大。[①] 在传统日常生活中不属于隐私的内容，如姓名、性别、年龄等，在网络社会中都成为个人的隐私。网络隐私权侵权责任的构成要件具有特殊性，就侵权行为而言，对个人信息的侵害行为，需要区分收集行为和传播行为。收集行为在法律上很难对其作出严格限制或禁止，人肉搜索中的大量案例都是侵犯网络隐私权的典型，人们将个人信息收集并且进行不合理的使用，进而严重扰乱了社会的正常秩序，产生不可预见的后果。由此可能造成对个人人格权的侵害，如对个人名誉或者人格的侮辱诽谤等，另外是对个人精神安宁的侵害。如当事人受到骚扰后的不安、恐惧乃至精神打击造成精神抑郁甚至自杀。当然，我们也要看到人肉搜索好的一面，比如说用于寻找失去联系的人等。但在我国现行法律中，并无提及隐私权字眼的明文条款，更无网络隐私权的相关法律规定。如果以人肉搜索犯罪侵犯公民的隐私权或者网络隐私权来作为人肉搜索的犯罪客体来说，对犯罪客体的外延不好把握，保障并不充分，司法实践部门也无相关隐私权和网络隐私权的范围来界定和引以为据，因而难以具体操作。

（二）犯罪主体难以确定

犯罪主体是指实施危害社会的行为、依法应当负刑事责任的自然人和单位。自然人主体是指具有刑事责任能力的自然人。单位主体是指实施危害社会行为并依法应负刑事责任的公司、企业、事业单位、机关、团体。在人肉搜索中，参与者包括：发帖者也即是发起搜索人，跟帖者包括提供搜索对象真实信息的人、提供虚假信息以及对搜索对象语言评价的人，另外的主体是虚拟讨论空间的提供者网站平台。除了网站平台有迹可循，追究责任相对容易一些，发帖者和跟帖者等参与者的范围是近 3 亿人的网民。且很多人都注册不同 ID，混匿于多个论坛，由于我们国家没有实行网络实名制，同时各网站也没有对其可以发帖跟帖的会员身份严格审核，因此在实际操作中对犯罪主体的确定难度加大，诉讼成本过高。此外，人肉搜索的信息往往是发帖者和跟帖者不断的循环跟进，一个人肉搜索主题往往有成千上万的人参与，在具体案件中，很难判定哪个跟帖者在搜索过程中起了至关重要的作用，事实

① 赖俊、刘光亮：《“人肉搜索”的法律问题研究——兼论网络隐私权的保护》，载《法制与社会》2009 年第 2 期。

上，每个参与者都起了作用。如果要追究刑事责任，是单独追究发起人、提供信息的人还是追究任何参与者，参与者的多样性和复杂性给实践中犯罪主体的确定带来了相当大的难度。

另外一个主体是网站，网站的身份很容易确定，但其责任的划定却难以操作，成本极高。网站对提出的内容不负有事先审查的义务，它对内容的后续审查属于事后审查，适用于著名的避风港规则，如果发现里面有违反法规的内容要及时删除，不是先发给网站管理者审核后再发布。所以设立论坛的网站，其监管义务仅限于事后审查报告和相关记录。目前，一些设有论坛的大型网站为了防止人肉搜索，在系统中设置了关键字，一旦网友发布的帖子含有这些关键字，系统就会对这些帖子屏蔽。但这也不能完全阻止有关人肉搜索的帖子出现，因为网友会将有关关键字进行变换，比如人肉，可能会被网友改写成 RR，因此追究其刑事责任往往难以落到实处。

（三）犯罪客观方面难以确定责任

犯罪客观方面又称犯罪客观要件、犯罪客观因素，是指刑法规定的构成犯罪的客观外在表现，主要指犯罪行为。无行为则无犯罪，因此行为是判定犯罪与否的关键。人肉搜索行为就是查找某个敏感人物，之后便是发起人将当事人的真实个人资料公布出来，这个过程中，往往加入其他跟帖者对事件、当事人的评价，而这些评价很多是负面的，其中谩骂、侮辱的很多，大部分是使用语言、文字、图片等传统暴力之外的其他方法侮辱他人，人肉搜索过程中的发帖行为具有公然性，即当众或者利用能够使多人听到或看到的方式，对他人进行侮辱。在传统的侮辱罪里面，可以是暴力，也可以是暴力以外的其他方法。暴力，是指以强制方法来损害他人人格和名誉，如当众剥光他人衣服等。诽谤罪的客观方面表现是捏造事实，即无中生有，凭空制造虚假的事实。诽谤除捏造事实外还要将捏造的事实进行传播，传播方式包括口头方法和书面方法。人肉搜索行为过程中的发帖行为即为传播，虽然不是以传统的口头方法和书面方法，但是以等同于口头和书面的网络形式，可以随时呈现在公众面前，其公然性是显而易见的。其在网络上人肉搜索别人的行为属于侮辱罪客观方面的暴力以外的方法，可以归入侮辱罪和诽谤罪的客观行为，因此，对于这类行为完全可以以侮辱罪和诽谤罪定罪，而不需要另行确定人肉搜索罪名，否则造成刑法资源的浪费。

（四）主观方面的罪过的缺乏

犯罪主观方面是指人在实施犯罪时的心理状态，表现为故意和过失两种基本形式以及犯罪目的和犯罪动机这两种心理要素。[①] 犯罪主观方面总是表现在客观方面的危害社会的行为之中，包括犯罪目的、犯罪动机。在人肉搜索里面，发起人找到人肉搜索对象后，之后便是发起人将当事人的真实个人资料公布出来，然后其他跟帖补入相关的信息，成千上万的人信息集结构成整个侵权行为，这个过程中，发起人往往在发帖时并没有故意或者恶意，而且此后成千上万个人跟进也是发起人无法控制的。跟帖者仅仅是对一个帖子好奇，有的是出于正义的目的，很难判定其有罪过。网站作为平台的提供者，其也仅仅是为了增加其网站点击率进而赢利，也不宜判定网站的罪过，因此，对人肉搜索者的罪过的界定较为困难。

此外，关于人肉搜索罪名的确定也是概念模糊。罪名是确定一个犯罪行为的关键，罪名分为类罪名和个罪名。在我国刑法中，类罪名是指刑法分则以章、节标题规定的罪名，下辖若干个罪名；个罪名是指刑法分则条文规定的具体犯罪的名称，为罪名的最低层次，亦称为具体罪名。毫无疑问，如果确定人肉搜索犯罪，其只能是个罪名，个罪名是具体犯罪的本质属性的高度概括。[②] 具体犯罪的本质属性，是该种犯罪独立存在的根据，同时也是该种犯罪与其他犯罪相区别的主要特征。人肉搜索如果以人肉搜索罪确定罪名，一方面人肉搜索概念太过笼统，无法体现该种犯罪的本质属性，人肉搜索也有积极的作用，比如说华南虎事件和汶川地震救助军嫂事件；另一方面，以网上热议的人肉搜索罪确立罪名，无疑有跟风之嫌，就像袭警案件频发时就要求设置袭警罪，见死不救行为多发时就要求设置见死不救罪一样。人肉搜索并没有一个确定和概况的名称，更何况，刑法的内在属性决定了刑法具有一定的稳定性，不能朝令夕改，如果人肉搜索不再成为社会热点的时候，设置一个罪名无疑是对刑法资源的浪费。通过以上对犯罪构成要件的拟设分析，可以看出，人肉搜索拟设的犯罪构成并不成立，人肉搜索罪名的概念确定也比较模糊，难以界定。

陈兴良教授曾言："刑法是一种不得已的恶。用之得当，个人与社会两受其益；用之不当，个人与社会两受其害。因此，对于刑法之可能的扩张和滥用，必须保持足够的警惕。不得已的恶只能不得已而用之，此乃用刑之道也。"旨在"找人"的"人肉搜索"本来利弊皆存，其侵害别人的隐私权虽然有可能因操作不当而触及法律的底线，但难以将其上升到刑事犯罪的程度，

① 何秉松主编：《刑法教科书》，中国法制出版社 1997 年版。

② 何秉松主编：《刑法教科书》，中国法制出版社 1997 年版。

完全可以通过民事法律解决，更何况其也有积极的一面，有时还需要对这些行为从道德上进行鼓励和肯定。“华南虎”事件的假虎照人肉搜索发起者团队被评为2008年中国十大法治人物就是一个很好的例证。虽然刑法在立法上应当保持适当的前瞻性，以体现法的指引、评价和教育作用。但在新型危害行为尚不普遍、尚不严重的时候，先行筑起预防的大堤，不仅浪费珍贵的刑法资源，而且也会限制这个新兴的行业的发展。法律在保障公民权益的同时，对经济也有保驾护航的功能。在人们享受“搜索引擎、人工智能、量身定制、精准营销”等先进、便捷、高效的互联网服务的背后，必然是大量包括个人信息在内的信息的自动的收集、整理、开发和利用，其实法律也从来不是要绝对地、片面地保护某项权利，只是在权利的保护和制约之间不断地寻求一个个人利益和公众利益的平衡点而已。从这个角度来看，法律永远不可能绝对地“健全”，法、理、情的冲突会是恒久存在的。人肉搜索的问题很复杂，其概念及界限如何确定，都还处于研究和讨论过程中。但是，“人肉搜索”暂不犯罪化并不表明国家对公民信息安全不重视，恰恰相反，维护公民的信息安全，是国家机关和所有提供公共服务的机构义不容辞的责任。为此，刑法修正案（七）只是增加了非法泄露公民个人信息罪（最高人民法院、最高人民检察院尚未对该条设置罪名，姑且称之），还对刑法第285条作了修改，将非法侵入国家事务、国防建设、尖端科学技术领域以外的计算机信息系统的行为进行了规制，进一步保障了公民的信息安全。刑法是诸多的法律规范中最为严厉和最具强制性的，其谦抑性原则要求在诸多社会调控手段中作为最后手段存在，因此只有在其他社会调控手段无法规制时，才考虑将其规定为犯罪，加强行业自律，强化职业道德规范和利用技术特性合理过滤相关恶意侵权，强调网站运营商应承担起社会责任，适当的时候辅助其他调控手段的监管足以解决人肉搜索问题，并可以利用其积极的方面合理引导，发挥其本身所具有的正面效用。

后　记

本书最初的写作动机得因于中国社会科学院法学研究所刘仁文研究员和阿里巴巴集团合作的一个关于网络犯罪的课题，因此特别感谢刘仁文研究员以及课题组的贾元博士后，阿里巴巴集团安全部的连斌先生、谢虹燕女士给予的大力帮助和灵感启发。同时，近几年在中央电视台《今日说法》栏目、中国教育电视台《法治天下》节目作为嘉宾参与一些网络犯罪案例的访谈，节目编导们当时谈到对网络犯罪认识的欠缺而使得公众深受网络犯罪所害，也有部分人误入歧途的案例，也促成了本书的写作。在保证学术严谨的同时，更多地用一些朴素的语言、生动的典型案例介绍一些基本的网络违法犯罪行为，以此来进行普法宣传，让公众准确识别，以免误入歧途、为之所害。因此，特别感谢中央电视台《今日说法》的栏目编导王宝卿先生、杜红编辑、沈华刚编辑、乔林编辑、孙铭菲编辑。正是与你们的合作，使得我明白除了注重法学理论研究之外，对于社会热点问题关注也要兼顾普法宣传，服务社会，讲老百姓能听得懂的法条和案例，遵法守法维护合法权益，践行全民法治。基于此，我希望本书兼具理论和实践的双重使命，实现学术研究和普法宣传的双重效果。

本书的写作过程也是机缘巧合，恰好中国民主法制出版社逯卫光编辑策划的“中国网络安全战略法治保障丛书”正在约稿，需要写一部关于网络犯罪相关的著作出版，两相交流，一拍即合，遂组织部分老师、实务专家和研究生共同完成此书的写作。写作过程中非常感谢逯卫光编辑、姜园园编辑的督促和审定，感谢本书诸多作者的辛苦努力和精诚配合，本书才得以顺利完成。感谢张一红、韩放对本书的校对和对部分资料的搜集。

本书分为两编。各章节写作分工如下：第一编网络犯罪概览共两章。包括网络犯罪概述（邵彦铭），网络犯罪的刑事立法（邵彦铭、罗桂春）。第二编网络犯罪的常见样态共十四章。包括网络恐怖主义犯罪（潘文豪），网络毒品犯罪（李俊），网络涉枪犯罪（李正涵），网络赌博犯罪（赵晓琳），网络涉黄犯罪（倪一豪），网络暴力犯罪（杨宜蕾），网络作弊犯罪（梅颖煜），网络“套路贷”犯罪（黄琰），电信网络诈骗犯罪（文楠），网络集资诈骗犯罪（汲传读），网络诽谤犯罪（王晨），拒不履行信息网络安全管理义务犯罪（郑世雄），帮助信息网络犯罪活动罪（杨佩琪），侵犯公民个人信息罪——人肉搜索刑法规制的理性思考（邵彦铭）。

本书仓促完成，虽作者尽心尽力，难免会有不足之处，敬请读者批评指正。